JN144528

臨床場面での自己開示と倫理

関 係 精 神 分 析 の 展 開

岡野憲一郎 編著　吾妻壮・富樫公一・横井公一 著

岩崎学術出版社

まえがき

本書は私たちのグループが発刊する関係精神分析の二冊目の書である。前書（『関係精神分析入門――治療体験のリアリティを求めて』岩崎学術出版社，2011年）は，関係精神分析の入門書といった形を取ったが，この『臨床場面での自己開示と倫理――関係精神分析の展開』は，ある意味では研究書ともいうべき体裁をなしている。というのも私たちグループは，これまでも，そしてこれからもこの領域における新しい理論を構築し，発表していく覚悟だからだ。具体的に言えば，私たちは毎年異なるテーマについて新たな気持ちで取り組む機会を持っている。それが毎年秋に行われる日本精神分析学会の初日に組まれる「教育研修セミナー」での活動である。そこで吾妻壮，岡野憲一郎，富樫公一，横井公一のグループ4名（昨年まではそこに福岡の福井敏先生も加わっていた）は，事実上の関係精神分析グループとしてここ数年間活動をともにしている。

私たちはそこですでに多くのテーマを扱ってきている。2015年は倫理，2014年はエナクトメント，2013年は自己開示……とさかのぼることができる。それらが積み上げたものは着実に私たちにとっての論理的な資源となっている。そこで今回はそれらの中から自己開示，倫理，現実というテーマをピックアップして，4人がそれぞれの立場から論じている。各論者により共通している部分と相違点はそれぞれ興味深い。

巻末の対談（第14章）にもあるとおり，私たち4人はそれぞれ少しずつ異なるオリエンテーションを有している。私たちは精神分析学会以外に定期的な集まりの機会を持っているわけではなく，また正式な研究会を立ち上げて活動しているというわけではない。それぞれは個別に活動しているのだ。横井，富樫，吾妻は主として関西で活動し，私（岡野）も二年前から京都に拠点を移している。関係精神分析というのも私たちの従う理論の全体的な方向性に合致した理論という程度のことを意味するにすぎない。それは関係精神分析を私たち自身が一人の理論家の理論に従った凝集性のある学派としては認識していないからであろう。その意味では関係精神分析は，フロイト派ともクライン派とも，サリバン派ともコフート派ともラカン派とも違う，きわめてゆるく，あたかも一つの傘の下にある漠然とした理論の集合体として認識できるであろう。

その私たちグループの一つの快挙ともいえるのが，富樫公一が Amanda Kottler とともに著した“Kohut's Twinship Across Cultures”（Routledge, 2015）である。わが国の分析家の多くが海外での活躍を目指しつつもそれを十分に果たせていない中で，彼の精神分析の国際レベルでの活躍は一つの事件ですらある。それに刺激を受け，私たちグループは地道ではありながらも着実に活動を続けていく心構えである。

残念ながら関係精神分析を唱える分析家は，わが国ではまだ少数派にすぎない。しかし時代の趨勢は静かにそちらの方向に向かっていることを感じる。それは私が過去 30 年日本の精神分析の動きとのかかわりを持ってきて思うことである。私が 1982 年の秋の精神分析学会に初めて参加した時は，まだ学会自体が数百人という小規模なものであった。当時千駄ヶ谷にあった野口記念館の壇上に，小此木啓吾先生，皆川邦直先生，岩崎徹也先生，西園昌久先生などの錚々たるメンバーを見て胸が躍ったのを覚えている。当時は英国や米国の精神分析理論を学んで吸収しようという機運が非常に高く，慶應グループを中心とした若い先生方の躍動感が伝わってきた。それらの先生方の一部はすでに世を去り，現在のわが国の精神分析は，新しい理論を貪欲に吸収するという段階は終わっている。外国の理論とは異なる独自の理論を唱える先生方も多い。認知行動療法という「外圧」にどう対応するかという現実的な問題もある。そしてさまざまな学派やさまざまな立場を代表する臨床家たちから異口同音に聞こえてくるのが，治療とは結局は関係性であるということだ。どのような技法でもカバーしきれない，あるいはそれを包み込むように存在する関係性のファクターこそが精神分析の中核に存在するのである。

前書『関係精神分析入門』の副題は「治療体験のリアリティを求めて」であった。現代的な精神分析が認識し始めているのは，精神分析状況において生じるリアリティとは，治療者と患者の双方からの影響により共同で創りあげられるものであるということである。そして関係性理論におけるそのような基本的な理念を唱えた S. Mitchell，J. Greenberg などの分析家たちの理論を紹介したのが前書であった。その続編とも言える本書で扱う自己開示，倫理性，現実は，その分析空間におけるリアリティを考える際の各論とも言うべきテーマである。それぞれの著者がそれらをどのように料理しているのか，どこか共通して，どこに個性が現れているかを一読して感じて欲しい。

なお本書に収められた各章のあるものは，すでに発表されたものを大幅に加筆訂正したものが含まれるので，以下に示したい。

第１章　「汎用性のある精神療法」としての関係精神分析
　岡野憲一郎（2015)「汎用性のある精神療法」の方法論の構築．精神療法 増刊号第２号，pp.63-69.

第６章　匿名性と自己開示の弁証法について
　吾妻壮（2015）自己開示について：精神分析的観点から．神戸女学院大学大学院人間科学研究科『ヒューマンサイエンス』，pp.1-10.

第９章　精神分析における現実を再定義する
　岡野憲一郎（2015）臨床おける「現実」とは何か？（シンポジウム特集 精神分析臨床の場における『現実』と『真実』）．精神分析研究 59(3)，pp.316-319.

第11章　精神分析技法という観点から倫理問題を考える
　岡野憲一郎（2012）精神分析のスキルとは（2）現代的な精神分析の立場からみた治療技法(特集 精神療法のスキルとは何か？)．精神科 21(3)，pp.296-301.

第13章　関係論的精神分析の新しい流れ
　岡野憲一郎（2016）関係論的精神分析の新しい流れ．精神療法 42(3)，pp.26-31.

2016年盛夏　　著者を代表して

岡野 憲一郎

目　次

第1部　序　論

第１章 「汎用性のある精神療法」としての関係精神分析

岡野 憲一郎

１．はじめに

最近ある心理士さんの話を伝え聞いた。彼の職場は，精神科医が院長で，複数の心理療法士を抱えたクリニックである。ある時その院長が言った。「うちでは誰も認知療法をやれる人がいないね。心理士さんのうち誰かその勉強をしてくれないか？」その心理士さんは彼のスーパーバイザーにお伺いを立てたが，精神分析的なオリエンテーションを持っていたそのスーパーバイザーはあまりいい顔をしないので困ってしまったという。

この心理士さんの話を聞いて，私自身もかつて似たような体験を持ったことを思い出した。昔米国で精神分析のトレーニングを受けていた頃，Carl Rogers の理論に興味を覚えてスーパーバイザーに質問をしたことがあった。すると色をなした彼に「ロジャースに理論なんてない。それよりも君がその理論に興味を持つこと自体が問題だ」と叱責されたのである（岡野，2008）。このようにある精神療法を専門とするものは，ほかの種類の精神療法を批判したり敬遠したりする傾向が多くあるのだ。

他方精神医学においては，精神科医の多くは精神分析，認知療法，行動療法，森田療法などの種々の精神療法をひと括りにして認識する傾向にある。そして彼らの多くは特定の精神療法についてのトレーニングを受けていないために，その重要性について十分認識していない場合も少なくない。そしてさらに問題なのは，精神科医を目指す最近の若い医師たちは，精神療法や精神分析に関心をあまり示さない傾向にあるということである。はるか 30 年前，私が新人だった頃には，精神科を志す人の多くは哲学や心理学，精神分析に興味を持つ人たちでもあった。薬物療法に惹かれて精神科を選ぶ人などはあまり聞いたことがなかった。30年前が異常だったのか，現在が問題なのか，どちらかは私にはわからない。しかし現代の若手精神科医の多くが生物学的な精神医学，薬物療法などに関心を移していることには，時代の流れを感じる。そしてだからこそ彼らが関心を向ける脳科学や薬物療法も精神療法的な考え方に組み込む必要があるであろう。さもないと精神科において基本である，医師と患者が言葉と心を交わすことという部分がますますおろそかになってしまうであろう。薬一つを投与する際にも，医師 - 患者関係が大きな影響を及ぼすことは，医師から薬を出されるという経験を持った人には明らかなはずなのである。

２．「ドードー鳥の裁定」問題

私は精神療法に大きな関心を持ち，それが有効である場合が多いと信じている立場にあるが，具体的にどのような影響を患者に及ぼすかについては明確に理解しているとは言えない。そしておそらくは技法に還元できないような，そして科学的に実証できにくいような作用が，治療者患者関係において生じていると考えている。

そのような私の考え方は，基本的にはLester Luborsky（1975）が再提唱した「ドードー鳥の裁定」に影響を受けている。といっても彼の主張に影響されたというよりは，私が常日頃考えていたことを，この概念が的確に代弁していると感じるからである。Luborskyのこの概念についてご存じない方のために少し説明すると，彼は1970年代頃より始まった，「どのような精神療法が効果があるか？」という問いに関して，「結局皆優れているのだ，その差異の原因は明確ではない」という結論を出した。それを彼は「不思議の国のアリス」に登場する謎の鳥の下した裁定になぞらえたのである（ただし精神療法に関するこの「ドードー鳥の裁定」というアイデアは，1936年にSaul Rosenzweig（1936）が提唱したものであり，それがこのLuborskyの提案で初めて注目を浴びることとなったのである）。

私はこの「ドードー鳥の裁定」を条件付きで，その大枠としては受け入れている。ここで条件付き，とはどういうことか。それは精神分析療法も認知療法も行動療法も，特にそれが治療効果を及ぼすような患者がそれぞれに存在するであろうということだ。すなわち「精神療法のどれも同様な効果がある」のでは必ずしもなく，「どの精神療法にも，特別にそれが効果を発揮するような患者がいる」ということも重要な点だと考えているのである。これは薬物療法に似ている。薬物A，B，Cがどれも平均して7割の患者に効果があるとしても，患者の中には，特にAが効いたり，あるいはBが効いたりということがある。

しかしこの個別の患者にとっての効果，という要素以外にも，どの精神療法にも共通するような要素があると考える方が合理的である場合も多い。私は精神分析のトレーニングを受けた身であるが，確かにこの手法が助けとなる患者も多い。しかし私は分析状況で患者と話す時，どう考えても自分がテクニックらしきものを多用しているとは思えない。それ以外の要素が働いていることを，漠然とではあるが実感するのだ。

このように精神療法の効果は二段構えであるということができる。一つはそれぞれの精神療法に特異的な部分で，もう一つは非特異的な部分である。このうち「ドードー鳥の裁定」はもっぱら後者の方を指していると理解できよう。

3．「面談」はすべてを含みこんでいる

シンプルな例から考えてみよう。私が特定の精神療法のセッションを行うとする。精神分析的精神療法でも，認知療法でもいい。しかし実際のプロセスに入る前に，かならず患者との何らかの言葉の交わし合いがあるだろう。挨拶に始まり，「ここ数日（数週間）はいかがでしたか？」というところから始めるのが普通だ。そのプロセスをとりあえず「面談」の部分としよう。ここが実は大きな意味を持つ場合が少なくない。そこで患者から2，3日前にあった比較的大きな出来事の詳しいいきさつが語られたり，それについてのアドバイスなどを求められたりするだろう。すると「いや，もう分析的精神療法（認知療法）を開始しなくてはなりませんので，その話はまた後で」とは普通は言えないだろう。それが患者にとって当面は重要だったり切羽詰った出来事であったりするからだ。もちろんそれを分析療法や認知療法の中で語ってもらうという方法もあるだろうが，その場合にもいつもの流れとは異なり，通常の会話に近いやり取りに近くなるのではないか。私はこのような「面談」の部分はしばしば必然的に生じ，かつ必要不可欠と考える。しかし一体この「面談」で何が起きているのだろうか？　この「面談」部分は分析や認知療法のプロセスを邪魔しているのか？　これはとても難しい問題である。

この不思議な「面談」の性質について，かつてある論文で論じたことがある

(岡野, 2013)。そこでの要旨に沿ってしばらく述べてみよう。

改めて「面談」とはいったい何かを考えた場合，それが基本的には無構造なことがわかる。あるいは「本題」に入る前の，治療とはカウントされない雑談として扱われるかもしれない。しかし二人の人間が再会する最初のプロセスは非常に重要である。相手の表情を見，感情を読みあう。そして精神的，身体的な状況を言葉で表現ないし把握しようと試みる……。ここには特殊な技法を超えた情緒的な交流が生じている可能性がある。「面談」を精神医学の教科書で論じることができないのは，そこで起きることがあまりにも多様で重層的だからだろう。私は数多くの「～療法」の素地は，基本的には「面談」の中に見つけられるものと考える。人間は特別な療法をそれほどいくつも発見できないものだ。

４．「面談」の特別バージョンとしての各種療法

私は現在幾種類も提唱されている精神療法の多くは，「面談」の中で現れるさまざまなプロセスの一つを拡大して扱うバージョンとしてとらえることができると考える。たとえば認知療法であれば，「面談」の中で日常生活に現われる思考の推移のプロセスを拡大して扱うバージョンとしてとらえる。行動療法なら，いくつかの行動のパターンについて論じ，それを抑制したり促進したりするという可能性を追求することに特化することになる。また「面談」に軽い呼吸法や瞑想の導入を組み込んでいる臨床家の場合は，そこで催眠やイメージ療法の導入部分をすでに行っているといえるかもしれない。

このように考えると，「面談」をきちんとできていれば特殊な療法についてのトレーニングは必要がない，という極端な見方をする臨床家が出るかもしれない。しかしむしろ種々の精神療法のトレーニングの機会を持つことが基本的な要素としての「面談」をより豊かなものにする可能性があると考えるべきである。

たとえば認知療法の訓練を受けて，自動思考の考えになじんだとする。All-or-nothing thinking（全か無かという考え），Catastrophizing（これは大変だ，とすぐパニックになってしまう），Disqualifying or discounting the positive（ポジティブなことに目をつぶる）などなど。このような心の動きを患者の思考や行動の中にいち早く読み取る訓練ことは，「面談」にも生かせるだろう。

また精神分析における一連の防衛機制を熟知していることは，同様の意味で患者の心の病理の在り方を理解するうえで有益かもしれない。

このように考えると，各種療法をフォーマルな形で行う用意のある臨床家とは，必要に応じてそれに本格的に移行したり，その専門家を紹介するという用意を持ちながら，つまりいつでもその療法の「アクセルを踏む」用意を持ちながら，「面談」を行うことができる療法家ということになる。結局は各種療法の存在をどのように捉えるか，という問題は，ある程度汎用性のある精神療法としての「面談」をどのように定義し，トレーニングを促していくか，という大きな問題につながってくる。認知療法もEMDRも暴露療法も，一部の患者に対する効果のエビデンスが提出されている一方では，汎用性があるとはいえない。つまりそれを適応できるケースはかなり限られてしまうということだ。すると認知療法家であることは同時に優れた「面談」もできなくてはならないことになる。

5．「汎用性のある精神療法」としての「面談」

このあたりでこれまで私が用いてきた「面談」という用語を，改めて「汎用性のある精神療法」と呼び変えて論じよう。私が「面談」にこれまでかなり肩入れして論じてきたのは，これが患者一般に広く通用するような精神療法，すなわち「汎用性のある精神療法」を論じる上での原型となると考えたからであった。「汎用性のある精神療法」とは，いわばジェネリックな精神療法と言いかえることもできよう。私は各種療法のトレーニングを経験することで，この「汎用性のある精神療法」の内容を豊かにできる面があると考えるし，それが本章の主張の一つと言える。「汎用性のある精神療法」はいずれにせよさまざまな基本テクニックの混在にならざるを得ず，いわば道具箱のようになるはずだ。そしてその中に認知療法的な要素も，行動療法的な要素も，場合によってはEMDRの要素も加わるであろう。

こうは言っても，私は臨床家は「何でも屋」にならなくてはならないというつもりはない。ただいくつかのテクニックはある程度は使えるべきであると考える。試みに少し用いてみて，それが患者に合いそうかを見ることができる程度の技術。それにより場合によっては自分より力になれそうな専門家を紹介することもできるだろう。臨床家が使えるべきテクニックのリストには，精神分析的精神療法も，おそらく暴露療法も，認知療法も行動療法も，場合によってはEMDRも箱庭療法も入れるべきであろう。

精神医学やカウンセリングの世界では，学派の間の対立はよく聞く。冒頭で述べたような認知療法が精神分析から敬遠される傾向などはその一つだ。しかしこれからの精神療法家はさまざまな療法の基礎を学び，ある程度のレベルまでマスターすることを考えるべきだろう。なぜなら患者は学派を求めて療法家を訪れるわけではないからである。彼らが本当に必要なのは優れた「面談」を行うことのできる療法家なのである。

６．「汎用性のある精神療法」と関係精神分析

治療において何が基盤にあり，「ドードー鳥の裁定」に反映される結果となっているのかという問題を私が扱ったのが，『治療的柔構造』（岩崎学術出版社，2008年）における考察であった。そこで至った結論は，結局治療者と患者の「関係性」としか表現できないものがその基盤にあるのであろう，ということである。精神分析療法にも認知療法にも行動療法にも，そして薬物療法にも存在するのは，治療者と患者の関係性である。それがそもそもの基盤にあり，精神療法プロセスはそこに働きかける。もちろん技法的な要素，すなわち各治療法に特有な治療原則や治療構造はそこに必ず介在するが，それは関係性が良好であって初めて意味を持つのである。

この治療関係こそが精神療法の基礎をなすという主張を全面的に押し出しているのが，いわゆる関係性理論の流れである。米国に見られる新しい精神分析の動きの多くは，伝統的な精神分析理論の核心部分の否定ないしは反省のうえに成り立っており，関係性理論はそれらの総称というニュアンスがある。その動きを構成するのは，コフート理論，間主観性の理論，メンタライゼーション，乳幼児精神医学，フェミニズム運動などであり，いずれも患者と治療者の間で生じるダイナミックな交流を極めて重視する立場を取る。最近では「関係性精神分析 relational psychoanalysis」という呼称が定着し，この動きの事実上の牽引役であったStephen Mitchellが世を去って後のこの十数年は，欧米を中心にさらに大きな広がりを見せている。

私はその中でもIrwin Hoffmanの思考をその代表と考えるが，彼の考え方の基本は治療関係における弁証法的なとらえ方を徹底することである。

Hoffmanは人間的な関係性という項を，他方の技法や治療原則に従った項と対置させたうえで，その両者の間の弁証法的な関係を生きることが治療であるとする。これは私が今述べた，すべての治療関係には，その底辺に関係性があり，そして各療法に特有な構造がある，という主張をより精緻な形で表現したものである。この考え方は，なぜ精神療法にさまざまなものがありえて，それが同様に治療的となりうるかという疑問に対する答えを提出しているといえる。

Hoffman（2001）の理論を詳述する余裕はないが，彼自身が自ら示す弁証法的構築主義の原則をここに掲げておこう。

① 精神分析のプロセスの本来の目的は「真実」に直面することだが，その「真実」とはFreudの精神分析の場合とはことなり，「私たちはみないずれは死ぬ運命にある，ということ以外の現実は常に曖昧で非決定論的である」ということである。人間は常に非存在と無意味さに脅されながら意味を作り出しているのである。
② 患者と治療者はそれぞれ自由な存在であり，二人で一緒に現実を構築する。その自由さのために，治療者の言動に患者がどのような反応をするかを十分な形で予測することは不可能である。
③ 治療者は親しみ深い存在であり，同時にアイロニカルな権威者である。治療者はその機能の一部を，「治療に抵抗とならない陽性転移」から受け継いでいるが，そのこともまた探索の対象となるからだ。
④ 精神分析には反復ないしは儀式的な部分があり，そこから離れることは，そうすることが治療者の利己的な目的のためなのではないか，という疑いの目を向けられる。
⑤ 治療者の用いるテクニックと，患者へのパーソナルなかかわりとは，弁証法的な関係にある。治療者の態度は単なる「テクニックの正しい応用」を目指すべきではない。治療者は「正しくあろう」とすることを放棄した時に，自分のかかわりがいやおうなしに主観的なものであるという事実に直面するのだ。
⑥ 精神分析過程で構築されるものは，反復であり，かつこれまでにない新しい体験である。前者は神経症的な転移の圧力により，後者は患者の動因のうち健康な部分からの圧力により作られる。
⑦ 患者が治療者に対して抱く理想化は，やがては損なわれてしまう運命に

ある。なぜなら治療者もまた患者と同じ人間だからだ。このことを認識することにより次のような懸念が生まれる。つまり治療者が提供できるのはあまりにわずかであるというだけでなく，治療者は金銭的にないしは自己愛的な満足のために患者を利用しているのではないかという懸念である。

⑧ Mitchellの言い方を借りるならば，治療において問われるべきなのは，「治療者が何を知っているか？」だけではない。それは精神分析における治療的な行動の過程や性質についての理論である。つまりそれは「患者が何を望むか」という理論である。

以上に示されたHoffmanの記述には，現実を，そして自分自身を見つめる冷静な目と，人間として持つべき謙虚さを感じ取ることができる。そしてそこには，私たちが死すべき運命にあること以外に確かなことはないという，徹底したまでの不可知論的な視点がある。Hoffmanの構築主義の独創性は，彼がそれらをとことん推し進めた結果いたった境地であることによるのだろう。そしてこの関係精神分析にさらに特徴的なのは，そこに属する論者が，脳科学的な視点を広く取り入れる姿勢を示していることである。そこには患者の訴えを心の問題としてとらえる視点と，脳の問題としてとらえる視点との間の弁証法が存在するかのようである。最近の関係論者，特にPhilip Bromberg（2014），Donnel Stern（2009），Allan Schore（2012，2013a, 2013b）たちの視点はその点で一貫しているという印象を受ける。

7．「汎用性のある精神療法」に欠くことのできない倫理則

最後に倫理の問題に触れたい。私がこれまでに述べてきたことは，汎用性のある精神療法としてさまざまな立場を包括するという方略であり，姿勢である。しかしこれらの試みを底辺で支えているのが倫理の問題であると考える。治療論は，倫理の問題を組み込むことで初めて意味を持つのである。

後に本書の第11章でも論じることであるが，現在精神分析の世界では，理論の発展とは別に倫理に関する議論が進行している。そして精神分析的な治療技法を考える際に，倫理との係わり合いを無視することはできなくなっているのだ。精神分析に限らず，あらゆる種類の精神療法的アプローチについて言え

るのは，その治療原則と考えられる事柄が倫理的な配慮に裏づけされていなくてはならないということである。

精神分析の世界では，歴史的にはチェストナットロッジを巡る訴訟問題などが精神分析の立場からの倫理綱領の作成を促すきっかけとなった経緯がある（第11章を参照）。そこでは分析家としての能力，平等性とインフォームド・コンセント，正直であること，患者を利用してはならないこと，患者や治療者としての専門職を守ることなどの項目があげられている（Dewald, et al., 2007）。

これらの倫理綱領は，どれも技法の内部に踏み込んでそのあり方を具体的に規定するわけではない。しかしそれらが精神分析における，匿名性，禁欲規則などの「基本原則」としての技法を用いる際のさまざまな制限や条件付けとなっているのも事実である。倫理綱領の中でも特に「基本原則」に影響を与える項目が，分析家の能力のひとつとして挙げられた「理論や技法がどのように移り変わっているかを十分知っておかなくてはならない」というものである。これは従来から存在した技法にただ盲目的に従うことを戒めていることになる。特に匿名性の原則については，それがある程度制限されることは，倫理綱領から要請されることになる。同様のことは中立性や受身性についても当てはまる。すなわち「基本原則」の中でも匿名性や中立性は，「それらは必要に応じて用いられる」という形に修正され，相対化されざるを得ない。

他方「汎用性のある精神療法」や関係精神分析は，この倫理則とどう関係しているのだろうか？　これらの療法は関係性を重視し，ラポールの継続を目的としたもの，患者の立場を重視するものという特徴がある。それはある意味では倫理的な方向性とほぼ歩調を合わせているといえる。倫理が患者の最大の利益の保全にかかっているとすれば，「汎用性のある精神療法」はその時々の患者の状況により適宜必要なものを提供するからである。結論としては，少なくとも精神分析的な「基本原則」に関しては，それを相対化したものを今後とも考え直す必要があるが，「汎用性のある精神療法」についてはむしろ倫理原則に沿う形で今後の発展が期待されるのである。

8．さいごに

「汎用性のある精神療法」というテーマで論じた。その中で紹介した関係精神分析は私が現在一番共感を覚える学派であり，関係性や倫理性を重んじる立場がそこにかなりよく代弁されていると考える。しかし学派や技法にとらわれない，というよりもそれを超えた臨床的な営みとしての精神療法の在り方をこれからも考え続けることが私のライフワークと考えている。それが妥当なものかを一番的確に判断するのは，それが臨床的にどの程度有効かということである。しかし何が患者に有効かを客観的に判断することも決して容易ではない。それは精神療法が何を目指すのか，という問題とも絡んでくるからだ。この答えの見えない問いを私はこれからも持ち続けつつ臨床を続けていこうと考えている。

文　献

Bromberg, P. M.（2011）The Shadow of the Tsunami: and the Growth of the Relational Mind, Rougledge.（吾妻壮，岸本寛史，山愛美訳：関係するこころ――外傷，癒し，成長の交わるところ．誠信書房，2014.）

Dewald, P. A, Clark, R. W.（Ed.）（2007）Ethics Case Book: Of the American Psychoanalytic Association. American Psychoanalytic Association.

Hoffman, I. Z.（2001）Sixteen Principles of Dialectical Constructivism.（unpublished paper originally presented at the meeting of the American Psychoanalytic Association.）

Luborsky, L., Singer, B.（1975）"Is it true that 'everyone has won and all must have prizes?'". Archives of General Psychology 32: 995-1008.

岡野憲一郎（2008）治療的柔構造――心理療法の諸理論と実践との架け橋．岩崎学術出版社

岡野憲一郎（2012a）精神分析のスキルとは？（2）．精神科 21(3): 296-301.

岡野憲一郎（2012b）心理療法／カウンセリング 30 の心得．みすず書房.

岡野憲一郎（2013）「面談」はすべてを含みこんでいる．精神療法 39(4) 特集 : 575-577.

Rosenzweig, S.（1936）"Some implicit common factors in diverse methods of Psychotherapy". American Journal of Orthopsychiatry 6(3): 412-415.

Schore, A.（2012）Affect Regulation and the Origin of the Self: The Neurobiology of Emotional Development. Psychology Press.

Schore, A.（2013a）Affect Regulation and the Repair of the Self（Norton Series on Interpersonal Neurobiology）. W. W. Norton & Company.

Schore, A.（2013b）Affect Dysregulation and Disorders of the Self（Norton Series on Interpersonal Neurobiology）. W. W. Norton & Company.

Stern, D. B.（2009）Partners in thought: Woerking with Unformulated Experience, Dissociation, and Enactment. Routledge.（一丸藤太郎，小松貴弘訳：精神分析における解離とエナクトメント――対人関係精神分析の核心．創元社，2014.）

第２章　さまざまな治療作用論

吾妻　壮

１．はじめに

精神分析において，治療作用論は動機づけシステム論と緊密な連携を保って発展してきた。Freud は，無意識的動機づけの帰趨と病理的現象との間の繋がりを読み取り，無意識化された動機づけの意識化を主たる治療作用として考えた。そして無意識化された動機づけとして Freud が考えたのは，リビドーと攻撃性だった。進んで Freud は，これらを意識化することを可能にする技法論について考察した。それ以降の精神分析の発展の中でも，無意識化された動機づけに到達することは精神分析の主たる治療作用と考えられてきた。

しかし今日，治療作用論は Freud の時代よりも遥かに複雑化している。動機づけの意識化とひと口に言っても，それは Freud が当初思い描いたよりも困難であることが示されてきた。まず，動機づけシステムには Freud が考えたもの以外にもさまざまなものがある。リビドー・攻撃性理論を唯一の動機づけシステムとするのは論理的根拠に乏しいとする論者が少なからず現れてきた。また，動機づけを意識化する作業の複雑さも判明してきた。分析家の解釈によって無意識的動機づけが意識化されるというモデルは簡潔で分かりやすいが，無意識を意識化しようとする際に生じる種々の抵抗を乗り越える方法を同時に考慮する必要がある。転移の分析は意識化への抵抗を扱うための最も精神分析的な方法であるが，それが知的洞察によって完結し得るものなのか，それとも転移分析の持つ体験的性質の関与が重要なのかについても議論の分かれるところである。さらには，動機づけシステムと関連の薄い治療作用論を考えることも可能である。

治療作用論はこのように複雑化の一途を辿っている。しかし，この変化は悲観すべきものではなく，むしろ歓迎すべきものであろう。治療作用論の複雑化は，精神分析に関するわれわれの知識と経験の充実を意味しているはずだからである。また，後に紹介するように，精神分析的に必要な作業をわれわれがしているはずなのに上手く行かないという事態，すなわち治療作用論の隘路に行き着いてしまうという事態は，精神分析プロセスにある程度織り込み済みのことである。精神分析が行き詰まるのは，分析作業を十分に行っていないという理由からだけではない。分析作業が深まっているからこそ行き詰まることもあり，それはむしろ首尾よく行っている分析においては必然ですらある。本章では，動機づけシステムの複雑性を経由しつつ，治療作用論の多様性を示せればと思う。

２．動機づけシステムの多様性

Freud は当初，リビドーを人間の根本的動機づけと考えた。その後「快原理の彼岸」(Freud, 1920) において，Freud は戦争神経症などの外傷の反復について考察し，理論的思弁に過ぎないとの留保をつけながらも死の本能を導入した。思弁の結果考案された死の本能をどこまで実体的なものとして受け入れるかどうかを巡っては，分析家の間に大きな違いがみられる。しかし死の本能は，より広く攻撃性という形で多くの分析家に受け入れられ，ここにリビドー・攻撃性からなる二元論的動機づけシステムが誕生した。

しかし，リビドー・攻撃性理論だけが精神分析における動機づけシステムとして可能なものなのだろうか？　Jay Greenberg (1991) は，リビドー・攻撃性理論の再検討を行い，リビドー・攻撃性理論を置き換える動機づけシステムの可能性について詳しく考察している。私は以前，この問題について『関係精神分析入門』の中で論じた (吾妻, 2011)。リビドー・攻撃性理論以外の動機づけシステムとして Greenberg が挙げているのは，たとえば，Fairbairn の対象希求性としての欲動である。また Greenberg は，Kohut の自己対象機能概念の欲動論との関係について興味深い議論を提示している。Greenberg によれば，自己対象機能は欲動そのものを規定しているわけではない。しかし，自己対象機能に着目することによって，主体による対象の経験のあり方という観点の呪縛からわれわれは解き放たれ，その代わりに主体に対する対象の反応のあり方という観点から主体と対象の関係を新たに考えることが可能になる。その結果，何が「良い」対象であるかがいわば間接的に決まり，この一連の流れを通して欲動様のものが浮かび上がってくるという構造を持つとGreenbergは論じている。

これらはある種の一元論であるとGreenbergは論じる。すなわち，葛藤はある単一の対象とどのような距離を取るのかという点に限局される。それはたとえば，母親とどのような距離を取るのかということについての葛藤である。しかしこれでは臨床現象を説明し切れない，とGreenbergは論じた。一方，Lichtenbergらのように，基本的な動機づけとして複数のものを考える多元論的立場もある（Lichtenberg, et al,, 2010）。その一例は，動機づけとして，生理的要請に対する心的調節，個人への愛着，集団への親和性，養育，探索と好みや能力の主張，身体感覚的快と性的興奮，引きこもり，敵意を用いた嫌悪的反応など，複数のものを同時に考える立場である（Lichtenberg, et al., 2010；角田，2013）。

Lichtenbergの動機づけシステムはその網羅性において説得力がある。しかし網羅的であることには副作用もある。臨床的場面においては，多元論的であることが逆に仇になり，目標に向かうために理論が最も必要とされる時に，十分な強度で明確な方向性を提示することができないことをGreenbergは論じている。結局Greenbergは，分析臨床において，一見より精緻な分析と方向付けを可能にするように思える多元論的動機づけシステムを採用するよりも，二元論に留まる方に軍配を上げている。臨床場面を想定した上での一つの実際的な選択であろう。

しかし，だからといって採用される二元論的動機づけシステムがリビドー・攻撃性理論である必然性はない，とGreenbergは続ける。代わりに彼は，「セーフティ欲動」と「エフェクタンス欲動」というものを論じる。これらはそれぞれ，安全に感じられる状況を求める欲動，自分に効力があると感じられる状況を求める欲動である。関係性の変遷はリビドー・攻撃性理論に訴えずとも，セーフティ・エフェクタンス理論によっても十分説明可能である。私は，実際われわれはすでに，日々の臨床においてセーフティ・エフェクタンス理論を意識せずに用いているのではないかと思う。すなわち，問題のある関係性に患者が留まり続けるのは，そうすることが安全に感じられるからこそであり，そのような関係性（しばしば倒錯的である）を抜け出ることによる自己効力感とそこに留まり続けることの安全性との間の葛藤にこそ臨床的介入点があることをわれわれはすでに知っているのだと思う。しかしわれわれがより自覚的に知っている二元論はリビドー・攻撃性理論であり，したがって今挙げたような状況を理論的に説明しようとするときには同理論に頼ることになる。だからと言って，リビドー・攻撃性理論によって説明することに必然性はないし，もっとそれよりも説得力のある二元論があり得る——そのことを Greenberg は訴えているのだと私は思う。もちろん，この Greenberg の新しい欲動論がその後分析コミュニティーに広く受け入れられ，リビドー・攻撃性理論を置き換えるようになったかというと，そうではない。だが，Greenberg が異なる欲動論を提案したのは，そのような置き換え自体を目論んでのことではないだろう。リビドー・攻撃性理論の再点検の意義は，その根拠を論理的に問い直すことそれ自体にある。

３．さまざまな治療作用論

ここまでの動機づけ論を踏まえて，次に治療作用論について考えてみよう。精神分析的治療において治療的な変化をもたらすものは何か。この問題は，治療作用論と呼ばれている。治療作用について最初に論じたのは，言うまでもなく Freud である。Freud は，無意識的動機づけの知的洞察を精神分析における治療作用と考えた。禁じられた願望や衝動に気づくことで，それまで意識に上ることなく行われていた症状形成や行動化が止む——それが精神分析的な治療作用論の原点であった。

治療作用論は動機づけシステム論と緊密な連関を保っている。動機づけシステムの理解が多様化すると，それに並行して治療作用論も複雑化する。Freud のリビドー・攻撃性理論以外の動機づけシステムを考えることが可能であるということは，Freud が考えた治療作用以外にも治療作用が考えられるということを意味する。理論的には，動機づけシステムの数だけ治療作用論が考えられるはずである。さらに，治療作用論の可能性は，動機づけシステムの多様性を超えて広がる。動機づけシステムとは直接的な関係を持たない治療作用論を考えることも可能だからである。

Freud 以降に現れた，よく知られている治療作用論を概観してみよう。精神分析の創始者である Freud が知的洞察を最も重要な治療作用と考えたことを踏まえ，その見解に何らかの形で言及しつつ，Freud 以降の精神分析家たちはさまざまな治療作用論を展開した。

Strachey は「精神分析の治療作用の本質」(Strachey, 1934) の中で,「分析家の良性の超自我の取り入れ」と治療作用の関係を論じた。治療作用を持つ解釈を Strachey は「変容惹起解釈」と呼んだ。変容惹起解釈が可能になるためには,分析家が新しい対象として患者の前に立ち現れ,患者の超自我の一部として取り込まれた上で,患者の厳しい超自我と異なる「補助超自我」として機能する用意がなくてはならない。しばしばあるように,分析プロセスにおいて患者が分析家を厳しいと誤認すると,分析家に激しい攻撃性が向けられる。攻撃性が投影された結果,分析家は患者によってますます厳しい存在として認識されるようになる。これは一種の悪循環への入り口である。しかしここで,「**現実の,そしてその時の** *real and contemporary*」(Strachey, 1934, 強調原著者) 状況に即して患者の超自我に助言を行うことのできる分析家由来の良性の補助超自我の機能によってそれを断ち切ることができると Strachey は論じた。

変容惹起解釈のプロセスにおいては,まず分析家=良性の補助超自我が少量のイド・エネルギーの意識化を許容する。それは分析における患者の対象である分析家に当然向けられる。分析家はそのようにして自分に向けられたイド・エネルギーを解釈する。患者の現実検討能力に問題がなければ,分析家は患者が空想の中で思い描いていたような厳しい対象ではないことが,現実の対象としての分析家の反応を目の前にすることによって示されることになる。この一連の流れが治療作用を持つことを Strachey は論じた。

Strachey の変容惹起解釈による治療作用論は,リビドー・攻撃性理論を前提としたものである。しかし,Freud が示した無意識の意識化という治療作用論の限界を超えて,単なる知的洞察以外の治療作用の可能性を示している。すなわち,分析家との新しい関係性,患者の厳しい超自我と対比的な補助超自我としての分析家との関係性が治療的であることを示している。もちろん治療作用は依然としてリビドー・攻撃性理論の範疇に収まっており,また,変容惹起性の解釈による一種の洞察を経由したものではあるが,ここに,分析家との関係のあり方そのものが治療作用を持つ可能性が視野に入ってきたわけである。

Strachey が論じた治療作用としての関係性という視点は,その後さらに他の分析家たちによって論じられていった。たとえば Loewald は,「精神分析の治療作用について On the therapeutic action of psychoanalysis」(Loewald, 1960) の中で次のように述べている。

……分析家は，患者が陥っている組織化のレベルに自分自身の中で退行しつつ，防衛と抵抗の分析によって，患者がこの退行を現実化するのを手助けすることができなければならない。……解釈によって，無意識的経験と，その経験についてのより高度の組織化のレベルの両方が患者に提供される：無意識と前意識は解釈という行為により結ばれることになる。

(Loewald, 1960, pp.241-242)

Loewald は，解釈の内容的側面，すなわち無意識的経験の説明のみならず，その経験を言葉によって理解しようとする分析家との相互交流そのもの，関係性そのものの重要性を指摘し，分析家の，より高度の組織化レベルが患者に内在化されることが治療作用を持つと論じた。リビドー・攻撃性理論への言及もより間接的なものになっている。

このように，Strachey と Loewald は新しい対象との出会いの持つ治療作用を論じたが，Kohut もまた，「変容性内在化」という概念を用いつつそれを別の枠組みから論じた。変容性内在化を通して分析家の自己対象機能が内在化されていく過程は，Loewald の論じる「分析家の，より高度の組織化」の内在化の過程を想起させる。

４．Levenson の問題提起
——解釈自体が無意識的相互交流に埋め込まれてしまう

治療作用論には多様な可能性があることを論じた。治療作用論の大きな流れは，知的洞察から関係性へ，解釈から経験へ，内容からプロセスへ，そしてリビドー・攻撃性理論からその枠外へ，という変化である。この変化についていけば，われわれ治療者の理解の幅も深さも深まり，一見すべて順調のように思える。

しかし残念ながら，そのような見通しは楽観的に過ぎるようだ。Edgar A. Levenson は早くも 1972 年に，通常の治療作用論に内在する限界を論じている（Levenson, 1972）。Levenson によれば，われわれが分析家として何を感じ，思考し，そして行うかにかかわらず，究極的にはわれわれは患者の関係性のパターンに不可避的に巻き込まれてしまう。無意識的相互交流の磁場は極めて強大であり，われわれはそこから抜け出ることができないのである。たとえば，夢分析を考えよう。Levenson が注目するのは，夢を持参する患者とその分析をする分析家の二人の関係性が，まさしく夢で描かれている関係性そのものになってしまう事態である。すなわち，夢を通して無意識的世界に近づこうという試み自体が無意識的相互交流にすでに侵食されているような事態である。

このような事態は，私自身も時々経験することである。たとえば，妊娠を巡る葛藤から拒食に陥っていたある女性患者は，夢の中で，自分の上の歯が全部抜けてしまっていることに気づいた。彼女は驚くと同時に爽快感を味わってもいた。それを聞いた彼女の母親もまたすっきりとした表情を見せたために，彼女は安心した。彼女は以前，2階のトイレを儀式的に避けていたことを連想した。彼女は，私との治療が始まってしばらくするとどういうわけか2階のトイレを再び使ってみようという気になり，また使い出した。彼女はそれが思いのほか気持ち良いと感じた。便を出すのは，出産の時と似た爽快感がある，と彼女は述べた。

この夢を聞いて，私は最初，歯が抜けることは彼女が攻撃性を失うことと関連しているのかもしれないと考えた。しかしやがて他の理解も浮かび上がってきた。彼女の連想から，上の歯が抜けることと2階のトイレを再び使うことができるようになったことが関連しているのかもしれない，という考えが浮かんだ。そこで，患者は口唇期的および肛門期的な葛藤を避け，幼児的万能感を求めているのかもしれない，と私は考えた。胎児と便が同一視されていることは，精神分析理論の確かさを示しているとも思った。私は，2階のトイレは上の歯を現しており，夢は彼女の中のすっきりしないものが解消されることを表しているのだろう，と解釈した。そして，妊娠を巡っての複雑な気持ちが，歯や便がすっきりするように，彼女の中ですっきりと消えることを彼女が望んでいるのだろう，と伝えた。

このような解釈をしながら，私は，興味深い夢を首尾よく解釈ができたと感じていた。私の解釈を聞いた患者も，私の解釈に満足そうだった。しかしそれでも私の中には，何かが違うという感覚が残った。出来過ぎた感じがしたのである。振り返れば，やはり私は患者の関係性のパターンに嵌ってしまっていたのだろう。すなわち，葛藤のないすっきりとした快感を，「2階」に行くこと，言い換えれば二次過程・知性を用いることで排出的に解消してすっきりしてしまっていた。つまり私は，夢の中で彼女の万能感を是認して「すっきりとした表情を見せた」母親のようでもあった。私は無意識的相互交流に埋め込まれてしまっていた embedded のである。

夢分析を取り上げたが，このような事態は夢の分析だけに限らない。分析家の不可避的な無意識関わり inevitable unconscious involvement あるいは分析家がフィールドに埋め込まれていること embeddedness of the analyst in the field（Stern, 2010）の遍在性のために，分析家は，何をどのようにしているときでも無意識的相互交流の影響下にある。そして Levenson によれば，それは分析家の解釈行為についても当てはまる。すなわち，分析家が無意識を意識化すべく行う解釈は，未だ意識せざる分析家自身の無意識的蠢きによって左右されているだけでなく，さらには関係性のフィールドの無意識的流れに深く絡め取られている可能性がある。解釈は常にその無意識的要素についての別の解釈を必要とすることになる。そしてそれは自己分析で克服可能な個人的な無意識の要素についてだけでなく，無意識的相互交流の要素についても言えることである。このように考えると，図式的には，解釈についての解釈が無限連鎖的に，かつ関係性のフィールドの全面にわたって行われる必要が生まれる。もはや分析は不可能に思えてくる。

５．鍵はどこに？——患者からの変形に抗すること，交渉を重ねること

これは困った事態である。Levenson の理解によれば，分析家は無意識的相互交流から決して抜け出すことはできず，解釈には終わりはない。Freud は精神分析を「不可能な職業」と呼んだが，精神分析は職業として不可能であるばかりか，そもそも本質的に不可能であるということはないのか？　患者の持ってきた夢に対して治療者が何事か言っているまさしくそのシーンが，無意識的相互交流の力のために夢と同型 isomorphic にならざるを得ないとするならば，われわれには一体何ができるのだろうか？　この問題提起は，かなり深刻な問題提起である。私には Levenson が述べていることが論理的に考えて全くのナンセンスであるとは思えない。そうである以上，仮にそれが不都合な方向を指し示しているとしても，真剣に取り上げる必要がある。

関係論的考え方に対してしばしば示される陰性の反応の源の一つは，この深刻さと関係があるのかもしれない。分析家の無謬性，無意識の中に埋め込まれていること（埋め込まれ性），無意識的相互作用の遍在性を受け入れれば受け入れるほど，分析家の力は脅かされるよう感じられるからである。しかし悲観

的になる必要はない。こうすれば抜け出せるという明確な技法が存在しないことは，何もないことや，何でもありであることとは違う。

Levenson は，このような事態において必要なのは「歪曲の解釈を繰り返すのではなく，変形に抗することによって患者のフィールド全体を変えること――それは内部から穿つプロセスである」(Levenson, 1972, p. 174) と論じている。ここでいう「変形 transformation」とは「同型変形 isomorphic transformation」(Levenson, 1983) のことで，患者の関係性のパターンに嵌り，患者の世界における対象のように分析家が変形されてしまうことの意味である。したがって，より明確に言えば，患者からの変形に分析家が抗することが必要なのである。Levenson によれば，分析家が患者の関係性のシステムによって同型変形されることは避けようがない。分析家と患者の相互交流がその他の対人相互交流と異なるのは，分析家が患者との相互交流システムへの参与のあり方を自覚している程度に過ぎない。しかし，相互作用の性質を分析家が理解し分析しようとするまさにその努力が関係の質を変える。

Philip M. Bromberg もまた，Levenson に近い考察を行っている。Bromberg によれば，患者の古い関係性の中に嵌ってしまっている分析家にとって必要なものは，解釈による知的洞察ではない。Bromberg は，精神内容物を指摘する（解釈する）ことで患者が変わることはない，と論じる。分析家が古い関係性の中から抜け出ようと努力する際のキーワードとして Bromberg が挙げるのは，知覚 perception という言葉である。Bromberg は次のように述べている。

> 結局のところ，毎週毎週のセッションとは皆，絶え間ない個人的な再会のプロセスのようなものではないのだろうか？ (Bromberg, 2011, 訳書 p.164)

> もしも対人関係的あるいは関係論的な分析技法というものが存在するとしたら，それは主に，分析の過程を通してずっと，自己 - 状態を有効に共有するということの意味について，分析家が交渉に交渉を重ねることを続けていく能力にある。 (Bromberg, 2011，訳書 p.170，原文はイタリック)

精神分析理論を学ぶことにより，患者の精神内界が「分かった」ように感じられ，われわれはやがて，患者の心をあたかも透かして見ることができるような錯覚に陥る。しかしそれはまるで，一個人として治療の場に存在することなく，治療者という機能でのみ治療に参加し，観察することができるかのようである。Brombergは，一個人として治療の場に存在し，そのような存在として患者に出会うしかないことを説く。Brombergによれば，心に耐えられないくらいの負荷がかかると，心は自らを多重化することで自らを守ろうとする。そして精神分析的治療は，そのような自己の多重性が解消される過程ではなく，耐え得るようになっていく過程である。Brombergは，そのために必要なのは知的洞察ではなく，分析家との個人的な接触を通して解離されていた自己が分析の場に蘇ることであるとする。そうして初めて，多重の自己の間の話し合いが始まり，それは最後には精神内葛藤として経験されるに至る。そこからは，古典的な分析として理解し，感じることが可能な分析の領域となる。分析家の役割は，古い関係性の中に嵌りこみながら新しい知覚的経験を提供することだとBrombergは結論する。

６．日々の臨床のために

Levensonの「変形に抗すること」，そしてBrombergの「個人的な再会のプロセス」あるいは「自己 - 状態を有効に共有する」ことを巡っての「交渉」を紹介したが，これらは新しい治療作用論を，そしてそれを可能にするための技法論を示しているのだろうか？　従来の治療作用論や技法論に比べると，彼らの結論が曖昧模糊としていることは正直否めない。具体的に日々の臨床においてわれわれが何をすれば良いのかは不明なままである。これらを治療作用論・技法論として位置づけて良いのかについては議論が分かれるところだろう。

彼らの主張を技法論として採用することは難しい。彼らが論じているのは，通常の意味での技法論の限界である。しかし技法論の限界は治療作用論の限界ではないし，ましてや精神分析の限界ではない。彼らは，「これこれをせよ」という類の処方的な治療技法によって治療作用を担保できないということを論じているに過ぎない。通常の技法論が不可能になる程度に分析家が相互交流の中に巻き込まれるからこそ新しい経験の機会が訪れるのであり，そこに治療作用の可能性があることを彼らは論じているのである。治療作用論の焦点が精神内容物から関係性のプロセスへと移る時，これまでのように具体的な形で技法論を語ることはもやはできないのである。

それは従来の技法論を完全に捨て去ることを意味するのだろうか？

Bromberg も他のところで触れていることだが，もちろんそうではない。処方的技法論は，その限界を受け入れた上で参照せざるを得ないものだ。処方された技法によって実際に意図した通りになるかどうかは実のところは分からないのだが，意図した通りにならないことを承知の上で処方的な技法を取り入れるしかない。それは，そうすることで上手く行くことが分かっているからではなく，分析家はそれくらいしかできないからである。最終的に治療作用を持つのが「変形に抗すること」や「個人的な再会のプロセス」であるとしても，それらは，解釈によって意図的に達成できないのと同様に，解釈以外の意図的な働きかけによっても必ずしも達成できない。

精神分析における治療作用の本体は解釈による知的洞察にあるわけではない。しかし実際の臨床場面では，言葉を用いての作業を分析作業の中心に据えざるを得ない。そしてそのような作業の大きな要は解釈である。それは，言語コミュニケーションが治療作用を持つと予め分かっているからというよりも，それが分析家にできることだから，と言った方がよい。「どのようにすれば良いか」という指針を与える処方的な技法論をそのまま受け入れることの危険性の一つは，意図した通りにならない場合に，それを修正し上書きするような別の技法を想定してしまうことである。そのような試みは，患者の古い関係性をひたすら反復している場合が多い。そのような陥穽に気を付けながら言葉によって交流する試み——その中には解釈のみならず，もっと直接的な自己開示も含まれる——が「自己 - 状態を有効に共有する」ことの一つのあり方であり，それを続けることで，ある時図らずも「個人的な再会」が訪れる——分析作業とはそういうものだと私は考える。

7．なぜ新しい関係性だけではだめなのか？——「負の仕事」の必然性

精神分析的治療においては，分析家と患者が古い関係性に嵌まり込んだ上で，そこに何か新しいものが必要であると述べた。それは一体何故なのだろうか？

なぜ新しい関係性だけではだめなのだろうか？　動機づけシステムの観点から考えてみよう。冒頭でも述べたように，多くの動機づけシステムは二元論を採用している。たとえばそれは Freud のリビドーと攻撃性，Bion の L と H，Greenberg のセーフティ欲動とエフェクタンス欲動などである。二元論的思考の利点の一つは，質的には反対方向を向きつつも必ずしも一つの軸の上には収

まりきらない二つの動機づけを考えることで，単純な総和論による動機づけの一元論的説明に陥らないで済むことである。二元論的に考えると，愛が足りずに憎しみが多い場合，愛を与えてやれば憎しみが相殺されるとは必ずしも言えない。したがって二元論的思考に基づいて治療作用を考えると，単なる量的な重ね合わせだけで分析をすることはできず，関係性の新旧が単純に打ち消し合うことは期待できないことになる。

フランスの分析家 André Green は，抑圧 repression，否定 negation，否認 disavowal など負の要素を指し示す「負の仕事 le travail du négatif（the work of the negative）」が精神分析において決定的に重要な働きをしてきたことを論じた（Green, 1999; Green, 2005）。二元論的思考は動機づけ総和論に対して疑問を突きつけたが，Green は負の仕事の執拗な残響を指し示すことによって同じ問題を別の角度から検討した。

Green によれば，精神分析が問題としてきたことの多くは，ないとされるものを巡ってであった。何かがないとする心の働きあるいは負の仕事のために，何かがあるという知覚は，容易には患者の心には留まり得ない。それは臨床的には次のようなことを意味する。かつて養育者に酷い扱いを受けた患者の心の中は，経験を打ち消す「負の仕事」によって深く組織化されている。そのような患者にとって，治療者が毎週同じ曜日と時間にオフィスにいるという現実が心の中に留まる力は強いものではない。一方，治療者が一度でも休むことは，対照的に巨大な不在として患者の中に残り続ける。

Green は言及していないが，負の仕事があるのならば当然「正の仕事」もあるはずであり，その対比を理解することで負の仕事について把握しやすくなるだろう。正の仕事とは，患者の心の中において治療者の存在という知覚をそのまま受け入れることを可能にするような心の働きとして理解することができるだろう。今挙げた状況に即して言えば，治療者がほぼ規則的にオフィスにいることをもって，治療者が確かに自分のためにそこに存在していると感じられるようにするような心の働きのことである。たとえば，良い対象の内在化を正の仕事の一種として考えることができるだろう。

もしも正の仕事が負の仕事よりも強力であれば，われわれの分析作業は円滑に行われるだろう。解釈をすればそれは文字通りの解釈として受け取られるはずである。まるで分析家の解釈を全く聞かなかったかのように患者が振る舞うという事態など起こりようもない。しかしわれわれが注目すべきことは，実際には負の仕事は正の仕事よりもはるかに根深く，広範にわたるということである。極めつけは，そこにあるものの知覚を否定するという幻覚，すなわち陰性幻覚 negative hallucination である。ひとたび分析家が陰性幻覚の作用に飲み込まれると，分析家の正の仕事など効力を発するはずもなくなる。

Green によれば，負の仕事の問題は，それが抑圧の場合はそれほど大きな問題にはならない。抑圧の場合に問題になるのはイントラサイキックな記憶の文脈であり，それを解釈によって乗り越えることができる。しかし外傷関連の病理の場合，事情は複雑である。対象の不在が長引くと，不在という外傷的知覚だけが現実として患者に受け入れられるようになる。言い換えれば，患者は正の知覚を否定し，対象の不在を，あるいは負の知覚のみを受け入れるようになる。外部からの新しい知覚は，そのまま受け入れられる前に，内的に保持された表象との照合を要することになるが，照合先の内的表象は，いまや不在という表象である。したがって，内的表象と外部からの知覚との間に常に一定の衝突が生じることを意味する。その結果の一つが，解釈をしても知覚も認識もされないという，重症例の臨床でしばしば遭遇する事態である。

ここで重要になってくるのが，分析家が負の仕事に耐えることである。その考え方は，Winnicott の脱錯覚論や，Bion の K/ − K 論およびネガティヴ・ケイパビリティ論を下地にしている。精神分析においては，正の仕事に期待するだけでは不十分であり，負の仕事に耐えることから始めなければならない。患者は多かれ少なかれ，広い意味で外傷的な経験をしている。負の仕事の遍在と引力を考慮するならば，精神分析的作業は，負の仕事を一度経由してこそ，初めて新しい現実を提供することができるわけである。新しい関係性だけでは不十分であり，古い関係性に嵌まり込む必要がある。

Bromberg は，現実の知覚上の変化が治療作用に必要であると論じているが，その視線は専らインターパーソナルおよびインターサブジェクティヴ・フィールドに注がれている。Bromberg はイントラサイキックに関わる議論として「多重の自己 - 状態 multiple self-states」に言及しているが，そこには Freud 以来精神分析が積み重ねてきた精神力動論との繋がりが十分に見出せない。それは Bromberg が心をモデル化することに対して懐疑的だからではあるが，モデル化された心に慣れ親しんでいる者には物足りなさを感じさせるかもしれない。

一方 Green の「負の仕事」論は，内的過程のみならず外傷や知覚的欠如を含む「負」一般の問題を扱うものである。知覚の否認と陰性幻覚の生成の議論は，新旧の関係性の知覚についての理解に役に立つ。Green の議論は，伝統的な精神分析の概念を忠実に踏襲しつつ，知覚の問題，言い換えれば経験の問題に取り組んだものと言える。Freud 流のエネルギー論を離れて知覚の問題を考える方法もあるが，Green のように，Freud のエネルギー論の内部で知覚の問題に取り組む試みは貴重である。

文　献

吾妻壮（2011）グリーンバーグの功績．関係精神分析入門　所収．岩崎学術出版社．

Bromberg, P. M.（2011）The Shadow of the Tsunami: And the Growth of the Relational Mind. New York: Routledge.（吾妻壮・岸本寛史・山愛美訳：関係するこころ――外傷，癒し，成長の交わるところ　誠信書房，2014.）

Freud, S.（1920）Beyond the pleasure principle. The Standard Edition. XVIII, 7-64. Hogarth Press, London.

Green, A.（1999）The Work of the Negative. Free Association Books, London.

Green, A.（2005）Key Ideas for a Contemporary Psychoanalysis: Misrecognition and Recognition of the Unconscious. Routledge, New York.

Greenberg, J. R.（1991）Oedipus and Beyond: A Clinical Theory. Harvard University Press, Massachusetts.

角田豊（2013）欲動から多様な動機づけへの展開――リヒテンバーグの動機づけシステム理論．富樫公一編：ポスト・コフートの精神分析システム理論　所収．誠信書房．

Levenson, E. A.（1972）The Fallacy of Understanding: An Inquiry into the Changing Structure of Psychoanalysis. Basic Books, New York.

Levenson, E. A.（1983）The Ambiguity of Change. An Inquiry into the Changing Structure of Psychoanalysis. Basic Books, New York.

Lichtenberg, J. D., Lachmann, F. M., & Fosshage, J.（2010）Psychoanalysis and Motivational Systems: A New Look. Routledge, New York and London.

Loewald, H. W.（1960）On the therapeutic action of psychoanalysis. In: The Essential Loewald: Collected Papers & Monographs. University Publishing Group, Hagerstown, 2000.

Stern, D. B.（2010）Partners in Thought: Working with Unformulated Experience, Dissociation, and Enactment. Routledge, New York and London.

Strachey, J.（1934）The nature of the therapeutic action of psycho-analysis. International Journal of Psycho-Analysis, 15: 127-159.

第 2 部　治療者の自己開示

第３章　自己開示はなぜ問題とされてきたか

横井　公一

１．はじめに

第２部では治療者の自己開示について取り上げる。治療者の自己開示に関しては，これまでの古典的な精神分析技法ではもっぱら禁忌として考えられてきた。しかしなぜ，古典的な分析家はそれを禁忌であると考えてきたのだろうか。そしてまた関係精神分析の分析家は自己開示をどのように考えているのだろうか。第２部のこの後に続く各章への準備的考察として，まず私は，従来，古典的な精神分析ではなぜ自己開示は問題であるとされてきたのかという問題についての考察を試みたい。

最初に，自己開示についての定義を見てみよう。わが国のスタンダードな精神分析用語辞典である『精神分析事典』での「自己開示」の項目は岡野憲一郎が執筆しているが，それには次のように定義されている。「自己開示とは，治療状況において治療者自身の感情や個人的な情報などが患者に伝えられるという**現象**」（強調は横井による）をさす。そして「従来は，治療者により意図的に行われる自己開示は，治療者の側の行動化として理解されることが多く，患者の自由な転移を妨げるという理由から，それを戒める立場が主流を占めた」のである。（岡野，2002）

自己開示についてのそのような見方は，精神分析の技法の歴史の中で長らく主流を占めてきたが，しかし米国においては，関係精神分析の興隆とともに，新たな視点が提示されてきている。自己開示についてのそのような見直しは，たとえば，対人関係論／関係精神分析と古典的精神分析との対話が始まった1990年代の初めの時期の２つのパネルで検討されている。ひとつは1993年のウィリアム・アランソン・ホワイト研究所の設立50周年記念でのシンポジウムである（Greenberg, J., Abend, S., Ehrenberg, D., Epstein, L., Jacobs, T. : "Self-Disclosure: Therapeutic Tool or Indulgence" at the Fiftieth Anniversary Conference of the William Alanson White Institute, November 14, 1993.)。もうひとつはそのあとニューヨーク精神分析研究所でひらかれたパネルである（Rothstein, A., Rosenbaum, P., Jacobs, T. : "Aspects of Self-Revelation and Disclosure: Analyst to Patient" at the New York Psychoanalytic Society, March 11, 1995.)。私が今回考察する古典的な分析家たちの「自己開示」に関する見解は，この二つのパネルでの古典的分析家の議論から抽出してまとめあげたものである。

2．前史――Freud, S. と Ferenczi, S.

古典的な分析家による自己開示についての否定的な見解は，Freud, S. の治療技法と Ferenczi, S. による技法の修正にその前史を持っている。

まず 1912 年の「分析医に対する分析治療上の注意」の論文で，Freud は自己開示が臨床的に有益に働かないことを指摘した。この論文で Freud は，患者に治療者自身のことを話すと，患者も話しやすくなってよさそうに思えるが，実際にはそうはならないと述べている。Freud によると，その理由は，1 番目に，自己開示は患者のより深い抵抗を乗り越えることをいっそう困難にするからである。また 2 番目に，患者は自分自身を分析するよりも分析者を分析する方が面白くなるし，3 番目には，自己開示は，分析者の親密な態度によって，転移を解消することを困難にするからである。そして「経験は，このような技法がうまくいかないことを語っている」と Freud は述べている。

Freud のこの臨床的な経験は，やがて Freud の一者心理学の理論とそのための技法に結びつけて理解されるようになっていった。すなわち，分析されるべきものはもっぱら患者の無意識的な欲動であるという理論と，そのためには中立性や禁欲原則や分析の隠れ身（匿名性）が必要となるという技法がそれである。そして「外科医の手術の比喩」と用いることによって，Freud は，人としての情緒を差し控えた分析医の技術を技法の中心に据えたのである。この比喩が示すところは，分析者の唯一の仕事は，患者の素材を理解し，明確にし，解釈することであるということであり，それゆえ，示唆，誘導，意見などの，分析者の人となりの一面をうかがわせるような自発的なコメントは分析の道具ではないとみなされることになった。そして，その後の精神分析技法の発展のなかで，この原則はFreud自身が意図したよりはずっと厳格な規則となって，後の臨床家たちに順守されることとなったのである。

それに対して，1930年代に入ってFerencziは，Freudの技法に対して異議を唱え始めた。Ferenczi（1932）は，彼の『臨床日記』のなかで，Freudの治療態度を「分析家の感情欠如」として非難した。分析家の隠れ身（匿名性）や禁欲原則や一方的な自由連想は，臨床的に不毛であるとFerencziは主張したのである。なぜならば，「分析家の感情欠如」に患者は感情を害するし，その原因を自分自身の中に探し始めるし，ついには自身の感覚の現実性までを疑うようになるからであると，Ferencziは述べている。さらにFerencziは，Freudが提唱する分析の匿名性は神話である，あるいは患者から超然としていようとする分析家のうぬぼれであると主張した。なぜならば，われわれは何かを言ったり何かをしたりすることで図らずも自己を露呈しているからであり，自己開示は必然的であるからである。それにもかかわらず匿名性を装うことは，患者をごまかしているだけのことであり，それは患者が幼少期から被ってきた外傷を繰り返すだけのことであると，Ferencziは主張するに至った。

ついにFerencziは，この匿名性という神話から脱出して，分析状況における外傷的な体験の反復を乗り越えようと意図して，相互分析という実験を患者との間で試みることになる。Ferencziは，分析家が有効に機能するためには，患者に対する分析家の逆転移が分析されなければならないと考えて，そのための試みとして，分析家が患者を分析し，それと同時に患者も分析家を分析するという相互分析を実践した。しかし相互分析の実験は失敗に終わったのである。外傷の反復は相互分析によっても乗り越えられることはなかった。Ferencziの実験は，Freudとそのサークルからの批判を受けて，自己開示のもつその後のイメージは，分析家と患者の間の明確な境界を維持することの困難，あるいは愛情や性的な感情の告白，そして行動化などの不適切な技法のイメージと結びつくことになった。そしてそれ以後，古典的な精神分析の技法においては，自己開示はタブーとみなされるようになったのである。

3．古典的な分析家の見解

それでは自己開示はいったいどのような点で不適切な技法だと，古典的な精神分析家は考えていたのであろうか。岡野が『精神分析事典』の「自己開示」の項で述べているように，その理由には2点ある。まず第1に，自己開示は治療者の側の「行動化」であると考えられていた。そして第2に，自己開示は，患者の空想（Fantasy）の自由な展開を阻害して，転移を制限してしまうがゆえに，不適切であると考えられていたのである

それではまず，自己開示は治療者の側の「行動化」であるから問題であるという考えについて見ていこう。古典的分析家は，自己開示は治療者の側のひとつの「行為」であり，「行為」は本来「思考」に置き変えられるべきものであるという原則に従っている。すなわち，「行動化」は，Freud（1911）が定式化した一次過程から二次過程へ向かうという自我の働きに反していると，古典的分析家は考えているのである。つまり，ある局面で治療者が自己開示を行う動機には，あるいは無意識的に自己開示という行動化を行ってしまう動機には，治療者の側の何らかの欲動満足への欲求（たとえば，患者を指導したいという野心，誠実であると思われたいという自己満足，患者への罪悪感の軽減，患者への恐れの回避など）があるだろう。それらは行動に移されるよりも，本来は治療者によって内省されて思考されるべき事柄であると考えられていたのである。

すなわち「古典的な訓練を受けてきた分析者たちは，自己開示を，適切な技法の不履行とみなしてきたし，もしそれが臨床の作業上で，あるいは著述の上で頻繁に用いられるとしたら，それはまだ十分に分析されていない性格病理の表れであると考えられてきた」のであると，Jacobs, T.（1997）は述べている。

次に，自己開示は転移を制限するものであるので，好ましくないことであるという古典的な分析家の考え方について見てみよう。古典的な分析家は，心的内界（the intrapsychic）と現実の対人関係（the interpersonal）とを二項対立させる視点を持っている。たとえば，Arlow, J. A.（1969）の比喩に従えば，われわれは内側と外側の両方から映し出されるスクリーンの上に生きている。そのスクリーンには内部からは患者の空想が，そして外側からは外的現実が映し出されている。われわれはその両者の混成としての心的現実のなかで生きているのである。治療者の匿名性という設定は，外的現実（実際の治療者）からのイメージをなるだけ小さくして，転移（患者の空想）を探究していこうとする操作に基づいている。その考え方に従えば，精神分析が患者の空想から導かれた転移を取り扱おうとするのであるならば，自己開示という外的現実の侵入

は，患者の自由な転移の発展を妨げるものとなるのである。

それゆえ Rosenbaum（1997）は「分析家による自己開示も含めて，治療者との関係性のいかなる側面であっても，それを現実的なこととして取り扱うことは，転移の分析への抵抗をもたらすし，また同じく逆転移の分析への抵抗ももたらすことになる」と述べている。そして「古典的な分析家は，現実の関係性を空想の培養基として見ている。患者が分析家について展開する神話こそが，まさに治療の素材なのである。分析者は転移を現実検討しない。それを分析するだけである。……自己開示を標準的な分析技法として用いることは，空想のエナクトメントを促進することになりこそすれ，それを解消することにはならない」と Rosenbaum は結論している。

4．3種類の自己開示

古典的な分析家にとって，その拠って立つ理論と技法からみると，治療者の自己開示は治療者のなにがしかを外的な現実として患者の認知に持ち込むものである限りにおいて，どのようなものであっても分析の作業を妨げるものであった。しかし，治療者の自己開示には，実践上は，さまざまな種類と程度のものがある。自己開示とはいったいどのような性質のものを指し示しており，どの範囲のものを指しているのかは，はっきりと定義されないままできていた。そしてそのことが，これまでの自己開示に関しての議論を混乱させてきた要因の一つであろう。実際的には，自己開示にはさまざまな性質と程度のものが混在しているのである。

さてそれでは，自己開示にはさまざまな種類のものがあるとして，そのさまざまな種類の自己開示について，それぞれを古典的な精神分析の側から見るとどのように見えているのか，そしてそれに対して関係論の立場からはどのように考えられるのかを，さらに見ていくことにしよう。

Jacobs, T.（1999）は，自己開示を3つの種類に分類している。1つは，分析者の自覚の外側で起こる，言語による，あるいはしばしば非言語的な形でも伝えられる自己開示である。これは自己露呈（self-revelation）と呼ばれることもあり（Greenberg, 1995），このあとの富樫論文で『自己表現』と呼ばれているものもこれの一部に含まれるだろう。2つめは分析者があえて行う，患者の質問に答える形での自己開示である。そして3つめは，分析者があえて行う，分析者の主観的な体験を患者と共有する形での自己開示である。

まず，分析者の自覚の外側で起こった自己開示について考えてみよう。

その場合，分析者自身はいつ，どのような形で，分析者が自己開示を行ってしまったかには気づいてはいない。しかし患者は，それを実は，時には意識的に，しかし多くの場合は無意識的に知覚していて，その影響は患者の連想や夢の中に現れてくると考えられる。そしてもしもそれを分析者が感知して，明るみに出すことができれば，そのような形での自己開示が患者に影響を及ぼしたことを，分析者は同定することができるかもしれない。

しかし，そのような自己開示の影響は，古典的な分析家にとっては分析の素材にはならないのである。なぜならば，古典的な分析家の立場からすれば，連想の中にうかがわれる外的な現実，対人関係の影響は，ちょうど夢における日中残滓物のような役割を果たしており，空想はそれを利用するからである。言い換えれば，転移は，そのように分析者のパーソナリティを利用するのである。

たとえば分析者のことを権威的な人であると患者が見ているとしよう。その場合確かに分析者のなかに権威的な要素が実際にあるのかもしれない。しかし患者が分析者を権威的であるとみなすのは，実際に分析者が権威的な人物であるからではなく，患者のなかの空想が分析者をそのように見えさせているからである。そこで分析されるべきものは，分析者の中にあるそれと合致する要素ではなく，そのような患者の空想のほうである。重要となるのは，患者の側の空想や転移であり，それが持つ意味であると，古典的な分析家は考えている。

一方で同様の事態を，関係論の分析家はまた違った理論的枠組みのなかでとらえるだろう。関係論では，分析者の自覚の外側で起こっている自己開示は，転移 - 逆転移エナクトメントとして二者の間でエナクトされて，二者の関係性のなかに現われるものであると考えられている。たとえば，権威的な分析者とそれに服従する患者という関係性が，両者の自覚のないままにエナクトされているかもしれない。そしてそのようなエナクトメントは分析者の側の内省によってはじめて意識化されることがあるかもしれない。そしてそのような気づきこそが分析の材料となり，分析者と患者がいったい何をしているのかについての患者の理解に役立つものになると，関係精神分析では考えられている。

次に，質問に答える形での自己開示について見てみよう。

伝統的な技法では，患者からの質問は患者の一連の思考の要素であり，連想の一部分とみなされて，その質問に治療者が直接答えることはまずない。古典的な分析家は，彼らの理論や彼らが受けた訓練が与える強い影響のために，分析者はそのような質問には答えずに，代わりに患者がそうするようにせきたてられている動機に焦点を当てることが通常であると感じている。なぜならば，患者の質問に答えることで，患者の空想という貴重な分析の材料の出現を閉ざしてしまうおそれがあると，古典的な分析家は考えているからである。

さらに言えば，質問に答えるという「行動」には，そこに何らかの分析者の側の「動機」があり，質問に答えるという行動は，古典的な分析家にとっては，分析者の側の「行動化」であるとも考えられるからである。患者と同様に分析者もまた禁欲的であらねばならず，「行動化」を差し控え，匿名性を遵守しなければならないと，古典的な分析家は考えているのである。

それに対して関係論は，また別の視点を持っている。確かに質問に答えることは自己開示であるが，しかし古典的な分析家が匿名性の名のもとに行う，質問に答えないという行動もまた，別のやり方での自己開示であると，関係論の分析家は考えている。質問に答えることも，質問に答えないことも，あるやり方で分析者のなにがしかを患者に伝えていることになると，関係精神分析家は考えているからである。関係論の分析家にとっては，匿名性は神話なのである。その場合，分析者が質問に答えるか答えないかという問題は，また別の次元での考慮の対象となる。そしてある状況においては，自己開示を選択することが治療的に有用となることもあると，関係精神分析の分析家は考えているのである。

それでは次に，分析者の主観的な体験を患者と共有する形での自己開示について考えてみよう。

Freudの外科医の比喩で語られるような，人としての情緒を差し控えた外科医であっても，日々の手技のなかで人としての感情を感じないままでは過ごせないだろう。それと同様に，「分析の作業は骨の折れる厳しい作業であり，時にはわれわれは，この日々の作業の積み重ねの中から生まれる緊張からの解放を望んでいることに気づくかもしれない。そのようなことの一つの手段が，われわれの主観的な作業のいくらかを患者と分かち合うことで行われる」(Jacobs, 1999) ことがある。われわれは分析家である以前に，一人の人間である。そしてわれわれは，われわれの行動化の動機をしばしば合理化してしまうものでもある。

これに対して，古典的な分析家は，分析家として，日々の作業の営みの持つ緊張を乗り越えていくのは解釈であり，それに限られると考えている。われわれは人間であるのだが，さらにその上に分析家でもあるので，われわれは行動する代わりに考えなければならない。そしてそこから生まれた理解を伝えること（解釈）こそが，われわれに許される唯一の治療的なアクションであると，古典的な分析家は考えているのである。

ところが，関係論の分析家はまた違った考えを持っている。はたして解釈以外のアクションは，分析にとって有害なものなのだろうか。行動は思考に劣る次元に位置づけられるものなのだろうか。関係論ではそうとばかりは考えない。思考と行動は，代替的なものではなくいわば相補的なものである。関係精神分析では，エナクトメントを乗り越える治療作用（Therapeutic Action）として，分別のある自己開示（judicious self-disclosure）を用いることがある。そのような治療的なアクションは，ときには解釈という行動と同じほどの関係性の変化への契機をはらんだものであると，関係論の分析家は考えているのである（Ogden, 1994; Greenberg, 1996）。

５．古典的な分析家が前提としたもの

さて，このようにして見ていくと，古典的な分析家はある前提のもとに分析の作業をしていて，分析家の匿名性，自己開示の禁忌は，その前提に照らし合わせてみると当然の帰結であるように思われる。しかし，もしもその前提が異なれば，分析状況に現われる自己開示という『現象』は，それとはまた別の視点からも理解することができるだろう。

古典的な分析家の分析の作業の前提にあったものは，次の二つのようである。一つは，「分析の対象は欲動とその派生物」であるという理論的前提である。そしてもう一つは，その作業がなされるためには「治療者の行動は控えるべきである」という技法的前提である。

まず，古典的な分析家が共有して持っている理論的前提について考えてみよう。古典的な分析家は，分析家の扱うものは患者の側の欲動とその派生物であることを前提としている。そして，分析家が患者との治療で目指すものは，欲動の直接的な充足ではなく，その断念とそこから生まれる二次過程の達成であると考えている。そのためには分析家は，患者の欲動を充足してあげたいという分析家の欲望を断念して，分析家自身が禁欲を保たねばならない。その前提

に立てば，分析家は自己開示を，分析家の逆転移による欲動充足として断念しなければならない。

しかし，関係論では，その前提は採用されない。関係論の理論的な前提は，分析家が扱うものは関係性であり，患者が繰り返し作り出すその関係性のパターンである。分析の素材は患者のなかにあるというよりも，患者と治療者が作り出す関係のなかにある。患者が治療者を相手に硬直した関係性を作り出し，その関係性から患者も治療者も抜け出しがたいときに，治療者の側からの自己開示は，そのような関係性を内側から内破（outburst）する役割を果たすときもあり得る（Aron, 2003）。そしてそこで分析家が患者との治療で目指すものは，新しい関係性とそれを生み出すことのできる患者の関係的な自由さ（relational freedom）ということになるだろう（Stern, 2015）。

次に，古典的な分析家が共有して持っているもう一つの前提は，治療者の行動は差し控えるべきであるという前提である。患者の側の欲動とその派生物を分析の対象とする限りにおいては，技法的に理想的には，治療者の行動は差し控えるべきものであるとして否定されることになるだろう。なぜならば，古典的な分析家は，治療者の側からの行動が分析状況に影響を及ぼすことはあってはならないと考えているからである。それゆえ分析者は，患者の無意識を分析者の無意識を介して知るのであるが，それは分析者の行動として現わされるべきではなく，あくまで分析者のなかに止め置かれて，患者を理解する資料として用いられるべきであると考えている。

しかし関係論では，分析状況は分析者と患者が共同構築したものであり，患者もまた患者の無意識をとおして分析者の無意識を知っているものと考えられている。そこでは相互交流を通しての意図せざる自己開示は頻繁に生じており，むしろ必然的であると考えられている。それゆえ，分析者が自分自身について率直であることができるか否かが，分析者の自覚の外側で患者に伝えられている分析者の側面を分析者自身が統合できるかできないかを決める決定的な要素になる。そしてその後には，治療者の側からの意図的な自己開示は，患者の側の統合に向けての有用なアクションとなり得るのであり，それは行動化というよりも，患者が自らの関係性のパターンについて洞察を得るための，治療者の側からの有用な治療的アクションともなるのである。

このように見ていくと，自己開示についてのこれまでの見解は，あくまで欲動の分析を前提としたときに理論的，技法的に導かれるものであると考えられる。そうすると，関係論的な視点から見たときには，これらの古典的分析家のもつ前提はもはや前提として必要ではなくなる。そのときに，自己開示という『現象』は，また別の様相を持って，われわれの目にとらえられることになるだろう。

この様相については，引き続き富樫，岡野，吾妻がそれぞれの視点に立って，この後の章で論じることになるだろう。

文　献

Abend, S.（1995）Discussion of Jay Greenberg's Paper on Self-disclosure. Contemporary Psychoanalysis, 31: 207-211.

Arlow, J.（1969）Unconscious Fantasy and Disturbances of Conscious Experience. The Psychoanalytic Quarterly, 38: 1-27.

Aron, L.（2003）Clinical Outbursts and Theoretical breakthrough: A unifying Theme in the Work of Stephen A. Mitchell. Psychoanalytic Dialogues, 13: 273-287.

Ehrenberg, D. B.（1995）Self-disclosure: Therapeutic Tool or Indulgence? -- Countertransference Disclosure. Contemporary Psychoanalysis, 31: 213-228.

Epstein, L.（1995）Self-disclosure and Analytic Space -- Some Issues Raised by Jay Greenberg's Paper on Self-disclosure. Contemporary Psychoanalysis, 31: 229-236.

Ferenczi, S.（1985）The Clinical Diary of Sandor Ferenczi. Harvard University Press, Massachusetts.（森茂起訳：臨床日記．みすず書房，2000.）

Freud, S.（1911）Formulations on the Two Principles on Mental Functioning. SE12（井村恒郎，小此木啓吾他訳：精神現象の二原則に関する定式．フロイト著作集 6．人文書院，1970.）

Freud, S.（1912）Recommendations to Physicians Practicing Psycho-Analysis. SE12（小此木啓吾訳：分析医に対する分析治療上の注意．フロイト著作集 9．人文書院，1983.）

Greenberg, J.（1995）Self-disclosure: Is it Psychoanalytic? Contemporary Psychoanalysis, 31: 193-205.

Greenberg, J.（1996）Psychoanalytic Words and Psychoanalytic Acts. Contemporary Psychoanalysis, 32: 195-213.

Jacobs, T.（1995）Discussion of Jay Greenberg's Paper. Contemporary Psychoanalysis, 31, 237-245.

Jacobs, T.（1997）Some Reflections on the Question of Self-Disclosure. Journal of Clinical Psychoanalysis, 6: 161-173.

Jacobs, T.（1999）On the Question of Self-Disclosure by the Analyst: Error or Advance in Therapy. The Psychoanalytic Quarterly, 68: 159-183.

Ogden, T. H.（1994）The Concept of Interpretive Action. Psychoanalytic Quarterly: 63: 219-245.

岡野憲一郎（2002）「自己開示」の項目．精神分析事典．岩崎学術出版社．2002.
Rosenbaum, P.（1997）Self-Revelation and Disclosure: A Cautionary Note. Journal of Clinical Psychoanalysis, 6: 145–159.
Rothstein, A., Rosenbaum, P., Jacobs, T. J.（1997）Panel Discussion: Drs. Rothstein（Moderator）, Rosenbaum, Jacobs and the Audience. Journal of Clinical Psychoanalysis, 6: 175–188.
Stern, D. B.（2015）Relational Freedom: Emergent Properties of the Interpersonal Field. Routledge, New York.

第４章　自己開示の概念上の偏りと「自己開示」という意味づけ

富樫　公一

自己開示の問題は，分析家の中立性と匿名性との関連の中でさまざまな立場から論じられてきた。これは，関係精神分析や現代自己心理学だけが注目しているテーマではない。精神分析臨床，精神分析理論の根幹にかかわる問題を含んだこのテーマには，学派を超えて関心が向けられてきた。とはいえ，臨床家によって程度の違いはあるものの，その治療的価値を積極的に認める傾向があるのは関係精神分析や現代自己心理学だろう（Greenberg, 1995; Renick, 1995, 1998, 1999; Stolorow & Atwood, 1997; Bacal, 1998, 2010; Benjamin, 1988, 1991, 1995; Orange & Stolorow, 1998; Shane, Shane & Gale, 2000; Teicholz, 2001; Aron 2006; Jaenicke, 2008, Stern, 2009; Togashi, 2012）。本章では，狭義の関係精神分析との対比の中で，主に現代自己心理学の立場からこの問題について述べてみたい。

現代自己心理学が，自己開示の議論に注目するのはなぜだろうか。自己心理学の創始者である Kohut（1968, 1971）は，自己愛パーソナリティ障害の精神分析療法に取り組む中で，自己対象転移という概念を整理した（Kohut, 1977, 1984）。自己対象転移とは，患者が，分析家の自分に対する体験を通して自己感覚を安定させようとするニードが表れたものである。その考えをより積極的に対人関係の中に位置づけようとする現代自己心理学や間主観性理論は，分析家の主観的体験や意図が実際にどのように患者に伝わるのかについて，さらに深く検討する必要性があった（Livingston, 2000; Teicholz, 2000; Togashi, 2009）。そこに，自己開示が論じられるようになったのである。

自己心理学の中で自己開示の問題が活発に議論されたのは，1990 年代から 2000 年代前半にかけてである。これは米国精神分析全体の動向とも重なるもので，自己心理学はその議論の中で自らを関係精神分析と対比させつつ，その立場を明らかにしてきた。その議論がある程度終息した感がある今，自己心理学の中では「非線形動的システム理論」と「現象学的文脈主義」(Orange et al., 1997; Stolorow et al., 1999, 2008; Stolorow, 2013; 富樫, 2013a) による臨床的かかわりの捉えなおしが活発になっている。「非線形動的システム理論」は，現代自己心理学が精神分析プロセスを理解するために発展させてきたもので，精神分析二者関係プロセスを複数の交流（情報処理）によって組織された関係システムととらえる考え方の総称である。「現象学的文脈主義」は，精神分析的二者関係や精神分析的行為は，その場その時の文脈において共創造されていくもので，ある情緒的体験が観察されたとき，それがある概念において了解されるかどうかは二人がそれをどう意味づけるか次第で，本当にそれがその概念において正しいと言えるのかどうかは誰にもわからない，という考え方の総称である。ここでは，その流れに沿って，改めて自己開示を考察してみたい。

以下，まずは，自己開示にまつわる関係精神分析と現代自己心理学の異同について述べる。それによって，臨床における自己開示の問題を具体的にイメージしやすくなると思われるからである。次に，最近の議論における自己開示の定義を整理する。最後に，自己開示という臨床的現象について，現在の視点から問いなおしてみよう。

1．自己開示にまつわる関係精神分析と自己心理学の臨床的焦点

関係精神分析と現代自己心理学は，どちらも精神分析的二者関係における相互交流と相互影響性を重視する。しかし，そこにはいくつかの違いもみられる。その違いについて筆者は，『関係精神分析入門』の中で論じた（富樫, 2011a)。そこで筆者が取り上げたのが，①転移のどの側面を強調するか，②主体としての自己認識をどうみるか，③他者の主体性をどうとらえるか，の三点である。自己開示の議論は「分析家と患者の主体性をどうとらえるのか」という点に深く関係している。そこには，「分析家がどちらの主体性に注目するのか（注目の方向)」そして，「患者が分析家の主体性（他者性）に曝されることの大変さをどう考えるか」の二つテーマが含まれる。

まずは，注目の方向を見てみよう。前述のように，自己心理学の中で分析家の自己開示が注目されるのは，分析家の主観性のあり様が，患者の主観性

のあり様を組織することに直接関係していると考えるからである。それをよりシステマティックな形で概念化し，両者の相互的影響を描き出したのが間主観性システム理論である（Atwood & Stolorow, 1984; Stolorow, Atwood & Brandchaft, 1994; Orange, Atwood, & Stolorow, 1997; Stolorow & Atwood, 1997; Orange & Stolorow, 1998; Stolorow, Atwod, & Orange, 1999; Jaenicke, 2008)。ただ，どれだけ相互交流が強調されたとしても，「共感」を重視するKohutの視座を引きつぐ現代自己心理学や間主観性理論が注目するのは，分析家の自己開示を通して，患者が自分の体験と分析家の体験の結びつきをいかに体験するのか，についてである（Stolorow & Atwood, 1997; Orange & Stolorow, 1998; Teicholz, 2001; Jaenicke, 2008; Togashi, 2009, 2012)。したがって，彼らの注目の方向は，どちらかといえば患者の主観性のあり様に向いている。

では，対人関係論と対象関係論，フェミニズム精神分析の考え方を基盤として発展した関係精神分析は，どのような方向に注目しながら自己開示の問題を考えるのだろうか。彼らは主に，患者の内的対象関係だけでなく，患者が実際の他者の姿に触れる作業に，治療的・情緒発達的意味を見出す。彼らは，自分とは違う体験のあり方を持つ分析家を，患者がどう扱うのかに注目するわけである。それは，同じIntersubjectivityという言葉の訳語の違いとしても表れている。この言葉は，自己心理学の流れ組むStolorowらも用いるし，関係精神分析に位置づけられるBenjaminらも用いる。前者は「間主観性」と訳される一方で，後者は「間主体性」と訳されることもある。後者の立場では，患者の前に存在するのは心の中の「対象」ではなく，それ自体の意思と思考を持った「主体としての他者」であり，患者が主体としてもう一つの主体（分析家）といかに折り合いをつけるのかが重視される。相互交流は，主体としての自分を体験する患者と分析家双方が，自分を開示するところに展開するものだと考えるわけである[注1)]。そういった意味で，彼らの注目の方向は，どちらかといえば分析家の主観性（主体性）のあり様に向いているわけである。

こうした考え方は，患者が分析家の他者性に曝されることをどれだけ大変な作業だと考えるのか，ということに関係する。他者との情緒的結びつきの中で

注1）Stern（2000）やBenjamin（2010）は，間主体性は発達的達成だと考える一方で，そのような関係が組織されるための前提として，相互的な調整が必要であることを否定するわけではないとも述べている。

自分を体験することを重視する自己心理学は，他者が調律的に応答してくれることによって自己感覚が安定すると考える。したがって，他者の主体性に曝されることが，ときに人に深い傷つきをもたらす点に注目する。一方，他者の主体性を承認することに発達的価値を見出す関係精神分析（Benjamin, 1988, 1990, 1995）は，他者性に触れて初めて，患者は他者との調律的応答が可能になると考える。つまり彼らは，他者の主体性に曝されることの発達的意義に注目するわけである。前者はときに後者によって，実際の社会的関係の中にある厳しさを忘れていると批判され，後者はときに前者によって，傷ついた患者にはいかにそれが大変な作業なのかをわかっていないと批判される（Orange, 1995, 2008; Benjamin, 2010; Teicholz, 2001）。

もちろんこれは，どちらかが間違っているという話ではなく，患者の傷つきの程度，治療の流れとタイミング，分析関係の信頼度と安定度，そして，分析家自身の好みによって，その治療的有効性と価値が変わる。ただ自己心理学的立場から臨床的作業を行う筆者の考えでは，いわゆる重いケースの場合には，患者が分析家を自分とずいぶん異なった主体性を持つ存在だと承認することは容易ではなく，まずは二者の調整的関係があって初めて，そこに他者性を相互に承認するスペースが生まれるとみることが多い。そのような立場から，筆者は，分析家の自己開示がなされたときには，可能な限り患者がそれをどのように体験したのかについて慎重に探索し，二者がそれを外傷的にならない形で輪郭づける（Togashi, 2014a, 2014b）方法を追求しなければならないと考えている。

2．自己開示の定義と偏り

1）自己開示の定義

自己開示とは何だろうか。多くの研究者は，自己開示には，二つの顔があることを認めている（Levenson, 1996; Miletic, 1998; 岡野, 1999; Teicholz, 2001; Meissner, 2002）。その二つは，互いに関係が深いものの，必ずしも同一の種類の自己開示ではないとされる。簡単に言えば，一つは分析家が意識して自分のことを語るような自己開示，もう一つは，分析家がただそこにいるだけで防ぎようなく表れる分析家自身の側面についての自己開示である。前者については，そのまま「自己開示（self-disclosure）」と呼ばれる場合もあれば,「選択的自己開示（elective self-disclosure）」（Shill, 2004）や「意図的自己開示（deliberate self-disclosure）（Stolorow & Atwood, 1997）と呼ばれる場合もある。後者は前者と区別して,「自分を露わにすること（self-revelation）」（Meissner, 2002）や,「自己表現（self-expression）」（Stolorow & Atwood, 1997, Teicholz, 2001）と呼ばれることがある。ここでは前者を「自己開示」として,後者を「自己表現」と呼んでおくことにしよう。

前者についてMiletic（1998）は,「分析家がよく考えたうえで，意識的に,患者に対して自分を明らかにすることを積極的に選択すること」（p. 594）と定義している。Teicholz（2001）もまた，それを「治療的関係の内外における，分析家自身の人生体験の何らかの側面について，患者に対し分析家の情報を伝達すること」（p. 11）と定義する。これは，いわば，狭義の自己開示である。逆転移を含め，分析家が，精神分析において守るべきとされている（形式的な意味での）中立性や匿名性を意識的に破り，積極的に自分の体験や感情を提示するものである。たとえばそれは,「自分の場合は，こうやってその問題を切り抜けた」といったアドバイスタイプもあれば,「あなたと話をしているとすごく窮屈で緊張してしまう」といった感情や体験の伝達タイプもあるだろう。臨床家が通常，自己開示について意識し，そして，それまで学んできた治療原則との間でジレンマを感じるのは，この自己開示のことである。そのため,自己開示は，分析家の中立性との関係で，その反対概念として論じられる傾向がある（Stolorow & Atwood, 1997; Miletic 1998; Renik, 1998; Jaenicke, 2008)。

しかし，自己開示は中立性の反対概念だろうか。筆者の考えでは，自己開示と中立性は必ずしも対立概念ではない。両者は，弁証法的な緊張を生じさせる対立存在ではなく，一方は一方の別のあり様（他在）という布置になっていると考えることができる。つまり，自己開示をする際に，中立性を破ってしまったかどうかを気にするようなものではなく，中立的であろうとすることが自己開示になったり，自己開示が中立性を維持する行為だったりするものだということである。中立性が自我の審級からの等距離性（Anna Freud, 1936）を意味したり，分析家が特定の考えや価値観に縛られないことを意味したりするものだとしても，そのような中立性を維持しようとする分析家の態度は，分析家の特定の考えや価値観を示していることに他ならない。等距離という意味では,分析家の体験に触れることに罪悪感を覚えやすく，自分の体験だけを語るべきだと考えている患者がいたとしたら，分析家の自己開示も，中立性の一つの表現として浮かび上がってくるかもしれないわけである。

自己開示を中立性と弁証法的な緊張関係にあると考えるのか，中立性の別のあり様（他在）と考えるのかは，臨床的には大きな違いとなって現れる。前者の考えは，分析家に自己開示についての罪悪感をもたらしたり，特別なものを提供しているかのような意識をもたらしたりするかもしれない。分析家は，自分の言動を特別に力のこもった作業と考え，それによって患者もまた，自分は特別なことをしてもらったという感覚になるだろう。後者の考えに拠れば，分析家は，自己開示もまた自然な臨床的作業だという感覚で仕事をするかもしれない。もう少しいえば，自己開示と中立性の概念だけでなく，共感や相互承認，解釈，匿名性，エナクトメントといった概念もまた，それぞれが臨床的確かさ（富樫, 2016）という多面体の一側面のようなもので，それぞれがそれぞれの他在としてそこに浮かび上がるものだといえるだろう。

「自己表現」はどうだろうか。これは，いわば広義の自己開示である。Teicholz（2001）は以下のように定義している。

> 自己表現とは，臨床的状況において生じる，分析家の自発的で，いまここでの情動的コミュニケーションのことを意味し，それは，言語的な場合も，非言語的な場合もある。そこには，暖かさや，興味，ユーモア，喜び，驚き，悲しみ，嫌悪，怒り，その他の複雑な情動的状態についてのあらゆる直接的な表現も含まれる。その表現とは，言葉を通して行われることもあれば，発声時の音，表情，態度の変化，ジェスチャーなどを通して行われることもある。
> (Teicholz, 2001, pp.10-11)

この定義は，Beebe や Lachmann，Jaffe ら（Beebe, Jaffe & Lachmann, 1992; Beebe & Lachmann, 2002）の一連の乳幼児研究によって裏打ちされる。彼らは，母親と乳児の対面の相互交流のマイクロ分析結果をもとに，二者関係システムは，言語的な次元と，行為 - 手続き的な次元の二つの次元において展開する自己調整と相互交流調整によって組織されていると考える。「行為 - 手続き的な次元」とは，凝視や表情，発声の韻律やリズム，姿勢，体勢，覚醒水準，情動の高ぶりなどの次元である。乳児の実証研究からは，このような調整が一秒以下のスピードで瞬間瞬間に生じていて，しかもそれは，自分や相手の少し先の状態を予測しながら行われていることが知られている。そのような意味での自己表現は，個人が意識的に制御することがほとんど不可能で，予測による相互的調整を伴いながらいつも自動的に行われている。

これは，厳密な意味での匿名性は成り立たないという議論とつながる。分析家はそこにいて，分析作業しているというだけで，何らかの意味の自己表現を行っており，分析家自身が隠しているつもりであっても，患者には分析家の状態がよくわかってしまうからである。たとえば筆者は，筆者が大学に勤めていることを知っている患者の一人に，あるセッションで「先生，大学大変なんでしょう？　辛そうですもの」と言われて驚いたことがある。別の患者には，「今日はうきうきしていますね。何かいいことがあったんでしょう」と，セッションの冒頭で言われたことがある。

ニューヨークで訓練を受けていたときのことで言えば，訓練分析の際中，筆者は，自分の分析家が大きな不幸な出来事を体験したことを知った。彼はそのとき，患者である筆者に何も言うことはなかった。彼は自己開示に対して比較的オープンな考え方をする人だったので，彼は自己開示を避けたのではなく，辛さで語ることさえできなかったのかもしれない。しかし筆者はカウチに横になりつつ，彼の声のトーンや様子を感じながら，きっと何か悲しい出来事があったに違いないと，即座に感じ取ったのを覚えている。

そうした水準での自己表現は，Greenson（1967）さえも不可避的なものだと述べているくらいで，よほどの原理主義者でもなければ，そうした自己表現を抑制することまで求めることはないだろう。Renik（1995, 1998）が認めるような積極的な自己開示を批判する Meissner（2002）や Shill（2004）でさえ，そうした水準での自己表現は文脈によって治療同盟を促進したり，情緒的関係を構築したりするために必要なものだと述べている。

では，自己開示と自己表現との間には，明確な線が引けるものなのだろうか。筆者には，その区別は，有用ではあるものの，操作的なものに見える。筆者は，その人自身も精神療法家である患者をみていたことがあった。セッションでその患者は，ある分析家の講演に出席したが，その講演者の自信満々の態度に居心地が悪くなったという話をしていた。筆者はその講演者を知っていたが，その人についてなにか評価するわけでもなく「うんうん」と時折相槌を打っていたが，患者が「別に嫌いなわけじゃないんですけどね。あの人は，自慢ばっかりしているじゃないですか。聞いてて，なんだかこっちが辛くなるというか，切なくなるんですよね」と述べた際，「ああ，あの人ね。確かにねぇ」と思わず発言した。しかし面白いことに，その場面では筆者は，その言葉が自分の体験を吐露したものであることに気がついていなかった。これは，いわゆるエナクトメントである。これは，明らかに自己開示なのだが，その発言のあともとても自然にやり取りが進んでいき，筆者はそれを意識することさえなかった。

また，自己表現に含まれるものであっても，「自分は自己開示をしてしまった」と強く認識する場合もある。ある患者とのやり取りの中で，筆者は一時期，彼の訴えをとても重く感じていた。彼は，筆者の心には悪意があり，表面的にはよい顔しているけれども，本当のところは自分を陥れようとしていると主張しつづけたからである。その場面では，少なくとも，筆者が自分の心を何度モニターしてみても，自分にそのようなところがあるように思えなかった。筆者が彼の力動的背景を分析し，「自分が知りえる限り，自分があなたに悪意を持っているとは思えない」と伝えても，彼の確認が修正されることはなかった。そんなやり取りが数か月続くと，筆者も穏やかではいられなくなってくる。あるセッションで筆者は，待合室にいる彼を招き入れようと面接室のドアを開けに行った。筆者はいつも，ドアを開けた瞬間に訪問者に対して形式的に軽く微笑む。しかし筆者は，その日，彼に会うのがあまりにも気が重く，微笑むことなどできないだろうと思っていた。ドアへと数歩足を進めるときにも自分はどんな気持ちなのか，なぜ微笑むことができないのか，微笑むことができないとしてもそれをそのまま表現してもよいのかと，筆者は自問自答した。最終的に筆者は，いつもの形で微笑む努力をしつつ，それでもできなかったからそれは仕方がないと思ってドアを開けた。予想通り，筆者の微笑みは引きつっていた。自分の顔はどこにも映っていないので，正確なことはわからないが，おそらくそれは間違っていないだろう。これは明らかに自己開示だった。彼はセッションでいつものように「やっぱり先生は自分に対して否定的な感情を抱いている」と述べたが，全くその通りだった。

2）自己開示の偏り

自己開示と自己表現は，明確に区別できるものではない。自己開示のような形でなされる自己表現もあれば，自己表現のような形でなされる自己開示もある。自己開示と中立性，匿名性もまた，明確に区別できるものではない。そうなると，私たちがここで行うべき議論は，自己開示という現象が実際にそこに存在するかどうかということではない。自己開示は，そこにいる人が，その現象を自己開示だと意味づけるかどうかによって浮かび上がってくるものだからである。分析的二者関係で言えば，多くの場合，それを意味づける主体は分析家になるだろう。

自己開示が自己開示という分析的意味として浮かび上がるには，その関係の文脈における分析家の認識が必要である。重要なのは，自己開示という言葉は，偏りを持った言葉だということである。自己開示は，その言葉自体がそれを示しているように，「誰が」「何を」開示するのかといった点で言えば，分析家が，分析家自身（の自己，あるいは，主観性）を開示することである。その必要を判断し，決断し，それを行う主役は，基本的には分析家だとされている。患者は自由連想の中でもともと自己開示をする立場に置かれている。彼らが自分の言動を振り返り，それを自己開示だと意味づけて，その是非について悩むことはないだろう。自己開示が恥ずかしいという体験はあるだろうが，自己開示はしたいが，立場上それは望ましくないと思いながら，それを超えて自己開示すべきかどうかという迷いは，基本的に患者側には生じない。

自己開示かどうかの認識も同様である。患者が分析家の言動に対して，「それは自己開示ではないか」と訴えることはあるだろう。しかし，それは分析家の体験に対する患者の体験の訴えであり，それが「分析家の自己開示」という治療プロセスの問題として浮かび上がるためには，分析家側がその訴えを参照し，その関係に自己開示という現象が確かに見られたことを確認しなければならない。そうでなければ，結局それは，転移の中の患者の体験として扱われるにすぎなくなってしまう。つまり，これは，分析手続上の問題であって，特殊な場合を除いて患者側の言葉ではない。「相互承認」（Benjamin, 1990, 1995）は臨床的意味として成り立つ。しかし，「相互自己開示」は，実際のプロセスとしては成り立つが，患者側は自由連想にあることを前提とし，分析家には一定の制限が課せられている精神分析では，臨床実践として成り立たないのである。そういった意味では，積極的に自己開示を勧める Renik（1995, 1998）が，そこに二つの主体性があり，一方が開示されている状態ならば，もう一方もそのまま開示されるのが自然なことである，と主張することは，理念としては理解可能でも，そこに臨床的意味を見出そうとするときには慎重に考えなければならないと筆者は考えている。

このように議論を追いかけてくると，一つの視点が導かれる。それは，自己開示には，分析的治療関係の偏りに対するカウンターバランスの側面があるということである。分析的治療関係には，「自由連想」という形の中でまず患者側の自己開示があり，共感的にしろ，機械的にしろ，分析的にしろ，それを捉え，理解し，解説するのは分析家だという基本構図がもともと含まれている。相互的影響と言っても，二者関係はシンメトリックではない（Stolorow, Atwood & Brandchaft, 1994; Mitchell, 1997, 2000; Orange, Atwood & Stolorow, 1997; Jaenicke, 2008）。間主観的システムにおいても，その展開や解明，変容のプロセスに焦点が当てられ，理解される主役は患者の主観性の側にあって，分析家はその間主観的システムに責任を負う立場にある。両者の主観性のあり方は間主観的なつながり（conjunctive）の側面が強調されることも，間主観的なへだたり（disjunctive）の側面が強調されることもあるが，そういった意味で，分析家の主観性は何らかの形で患者の主観性に対して調整されるわけである。自己開示は，分析的関係が本質的に持っている偏りのバランスの調整という点から考えるべきテーマなのである。

3．自己開示再考

1）間主観的システムと自己開示

以上の議論を踏まえると，自己開示はどう理解されるだろうか。まずは，システム理論の視座から見てみよう。筆者の見解では，自己開示はまず，分析家の中で，「自分の言動は自己開示ではないか」という問いがなされることによって，間主観的な場に浮かび上がる。そして，それが浮かび上がるのは，治療的二者関係の間主観的システムの中で，通常以上に，分析家の主観性の展開や解明，変容に焦点が当てられるようなプロセスが組織されたか，あるいは，組織される可能性があると認識された場合である。分析家の主観性が二者関係の中に組み込まれているのは当たり前のことで，そして，それが何らかの形で表現されることがあるのも当たり前のことである。重要なのは，意図的であれ非意図的であれ，熟慮したものであれそうでないものであれ，自分の言動が自己開示かもしれないということが，分析家の認識に浮かび上がることである。それは，主役のスポットライトが患者の主観性に当てられている舞台に分析家の主観性が登場した（するかもしれない）と，患者と分析家の両者が，あるいは，いずれかが，感じるような場面で生じる。その認識はまた，分析家の主観性を主役とすることについての情動的インパクトが，その間主観的システムを摂動させる程度（または，その予測）によって喚起されると考えられる。

たとえば，筆者が自分の引きつった笑顔を自己開示だと認識するとき，筆者は，二者関係システムの主役の座に自分の主観性のある側面が登場し，そのインパクトの強さと，システムが変化する様子を見ていた。「ああ，あの人ね。確かにねぇ」と言ってしまった例では，治療者の中に「それは自己開示だった」という認識がすぐに浮かび上がらなかった。患者と治療者にとってその言葉はあまりにも当たり前だったからである。「あの先生は確かに自慢が多い」という筆者の主観的体験の側面は，すでに二人の間で共有されていて，二人がその体験の展開，解明，変容に焦点づける意味を感じるほどのインパクトはなかった。もし患者が，「あれ，先生もそう思っているんですね」と確認したとしたら，筆者はおそらく「おっと，自分は思わず自己開示してしまった」と振り返っただろう。それは，分析家の体験の展開が二者関係の中に浮かび上がり，それに対する患者の情動的インパクトが間主観的システムを動かす瞬間になるからである。

強調しておきたいのは，筆者はここで，自己開示の是非について論じているわけではないことである。筆者が重視しているのは，間主観的システムは，それ自体が自己開示を促したり，必要としたりすることもあれば，自己開示をシステムのバランスとして用いることもあることである。先に筆者は，自己開示は，精神分析的治療関係の偏りに対するカウンターバランスの側面があると述べた。非線形動的システムモデルの観点から見ると，健康なシステムは常に変容に開かれていて，膠着化したパターンに陥らず，変化し続けているものである。分析家の主観性ばかりが突出しているのが問題であるのと同様に，患者の主観性ばかりが主役であり続けるシステムも健康ではない。システムの健康度は適度さである（Thelen & Smith, 1994）。筆者の引きつった笑顔は，「あなたは私に悪意を持っている」という患者の体験にばかり焦点を当ててきた関係が臨界を迎え，システムの崩壊（摂動）を起こした瞬間（富樫, 2011b, 2013b）とも言い換えることができる。「ああ，あの人ね」という筆者のつぶやきは，その瞬間には自己開示として浮かび上がってこなかった。しかし，やがて二人の関係が変化してくると，患者は「あの時一緒に他の人のことについて語りあったのは楽しかったけども，先生に乗せられた気がする」と訴えるようになる。間主観的システムが変化し，分析家の主観性の展開にスポットライトが当たり，そのことの意味を問う瞬間が訪れたのである。分析家は自らの主観的体験だけでなく，関係システムと主観的体験との相互作用を考慮し，自己開示の理解を進めていく必要があるわけである。

2）現象学的文脈主義と決断する主体の問題

今度は，現象学的文脈主義の視座から見てみよう。これは，自己開示についての議論でも，これまであまり注目されていなかった重要なテーマに関係すると思われる。それは，自己開示と意味づけられる可能性がある言動を行うかどうかを決断する主体の偏りである。先に述べたように，自己開示はそこに実際に存在するのではなく，間主観的な場において意味づけられるものである。しかし分析家は，あらかじめ自己開示と意味づけたものを患者に表現するかどうかを決断することがある。特に，先の分類でいう狭義の自己開示ではそうだろう。

分析状況において，分析家の言動が自己開示であるのかどうかを判断する主体は，多くの場合，分析家本人にあるように見える。Renik の積極的な自己開示を批判する Stolorow & Atwood（1997）も以下のように述べる。

> ……共感的 - 内省的質問の方法論は分析家による意図的自己開示を処方するためのものではない。むしろそれは，患者と分析家双方にとってその開示の有り得る意味についての分析家の最大限の理解をもとに，**分析家が自己開示についての特定の決断をなす**ことを求めるものである。またそれは，患者の主観的世界の展開，探索，啓示，変容など，その相互交流の意味が，分析的プロセスを促進するか，妨げたりするかについての**分析家のアセスメント（患者からのさまざまな水準での協力的な情報提示によっても達成される）にも基づいて決断される**ものでもある。
>
> （Stolorow & Atwood, 1997; p. 442; 強調は富樫）

患者側の関与についても慎重に記述してはいるが，Stolorow & Atwood（1997）もここで，自己開示は分析家のアセスメントに基づいて分析家によって決断される行為だと述べている。しかしここで私たちは，自己開示と意味づけられる言動を表現するかどうかといった決断が，本当に分析家側に任されているものなのか問わなければならない。もしそうだとすると，自己開示は，分析家によってなされて間主観的フィールドに持ち込まれるという，一方向的なプロセスだということになる。システムの摂動が自己開示と密接に結びついているという考え方をするならば，その決断は本当に分析家の主体的行為なのかどうかはわからないということになる。

自己開示と意味づけられるような言動を表現するかどうかの決断は，それ自体自己開示として二者関係に浮かび上がる。分析家のさまざまな理解や決断は，それ自体が間主観的システムの中に組み込まれているからである。分析家が自己開示を決断するという表現は，「体験の次元の記述」[注2] としては妥当だが，「説明の次元の記述」としては十分ではない。しかし，大変興味深いことに，自己開示に慎重な分析家でも，積極的な分析家でも，自己開示の決断の共決定性についてはあまり論じていない。

3）分析家は何を見たらよいか

以上の概観を踏まえて筆者が強調したいのは，分析家は，二つの視座を必要とするということである。一つは，自己開示と意味づけられるような言動を表現するという決断がなされる間主観的システムのプロセスに目をむける視座と，そのような決断を実際に患者と二人で行おうとする態度を持つという視座である。この両者はもちろん，互いに関係し合っているものである。

たとえば，筆者は「先生は自分に悪意を持っている」と述べた患者と作業を続けていたが，彼はやがて「先生，もういいですから，思っていることを言ってください」と訴えるようになる。分析家は自分の思いを顔で表現し，患者はそれを感じ続けるという中で，双方がともに患者の主観的体験に調律できる方法を数か月にわたって探し続けうちに，筆者と彼との関係のシステムは，すでに筆者の自己開示を受け入れるプロセスに入っていたのだろう。筆者が行う前に，患者が分析家の自己開示の決断をしたのである。

筆者は彼に対し，「悪意を持っていると言われ続け，少しの私のミスでも悪意だと翻訳されると考えると，私は失敗しないように気を付けるあまりに，結局あなたをいらだたせるような失敗をしてしまうと思っている」と正直に伝えた。筆者は彼の決断に乗ったのである。彼はそれを聞き，確かにそうかもしれないと述べる。筆者は彼に，「あなただったら，ぼくと同じように自分の気持ちを話したと思いますか」と尋ねた。彼は筆者に，自分なら話さなかったかもしれないが，それは不誠実だっただろうと述べた。そこで二人が気づいたのは，自分の認知にこだわっていた彼も，それに対して自分の気持ちを言えなくなっ

注2）「体験の次元の記述」と「説明の次元の記述」については，拙著（富樫，2013b）を参照いただきたい。

ていた私も，どちらも相手と一緒に作業するということに対して，不誠実だったのではないか，と言うことである。これは，不誠実さを巡って膠着していた間主観的システムが，自らを大きく動かすために分析家の自己開示を必要としていたと表現することができる。

Kohut（1984）の症例にある，自暴自棄になりやすい男性患者のエピソードも参考になるだろう。患者は自己愛的な傷つきを感じると，無茶な行動をすることがあった。彼はそれによって事故に巻き込まれそうになったり，警察官ともめ事を起こしたりした。その日も彼は，Kohut に対するいらだちから，事故を起こしたら即死しそうなくらいの猛スピードで高速道路を飛ばしてセッションに来た。Kohut は彼に対し「今自分がどう思っているのか知りたいか」と聞いたうえで，同意した彼に対して，「あなたは本当に馬鹿だ」(Kohut, 1984, p. 74）と言っている。患者は一瞬きょとんとするが，やがて笑いだし，それまでの緊迫した雰囲気が大きく変化した。Kohut の自己開示は患者との対話の中で共決定されたもので，それは，システムの変化をとらえる彼の感性の下になされたのである。

自己開示には概念としての偏りがある。そのため，それをそのまま捉えていると，自己開示は分析家が自分で決定しなければならないことだとか，自分だけで決定すればよいことだ，という感覚になりやすい。しかし，自己開示は，患者の許可がなければ行うことができないと考えるのがおかしいのと同様に，自己開示は自分だけで決めればよいという考え方も充分おかしい。健康な関係では，これからなされる自己開示も，すでになされている自己表現も，患者と分析家双方の主観的体験がそれを意味づけていくプロセスに，共決定される余地が生まれる。自己開示が自己開示として臨床的意味を持つのは，両者が，その関係の中でいかにそれが共決定されているのかに注目したときである。言い換えれば，自己開示は，間主観的システムの中でまさに両者の主観性，両方の展開，解明，変容に焦点を当てるプロセス全体を意味するものなのである。

文　献

Aron, L.（2006）Analytic Impasse and the Third: Clinical implications of intersubjectivity theory. International Journal of Psycho-Analysis, 87: 349–368.

Atwood, G. E. & Stolorow, R. D.（1984）Structure of Subjectivity: Explorations in Psychoanalytic Phenomenology. The Analytic Press, Hillsdale, NJ.

Bacal, A. H. (1998) Optimal Responsiveness: How Therapists Heal Their Patients. Jason Aronson, Northvale, NJ.

Bacal, A. H. (2010) The Power of Specificity in Psychotherapy: When Therapy Works —And When It Doesn't. Jason Aronson, Northvale, NJ.

Beebe, B., Jaffe, J. & Lachmann M.F. (1992) A Dyadic Systems View of Communication. In N. Skolnick & S. Warshaw (Eds.), Relational Perspectives in Psychoanalysis (pp.61-81). The Analytic Press, Hillsdale, NJ.

Beebe, B. & Lachmann, F. M. (2002) Infant Research and Adult Treatment: A Dyadic Systems Approach. Analytic Press, Hillsdale, NJ.

Benjamin, J. (1988) The Bonds of Love: Psychoanalysis, Feminism and the Problem of Domination. Pantheon, New York.

Benjamin, J. (1990) An Outline of Intersubjectivity: The development of recognition. Psychoanalytic Psychology, 7S, 33-46.

Benjamin, J. (1991) Fathers and Daughters: Identification with Difference. Psychoanalytic Dialogues, 1: 277-300.

Benjamin, J. (1995) Like Subjects, Love Objects: Essays on Recognition and Sexual Difference. Yale University Press, New Haven, CT.

Benjamin, J. (2010) Can We Recognize Each Other? Response to Donna Orange. International Journal of Psychoanalytic Self Psychology, 5(3): 244-256.

Freud, A. (1936) The Ego and the Mechanisms of Defense. Rev. ed. International Universities Press, New York.

Greenberg, J. (1995) Self-disclosure: Is It Psychoanalytic? Contemporary Psychoanalysis, 31: 193-205.

Greenson, R. R. (1967) The Technique and Practice of Psychoanalysis. International Universities Press, New York.

Jaenicke, C. (2008) The Risk of Relatedness: Intersubjctivity Theory in Clinical Practice. Jason Aronson, New York.

Kohut, H. (1968) The Psychoanalytic Treatment of Narcissistic Personality Disorders: Outline of a Systematic Approach. In P.H. Ornstein (Ed.), The Search for the Self, Vol. 1 (pp. 477-509). International Universities Press, New York.

Kohut, H. (1971) The Analysis of the Self. International University Press, Connecticut.

Kohut, H. (1977) The Restoration of the Self. International University Press, Connecticut.

Kohut, H. (1984) How Does Analysis Cure? University of Press, Chicago & London.

Levenson, E. A. (1996) Aspects Of Self-revelation And Self-disclosure. Contemp. Psychoanal., 32: 237.

Livingston, L. (2000) Reflection on Selfobject Transference and a Continuum of Responsiveness. Progress in Self Psychology, vol. 16: 155-174.

Meissner, W. W. (2002) The Problem of Self-Disclosure in Psychoanalysis. Journal of American Psychoanalytic Assassination, 50: 827-867.

Mitchell, S. A. (1997) Influence and Autonomy in Psychoanalysis. Psychology Press,

New York.
Mitchell, S. A.（2000）Relationality: From Attachment to Intersubjectivity. Psychology Press, New York.
Miletic, M. J.（1998）Rethinking Self-Disclosure: An example of the Clinical Utility of the Analyst's Self-Disclosing Activities. Psychoanalytic Inquiry, 18: 580-600.
岡野憲一郎（1999）中立性と現実――新しい精神分析理論２．岩崎学術出版社.
Orange, D. M.（1995）Emotional Understanding: Studies in Psychoanalytic Epistemology. Guilford Press, New York.
Orange, D. M.（2008）Recognition as: Intersubjective Vulnerability in the Psychoanalytic Dialogue. International Journal of Psychoanalytic Self Psychology, 3(2): 178-194.
Orange, D. M., Stolorow, R. D.（1998）Self-Disclosure from the Perspective of Intersubjectivity Theory. Psychoanalytic Inquiry, 18: 530-537.
Oragne, D. M., Atwood, G. E., Stolorow, R. D.（1997）Working Intersubjectively: Contextualism in Psychoanalytic Practice.
Renik, O.（1995）The Ideal of the Anonymous Analyst and the Problem of Self-Disclosure. Psychoanalytic Quarterly, 64: 466-495.
Renik, O.（1998）Getting Real in Analysis Psychoanalytic Quarterly, 67: 566-593.
Renik, O.（1999）Playing One's Cards Face up in Analysis. Psychoanalytic Quarterly, 68: 521-539.
Shane, M., Shane, E., Gales, M.（2000）Psychoanalysis Unbound: A Contextual Consideration of Boundaries From a Developmental Systems Self Psychology Perspective. Psychoanalytic Inquiry, 20: 144-159.
Shill, M. A.（2004）Analytic Neutrality, Anonymity, Abstinence, and Elective Self-Disclosure. J. Amer. Psychoanal. Assn., 52: 151-187.
Stern, D.（2000）Introduction to New Edition of The Interpersonal World of the Infant. In D. Stern（Author）. The Interpersonal World of the Infant, pp. xi-xxxix.
Stolorow, R. D., Atwood, G. E.（1997）Deconstructing the Myth of the Neutral Analyst: An Alternative from Intersubjective Systems Theory. Psychoanalytic Quarterly, 66: 431-449.
Stolorow, R., Atwood, G. & Brandchaft, B.（1994）The Intersubjective Perspective. Aronson. Northvale, NJ.
Stolorow, R. D., Atwood, G., and Orange, D.（1999）Kohut and Contextualism: Toward a Post-Cartesian Psychoanalytic Theory. Psychoanalytic psychology.
Stolorow, R. D., Atwood, G., and Orange, D.（2008）Worlds of Experience Interweaving Philosophical and Clinical Dimensions in Psychoanalysis.
Stolorow, R. D.（2013）Intersubjective-Systems Theory: A Phenomenological-Contextualist Psychoanalytic Perspective. Psychoanalytic Dialogues, 23: 383-389.
Teicholz, J. G.（2000）The Analyst's Empathy, Subjectivity and Authenticity. Progress in Self Psychology, 16: 33-53.
Teicholz, J. G.（2001）Chapter 2 The Many Meanings of Intersubjectivity and Their

Implications for Analyst Self-Expression and Self-Disclosure. Progress in Self Psychology, 17: 9-42.

Thelen, E. and Smith, L. B.（1994）A Dynamic Systems Approach to the Development of Cognition and Action. MIT Press, Cambridge, MA.

富樫公一（2011a）システム理論との違い．関係精神分析入門（pp. 133-153）．岩崎学術出版社.

富樫公一（2011b）関係精神分析と複雑系の理論．関係精神分析入門（pp. 172-195）．岩崎学術出版社.

富樫公一（2013a）現代自己心理学におけるエナクトメント：システム理論と文脈主義．精神分析的心理療法フォーラム，2: 62-78.

富樫公一（2013b）徹底した非線形動的システムの視点：コバーンの複雑系理論．ポスト・コフートの精神分析システム理論（pp.115-130）．誠信書房.

富樫公一（2016）不確かさの精神分析．誠信書房.

Togashi, K.（2009）A New Dimension of Twinship Selfobject Experience and Transference. International Journal of Psychoanalytic Self Psychology, 4(1): 21-39.

Togashi, K.（2012）Mutual Finding of Oneself and Not-Oneself in the Other as a Twinship Experience. International Journal of Psychoanalytic Self Psychology, 7: 352-268.

Togashi, K.（2014a）A Sense of "Being Human" and Twinship Experience. International Journal of Psychoanalytic Self Psychology, 9(4): 265-281.

Togashi, K.（2014b）Certain and Uncertain Aspects of a Trauma: Response to Doris Brothers. International Journal of Psychoanalytic Self Psychology, 9(4): 289-296.

第５章　自己愛の観点から見た治療者の自己開示

岡野 憲一郎

関係精神分析では，治療者の能動性や自己開示の問題は極めて重要な意味を持ち始めている（Sherby, L. B., 2005; Cole, G., 2002; Sugarman, A., 2012）。

私にとって治療者の自己開示の問題は，精神分析に興味を持ち，分析的な臨床を行い，また分析関係の論文を発表し始めた最初の頃から常に重要なテーマとして頭にあった。治療者が中立性や匿名性の原則を守りつつ治療を行う際，自分に関する情報を伝えることには大きな抑制が伴うことになる。それは通常の日常会話と大きく異なるばかりか，一般的な心理療法とも異なるといっていい。分析的な臨床家はしばしば，通常の会話では起きるであろう自分自身からの応答をいかに押しとどめ，またどのようなときには匿名性の原則に例外を設けて，自己を表現をするかに常に考えをめぐらせていることだろう。

治療者が持ち続ける問題意識はそれにはとどまらないかもしれない。そもそも匿名性の原則は妥当なものなのか。それを遵守しようとしている自分は患者にとってベストな治療を施していることになるのだろうか，などの，より原則的で根本的な疑問を思い浮かべても不思議ではない。

以上のような文脈で私はこの自己開示の問題を考えてきたわけだが，最近かなり以前とは異なる発想を持つようにもなってきた。それは治療者が私の予想を超えて，自己開示を行っているらしいという現状を知ってのことであった。「治療者が匿名性の原則を守りすぎるのはいかがなものか」，という方向から考えることの多かった私が，「自分のことを**話しすぎる治療者**にどのようにして自制を促すことができるのだろうか」という問題も重要であることに気が付いたのである。そしてそれがどうやら治療者の側の持っている自己愛や自己顕示欲の問題とかなり結びついているらしいと考えるようになった。

本章の一つの目的は，自己開示の是非を問うことではなく，まず自己開示を広くとらえ直してそこにどのような種類があり，どのような利点と問題があるかについての見取り図を提供することである。匿名性を守るか，自己開示をするのかは，それらを勘案したうえで，その時々に治療状況で判断されるべきものである。しかしその背景にあるのはこの治療者の自己愛という発想である。つまり治療者という人種は，匿名性を守るという方向にも，それを犯すという方向にも走る可能性を持っているのであり，そのことを理解したうえで，この自己開示の問題を捉えなおさなくてはならないという考えである。

以上を前置きにしてさっそく本題に入っていきたい。

１．治療者の自己開示をめぐる従来の論点

まず従来の自己開示についての論点について考えたい。基本的な点として理解しなくてはならないのは，自己開示は Freud によれば「暗示 suggestion」になってしまうということだ。ここで Freud が解釈以外のあらゆる介入を「暗示」とみなし，それを非治療的なものとみなしたことを思い出していただきたい。彼にとっては，患者の無意識内容に言及する介入，すなわち「解釈」以外は治療的ではなかったのである。それを彼は一括して「暗示」としたのであった。

伝統的な精神分析理論の中での「自己開示」については，それが中立性や禁欲規則に抵触するのではないか？という問題もある。もちろん中立性や禁欲規則が具体的に何を意味するかについては，論者により微妙に異なる可能性がある。しかしいずれにせよ「自己開示」はそれらの原則が示す方向性とは異なる介入であるとみなされることは確かであろう。治療者が自分の考えを伝えることで，その中立的な在り方を損なう可能性はあるであろうし，治療者のことをさらに知りたいという患者の願望を満たしてしまうという意味では禁欲規則にも反するということになる。

さらには自己開示が転移の自由な発展を抑制してしまうのではないかという懸念も唱えられてきた。精神分析では，患者は治療者のことを知らないほどさまざまな想像力を膨らませると考える。たとえば治療者の出身地が何県か分からないことで，すべての県についてそこの出身地である治療者を想像できることになる。しかしＡ県出身であることが分かったとしたら，それ以外の治療者は想像できないということになるわけである。

この理屈は自己開示を戒める意図でよく聞かれるが，充分に説得力があるとは私は考えていない。たとえば次のような例と似ているのではないか。「映画やビデオや漫画などは，人の想像力を限定してしまう。ラジオや活字で聞いたり読んだりする本は，映像がない分だけ人の想像力をかきたてるのだ。だから活字の方が私たちにとって有益なのだ……。」

おそらくこのロジックにも誤りはないだろう。しかしではなぜ，私たちはしばしば映画やビデオなどの映像に，より強いインパクトを感じるのだろうか。より公平性を期すならば，読書によりインパクトを受けることもあり，映画に影響を受けることもある，と言うべきだろう。要するに何が想像力を生むかはケースバイケースなのである。

転移の話に戻ると，治療者がA県出身であることが何らかの形でわかることで，急に治療者に関するイマジネーションが膨らむこともある。「北海道出身」と聞くことで，北海道に関するさまざまなイメージが浮かび，それと治療者を結びつけるということがあるだろう。これは何県出身かもわからない段階では生じないことだ。漠然とした情報では，私たちは想像を膨らますことが逆にできないという面もある。このように自己開示は転移を促進される場合もあるのである。

2．自己開示と「自己を用いる」こと

現代の精神分析においては，自己開示はタブー視されるテーマではなくなってきている。海外では自己開示についての論文は1960年代あたりから多くなってきているからだ。私自身は，自己開示の問題は，より広い文脈で，すなわち治療者が「自己を用いること use of self」（Jacobs, 1991）という観点からとらえ直されるべきであると考える（『新しい精神分析理論』岩崎学術出版社，1999）。「自己を用いる」という Theodore Jacobs の著作にみられるように，治療において治療者の側が自分をいかに用いて治療を行うべきかというテーマは，受身性や匿名性という原則を考えるうえで必然的に浮かび上がるテーマといえるであろう。たとえ治療者は受け身的にではあっても，確かに自分自身の感受性と人生経験を介して患者に会い，介入を行うのである。患者の自由連想に見られる無意識内容を把握するという治療者の作業は，決して自動的，機械的ないしは技法的なものだけとは言えない。そこには治療者の人生経験や人間

としての在り方が深くかかわっているのである。積極的であれ，受け身的であれ，治療が治療者自身を用いるという形で起きている以上，自己開示を治療的な介入の中で特別視する必要も無くなってくる。それに，のちに述べるように自己開示はあるものは自然に，ないし不可避的に，無意識的に治療場面で生じてしまっているものでもあるのだ。

３．治療者の自己愛問題

以上自己開示についての分析理論の中での基本的な留意点について述べたが，実際に臨床を行っていて，最近クライエントから時々耳にすることがある。それは治療者の「過剰な自己開示」がしばしば起きているらしいということだ。これはある意味では私にとって「目から鱗」である。治療者が匿名性を守り過ぎて「自己開示をしなさすぎる」ということが問題になっている傾向にあると思っていたところ，実は「し過ぎ」が問題になっているという可能性に思い至ったからである。

私はこれまでは「過剰な自己開示」はごく一部の治療者にしか起きないであろうと思っていた。臨床心理を学ぶ大学院生が初めてのケースを担当して緊張し，沈黙の扱いに窮し，気がついたら自分の人生経験を夢中で語っていたという実例があったが，これなどは例外であろうと考えていた。しかしベテランの療法家がスーパービジョンの場で自分の話が止まらなかったというバイジーの訴えなら時々耳にしていた。しかしそのうちに，これは比較的普遍的な問題を反映しているのではないかと思うようになった。実際に喋りすぎる治療者が問題となるという文献にも接した（Jerome S., Blackman, J., 2012）。そこで問題となるのは，治療者の自己愛の問題であり，「自分の話を聞いてほしい」という願望である。

考えてみれば，治療者の職業選択そのものが自己表現や自己実現の願望に根差している可能性があるのはむしろ異論のないところだろう。一般に臨床活動に携わる人々は，他人を助けたい，人の喜ぶ姿を見たい，という希望を持つ人が多い。外科のように匿名性や受身性の概念が希薄な科で活躍している先生方の中には，「クライエントからの『ありがとう』の言葉に支えられて毎日の激務に耐えている」などという事情を公言なさる方が少なからずいる。

精神分析の文脈ではたちまち逆転移扱いされてしまうようなこれらの心性は，

しかし治療者一般に広くみられる可能性がある。「他人のために尽くす」という志自体は高潔であり少しも責められるところはないであろうが，それはしばしばその純粋な目的を逸脱して「クライエントとのかかわりに自己愛的な満足を見出す」というレベルにまで堕する可能性がある。そこでしばしば生じるのが「クライエントを話し相手にする」あるいは「クライエントを聴衆にして自分のことを語る」ということではないだろうか。

ただし本章では，如何にそのような傾向を抑制するかという具体的な問題について論じる余裕はないので，治療者の自己愛が自己開示の問題といかに深くかかわっているか，という問題提起にとどめたい。

4．「自己開示」の定義と分類

さて少し遅くなったが，本稿における自己開示の定義を，以下のように示したい。

「自己開示とは，治療状況において治療者自身の感情や個人的な情報などがクライエントに伝えられるという現象をさす。」「自己開示はそれが自然に起きてしまう場合と，治療者により意図して行われる場合がある。」（『精神分析事典』岩崎学術出版社）

実は『精神分析事典』のこの項目を書いたのは私なので，多少我田引水になるが，この路線で論じることをお許しいただきたい。

「広義の自己開示」の分類としては，以上のものを考え，これを以下の二つに分ける。それらは，

Ａ　意図的に行われる自己開示（「狭義の自己開示」）

Ｂ　不可避的に（自然に）生じる自己開示（「広義の自己開示」）

である。

そしてＡ（意図的な自己開示）の分類をさらに二つに分ける。

Ａ１　クライエントからの問いかけに応じた自己開示

Ａ２　治療者が自発的に行った自己開示

である。

さらにＢ（不可避的に生じる自己開示）については，

Ｂ１　治療者に意識化された自己開示

Ｂ２　意識化されない自己開示

の二つに分類することができるだろう。

これらの分類にはどのような意義があるのだろうか。私の立場は以下のとおりである。これらの４つに分けた広義の自己開示については，それぞれに治療的な意義とデメリットがある。それぞれを勘案しながら，その自己開示を用いるかどうかを決めるべきであろう。そしてその前提にあるのは，そもそも自己開示が治療的か非治療的かは状況次第である，ということである。

以下にこれらの個々の項目について，治療的なメリット，デメリットを考えたい。

５．A１の治療的な要素，非治療的な要素

A１の治療的な要素としては，以下に列挙するものが考えられよう。

１．治療者もまた，自分と同じ人間であるという認識がクライエントに生まれ，過度の理想化を抑制する。

もちろん理想化が抑制されること自体は，非治療的な意味も持ちうる。そこであくまでも「過度の」理想化が抑制されるという場合をここでは論じている。人は相手の姿が見えない場合にさまざまな姿をその人に投影する傾向にあることは確かである。そこにはネガティブな気持ちも確かに含まれうる。しかし治療者が職業的，ないしは学問的なキャリアを積み，社会的な立場や名声を得ている場合，そして治療時間中にクライエントに敬意を払い傾聴に勤める場合，そこにクライエントの心に理想化が生じる可能性は非常に高い。その際に治療者が一人の人間であるという当たり前の事実がクライエントにより再認識されることの意味は大きい。

２．治療者が治療原則から離れて自分自身を開示したことへの感謝の念が生まれる。

クライエントはおおむね治療者が何らかの規範や原則に従った治療を行い，自分の情報をクライエントに伝えないこともそのひとつであることを感じ取っているものである。クライエントは自分には知らされていない何らかの原則が少なくとも治療者にとっては非常に重要であり，本来なら遵守すべきものであることを想像している。しかしそれでも治療者がその原則を犯してまでも自己開示を行うことは，治療者が見せてくれた特別の配慮として，あるいはある種

の「ギフト」として理解される可能性がある。答えた内容よりはむしろ「答えてくれた」ことに感謝するのである。もちろんこれは治療者が「普段は自己を示さない」という背景があるからこそ，それだけ意味を持つことになる。また治療者の個人的な情報がギフトとしての意味を持つほどに貴重なものであるという意味ではない。あくまでもクライエントの側の感じ取り方としてこう述べているのである。

3．治療者の行動や考え方のモデリング，ないしは情報提供の意味を持つ

クライエントからの「～の場合先生ならどうしますか？」「～について先生はどのように考えますか？」等の問いに治療者が何らかの内容を伴った回答をすることで，治療者の考え方，生き方がクライエントに伝わることになる。もちろんそれがクライエントにとって見習い，あるいは模倣をする内容であるとは限らない。しかしその中にはクライエントが自らの考え方や行動に直接的な影響を与えることもあるであろう。

次にＡ１の非治療的な要素としては以下のものが考えられる。

1．クライエントの要求を満たすことによる退行や過度の期待を誘発しかねない。

これに関してはあえて説明するまでもないであろう。治療者の自己開示の非治療的な意義について，それこそ非分析的な立場の治療者や経験不足の治療者からも一様に聞かれる傾向のある問題点である。もちろんこの種の危惧が持たれるにはそれなりの根拠がある。ただこの問題についてあえて私から「反論」するならば，質問に答えることで退行が生じる気配を感じ取れば，そこで軌道修正するチャンスは，治療者にはたくさん残されているのも確かだということである。退行を生むことを恐れていては，おそらく支持的な介入のほとんどが用いられないことになるだろう。

2．治療者のことを知りたくないというクライエントの欲求が無視される可能性がある。

質問に答えたのに，実は質問をしたクライエント自身がその回答を望んでいなかったという場合がある。しかしこれは致し方ない状況とも言える。治療者がその可能性に思い至らず，重要と思われる質問に答え，結果としてそれがクライエントの失望や幻滅を生んだとしたら，それはやむをえないこととあきらめるべきではないだろうか。

3．治療者の「自分のようにせよ」というメッセージとしてクライエントに受け取られかねない。

「先生はどのように考えますか？」に対して回答することは，クライエントにとっては強い示唆につながるという可能性についてはすでに指摘した。

ここでＡ１に関する簡単な臨床例を挙げておこう。

クライエント：先生はご自身の教育分析の際に，セッションに遅れることはありましたか？

治療者：私自身の体験についてのご質問ですね。いえ，私は分析家に失礼にあたるので，決して遅刻したことはありませんでした。

この伝え方そのもののよしあしは問わない。この例では上で検討した治療的，非治療的な要素の合計６項目は，おそらくことごとく当てはまるであろう。治療者はそれらをあらかじめ心の中で検討したうえで，実際にこのような介入を行うかどうかを決めることになる。とくにこの言葉は治療者からクライエントへの「私との分析の時間に遅れることも失礼ですよ」というメッセージになりかねない。しかしそうなるリスクの一部は，この問いをクライエントの方から発したというＡ１の条件そのものに由来していると考えるべきであろう。治療者は問われるままに，率直に答えたまでということになり，そのような臨床判断もありうるからだ。

６．Ａ2の治療的な要素，非治療的な要素

Ａ２（治療者が自発的に行った自己開示）の治療的要素としては，Ａ１のそれとほぼ同様と考えられる。ただし治療者がクライエントから問われるわけでもなく自分の情報を提供することで，ギフトとしてのニュアンスはいっそう大きくなる可能性がある。またそれが治療者のアクティビティの高さを示すという意味がいっそう増すことになる。自己開示の積極的な意義を治療者自身が考えた上での介入，という意味がそれだけ大きくなるのである。

Ａ２の非治療的要素は以下のとおりである。

1．治療者の自己愛的な自己表現の発露となりかねない。

これは自明のことであろう。Ａ１のようにクライエント側から問われた場合は，その情報を少なくともクライエント自身が欲していたことが明らかである

が，Ａ２の場合は，それをクライエントが本来必要としていないというリスクは高まる。場合によってはまったく無用だったりかえって有害だったりしかねない。その点を十分考慮したうえでの自己開示でない場合は，単なる自己愛的な自己表現となりかねないであろう。

２．クライエントの自己表現の機会がそれだけ奪われること。

これは上述の１と連動することになる。治療者の自己開示が結果的に，ないしは事実上彼の単なる自己愛の発露であるならば，その時間は決してクライエントのために使われたことにはならないであろう。

３．治療者のことを知りたくないというクライエントの欲求が無視される可能性（Ａ１の非治療的な要素と同様）。

４．治療者の「自分のようにせよ」というメッセージとしてクライエントに受け取られかねないこと。Ａ２はＡ１と異なり自発的な自己開示であるために，この要素は一層深刻なものとなるだろう。

Ａ２の簡単な臨床例を示そう。

> 治療者：（特にクライエントから質問を受けたというわけではなく）ところで私は自分の分析セッションには決して遅れませんでした。遅刻することは私の分析家に対して失礼だからです。

この場合，治療者が特に問われることなくこの自己開示を行ったことで，「あなたも遅刻してはいけませんよ」という警告としてのニュアンスを一層強くする可能性がある。Ａ１との違いは明白となる。

７．Ｂの治療的な要素，非治療的な要素

Ｂ＝不可避的に生じる自己開示については，Ｂ１＝治療者に意識化されている自己開示，Ｂ２＝意識化されていない自己開示，に分けた。ここで「不可避的」という表現についてひとこと但し書きをしておきたい。治療者はそれなりの努力により，自分の情報が極力クライエントに伝わらないようにすることもある程度は可能である。しかしそのための努力やストレスがかえってその業務にネガティブな影響を与えるべきではないであろう。そこで治療者が自然で健康的な社会生活を維持しつつ業務を行う上で，おのずと，自然に生じる自己開

示のことを「不可避的」なそれと表現していると理解していただきたい。

Ｂ１の治療的要素としては，治療者が防衛的にならず，自分に関する事情をことごとく治療室から消し去るような態度を取らないことが，クライエントに安心感を与えることが考えられる。

Ｂ１の非治療的要素としては治療者のことをあえて知りたくないというクライエントの気持ちには反することになる可能性がある。

Ｂ１とはたとえばオフィスに治療者の私物や写真が無造作に置いてあったり，治療者がクライエントが読んだり購入したりできる形で出版物を発表したりするような場合である。また最近ではインターネットを通じた自己表現，たとえばホームページやブログ，ないしはツイッターも含まれるであろう。このうちそれがクライエントの目に触れることを十分に意識しているものの多くはＢ１に含まれることになる。そしてそれが治療的な意味を持つこともあるだろう。

オフィス，待合室などの治療空間は過度に「表出的」な環境であることは治療的ではないが，治療空間が「無菌的」である必要もない。そこでクライエントの目に触れる可能性のあるものとして何があるのかについて，治療者は十分配慮をするべきであろう。たとえば治療者がオフィスに家族の写真をおいてある場合，それが大きく目立つような形でデスクの上に飾られているか，小さなフレームで本棚の上に目立たずにおかれているかで，かなり意味合いが異なる。もし治療者がことさらにオフィスに私物を置かず，貸しオフィスのように生活感が感じられないものを用意しているとしたら，それは治療者の「私の個人的なことは一切知られたくない」という意図をクライエントに感じさせてしまうかもしれない。しかしそうでないとしたら，「私は特に個人的なことを無理して隠そうとはしていません」というメッセージを発していることになり，治療者は防衛的にならず，クライエントをある程度は信頼して気を許しているという雰囲気を伝えるかもしれない。それはおそらく治療的にはたらく可能性がある。

もちろんクライエントに「不可避的に」伝わる治療者の個人的な情報が，クライエントに失望や不快を与えることもあるだろう。家族の写真，あるいは個人的な趣味や思い入れが露骨に伝わるような絵画や写真，フィギュア，雑誌などは，治療者の個人的なことは知りたくないというクライエントの願望を裏切ることになる。治療者はこのようなクライエントの反応の可能性に常に注意を払わなくてはならないであろう。

Ｂ２についても，その治療的，非治療的な点については，上述のＢ１に関する議論と類似したものを考えることができる。実はＢ１とＢ２は明確に区別できないものがたくさんあり，そこには一種のスペクトラムや連続体が成立していると考えざるを得ない。治療者がクライエントにどの程度自分の情報が開示されてしまっていることを意識化しているか否かは，治療者自身の注意力や感受性に多く依存する。治療者がスーパービジョンを受けることで，いつの間にかクライエントに伝わっていたことに気が付くこともあるだろう。治療者がセッションの前にオフィス全体を見渡したり鏡にわが身を映すことで，自分では意識していなかった，自分自身についての何かを初めてそこに見出すこともあるかもしれない。たとえば私は，クライエントがオフィスに入った時にパソコンの画面に映っていた作業中の文章などにきわめて興味を抱くことを，クライエントから指摘されるまで十部に意識していなかったということがある。

おそらく治療者が職業的に，ないしは個人的にかかわりを持つさまざまなものがこのＢ１，Ｂ２ないしはどちらにも峻別できないようなものとしての性質を有する。そしてそれに対して一つ一つそれが治療的か，非治療的かを判断することは難しい。Ｂ自体が結局は自然に起きてしまう，不可抗力的なものであり，そのクライエントへの影響もケースバイケースだからだ。

結局治療者はＢがクライエントに与えたであろう影響について，率直に話すことができる環境を作ることが大事であろう。そして自分の意識していなかった情報が患者に伝わっていることを自覚し，できるだけＢ２をＢ１に代えるという努力も必要であろう。また結果的にクライエントが知ることになった治療者の個人的な情報については，それを必要に応じて治療的に取り扱えるような治療関係を構築しておくべきであろう。

しかしこのように考えることは，ある一つの重要な疑問を抱かせる。治療者は決して私生活においても気を抜いてはならないのか？　図らずもクライエントの目に触れたとしても恥ずかしくないような生活態度を常日頃から心がけ，品行方正を旨とすべきなのだろうか？　この点に関して私は答えを持たない。しかしひとつ言えるのは，クライエントが治療室で想像するであろう治療者像から，実像があまりにかけ離れている場合，それはいずれは直接，間接にクライエントの知るところとなるであろうということだ。

ところで私は日ごろからバイジーさんに次のようなことを言っている。「自分のことを話すことが本当の意味であなた（クライエント）のためになるのであれば，いくらでも話しますよ」というスタンスを持ちつつ，最小限のことしか話さないという態度が理想であろう，と。これはある種の「非防衛性 non-defensiveness」の勧めと言える。

しかしこれはもちろん「治療者個人にとってトラウマを呼び起こしたり，深刻なコンプレックスに触れるような内容についてまでクライエントに話す用意を持つべし」，ということではない。「いくらでも話す用意がある」といっても無制限ではないのだ。ただし治療者が個人としてあまりに触れてほしくないことが多いような生活を送っているとしたら，治療者の自由度はかなり制限されることになる。

考えてもみよう。ある治療者がトラウマを抱えていたとする。たとえばかつて人に深刻な裏切り行為をされたという経験だとしよう。そのことを「必要とあらば話せる」治療者であれば，彼はそれを克服して，自分のため，他者（クライエントを含む）のために利用できる程度に処理ができていることを意味する。それに比べて，そのトラウマについては決して他人に触れさせないという防衛的な立場にある場合は，はるかに治療者としての自由度が小さいと言わざるを得ない。

８．まとめ

治療者の自己開示というテーマで論述した。その趣旨は，自己開示は，その是非を全体として問うべきものではなく，治療者が個別的な治療状況でそれを行うか否かの判断を下すべきことである。そしてそのためには自己開示としてどのようなものがあり，それぞれにどのような利点と問題点があるかをよく知っておくことが重要なのだ。さらに本章では，この自己開示の問題の背景に治療者の自己愛があるという私の発想を強調した。治療者という人種は，匿名性を守るという方向にも，それを犯すという方向にも走る可能性を持っているのであり，そのことを理解したうえで，この自己開示の問題を捉えなおさなくてはならないという考えである。

文　献

Cole, G.（2002）Infecting the Treatment: Being an HIV-Positive Analyst. Hillsdale, NJ.

Jacobs, T.（1991）The Use of Self. International Universities Press, Madison, Connecticut.

Jerome S., Blackman, J.（2012）The Therapist's Answer Book: Solutions to 101 Tricky Problems in Psychotherapy. Routledge.

Sherby, L. B.（2005）Self-Disclosure: Seeking Connection and Protection. Contemp. Psychoanal., 41: 499–517.

Sugarman, A.（2012）The Reluctance to Self-Disclose: Reflexive or Reasoned? Psychoanal. Q., 81: 627–655.

第6章　匿名性と自己開示の弁証法について

吾妻　壮

1．はじめに

精神分析および精神分析的心理療法の過程において，自己開示をどのように考え，どのように治療過程の中に位置付けていくのかは，大変複雑な問題である。治療者は自己開示をするべきなのだろうか，あるいは慎むべきなのだろうか？　この問題は，心理療法の技法論の問題に分類される。効果的な心理療法という目標に向かって技法を洗練させていくことは，本来，実践的な要請によって動機づけられ，そして達成されていくべきである。そこに感情論が引き合いに出される余地はないはずである。

しかし実際は，自己開示の是非を巡る議論が治療者の中に深い感情的な反応を引き出すことはしばしば見られる。正直な自己開示こそが心理療法において最も大切だ，と思う治療者もいるかもしれない。一方，自己開示という言葉に嫌悪感を覚える治療者もいるかもしれない。この言葉は，治療者の知的表層を突き抜け，しばしば治療者を情緒的に揺さぶる。

自己開示という言葉はなぜこのような性質を持つのだろうか？　その理由はいろいろ考えられるだろう。その一つは，われわれが心理療法という仕事を選ぶに至った背景と関係しているだろう。理論の選択と個人のパーソナリティが密接不可分な関係にあることは，これまで繰り返し論じられてきた（Atwood and Stolorow, 1979; Hirsch, 2003）。ならば自己開示を巡る考察もまた，治療者という個人のあり方と無関係であるはずがない。そのことに関してL. Aron（1991）は，自己開示がこれだけ注目されるのは分析家という職業に就く者の性向と関係している，と述べている。すなわち，われわれは他者の最もプライベートな領域に関わることを知り，理解することを生業として選んでいるわけだが，そのことがそもそも，プライバシーを知ることと知られることについて治療者自身が意識的にせよ無意識的にせよ強い葛藤を感じていることが多いからだ，と彼は論じている。

自己開示を全くしたことがない治療者は稀であろう。私自身，さまざまな状況において，さまざまな種類・程度の自己開示をさまざまな理由から行ったことを思い出すことができる。そのときのことを思い浮かべることは比較的容易である。なぜなら，自己開示の際には強い情緒を伴った葛藤を感じていることが多く，そのために記憶が補強されているからである。

2．自己開示の種類

これから自己開示を論じるにあたり，自己開示の種類について概観してみたい。幾つかの軸から分類してみると分かりやすいだろう。第一の軸は，自己開示される内容が，外的事実なのか，あるいは主観的経験なのか，という軸である。たとえば，治療者の住環境や家族に関する情報を開示することは，外的事実の自己開示である。一方，「あなたと一緒にいると私は詰問されている感じがしてきます」と患者に言うことは，治療者の主観的経験に関する自己開示である。第二の軸として，自己開示しようという意図の有無（Levenson, 1996）が挙げられる。治療者が明らかに疲れた表情をしていることによって治療者の疲労が開示されてしまうという事態，あるいは治療者が椅子に何度も座り直していることで治療者の内面に何かが活発に動いていることが患者に伝わってしまうという事態は，「意図せざる自己開示 self-revelation」の例である。一方，「前の晩は夜遅くまで仕事をしていたために今日は疲れてるんです」と患者に告白したり，「あなたの言っていることが分からなくて私は内心落ち着かない気分になっています」と言うことは，「意図的な自己開示 self-disclosure」の例である。

他にも分類の軸は考えられるが，本章ではこれら二つの軸を考慮しつつ論を進めることにする。

3．自己開示の有用性

自己開示が臨床場面において時に大変効果的であることは，これまで多くの分析家によって示されてきた。特に，治療者の主観的経験を慎重に自己開示することは，しばしば劇的な効果を生み出し，特異的な価値を持ち得るものである。困難な臨床状況において，逆転移感情を意図的に自己開示したことで急速かつ前向きの展開を見たケースを多くの分析家が報告している。

関係学派の分析家であるD. B. Ehrenbergは，逆転移の開示を慎重に用いることは，心理療法の行き詰まりの際に一時的に導入される例外的出来事としてではなく，およそすべての患者において他のやり方では達成できない治療的ルートとなり得ることを論じている（Ehrenberg, 1992, 1995）。また，英国独立学派の分析家であるC. Bollasは，「逆転移の表出的な使用expressive uses of the countertransference」の有用性を論じている（Bollas, 1983）。この中でBollasは，次第に行き詰まりつつあった分析において，極めて直接的な言葉で自らの苛立ちを患者に伝えている。その様は読む者に作為性や操作性を全く感じさせないものであり，Bollasの言葉の真正さゆえに患者に深いインパクトを与えている。

臨床場面における自己開示の有用性は，理論的にも洗練された説明がなされている。たとえば，関係学派のL. Aronは，次のように述べている。「私は，ある種の分析家の自己開示は，第三項thirdnessを創り出すための，正当で，時には必要な試みとして理解するのが一番だと主張したい。内的過程を開示することによって，特に自分の中の内的葛藤や反対意見を開示することによって，分析家は患者の前で自分自身との対話を行い，そのことによって二者の中に第三の要素を引き入れる」（Aron, 2006）。このAronの論は，分析空間における第三項the third/thirdnessの創出という観点から逆転移の自己開示の有用性を理論的に明快に論じたものである。

精神分析における第三者の存在を巡る議論は，言うまでもなく，S. Freudのエディプス・コンプレックス論にその起源を見ることができる。それはその後，二者関係の内部における第三項という形で，より原始的な心性の領域に拡張的に導入されてきた。クライン派のR. Britton，米国対象関係論のT. H. Ogden，そして関係学派のAronやJ. Benjaminの仕事は，第三項に言及した例である（Ogden, 1994; Benjamin, 2004; Britton, 2004; Aron, 2006）。患者と分析家という二者関係の行き詰まりを乗り越える手がかりとしての第三項への関心は，学派を超えて共有されている。

患者の前で自身の内的世界を探求し，それによって分析家の内部に生成した第三項を，分析家の内部に止めておくのか，それともそれを患者に対して開陳するのか，この点については依然として意見は大きく分かれるだろう。しかし，自己開示の是非を考えるにあたり，第三項という伝統的精神分析に比較的親和性の高い概念を経由する可能性を示したことは大変重要なことである。

４．「自己開示する方が良いか？」という問い

ここまでの議論に反応して，「自己開示する方が良いか？」という問いが返って来ることは想像に難くない。これは困難な問いである。イエスと答えてもノーと答えても，必ず反論が考えられるからだ。自己開示の問題は，理論的に複雑な問題であるのみならず，感情面でも治療者の葛藤を強く刺激するものである。どのような答えに対しても，反論がないはずがない。

実際，同じ学派の内部ですら，統一見解は得られていないようである。たとえば，自己開示に比較的寛容であるとされている関係論グループ内部からも，自己開示慎重論はたくさん聞かれる。意図せざる自己開示については，あまり意見は分かれない。少なくとも関係学派内部では，分析家がただそこにいることそのことだけで，多くのことが図らずしも開示されてしまうものであるということについて，かなりの意見の一致が見られている。

しかし，わざわざ意図的に自己開示することについてはさまざまな意見がある。意図的な自己開示と意図せざる自己開示を区別したE. A. Levenson（1996）は，意図せざる自己開示は避けられないとする。避けられない以上，それは詮無きことであって，是非を問うことよりも，避けられずに起こってしまった結果にどう対処するのかが問題となる。一方，意図的な自己開示は別物だ，とLevensonは論じる。そのような自己開示は問題含みであって，たとえば，治療者の行動化の後に，それを修復しようとして自己開示がなされることがしばしばある，とLevensonは続ける。それはたとえば次のような事態である。患者に対して暖かく受容的に接してきた治療者に対して，ある時患者が激しい行動化を報告するとしよう。それは，治療者が患者に対して暖かく振る舞ったために患者が治療者との関係に希望を感じ，むしろそのことで自分が本当に変わるという可能性が見え，変化への恐怖感が煽られたためかもしれない。実際，このようなことはしばしばあるものだ。今，行動化を聞いた治療者が，患者にそれ以上の行動化を止めて欲しいという自分の気持ちを開示するとする。一見，

自然な自己開示であるかのようにも思われる。だがこのような自己開示は，暖かく振る舞うという自らの行動化について治療者が意識的あるいは無意識的に感じた罪悪感を，自己開示という技法で修正しようとする試みである可能性がある。したがって，自己開示する前に，治療者が暖かく受容的に振る舞っているということ，そしてそれに対する患者の反応が，治療者と患者の何を表しているのかに十分に思いを馳せなければならない。そのことが問題の本体であって，行動化はその派生物に過ぎない可能性がある。このように，何か別のところに問題の本体があるにもかかわらずそれを自己開示という技法を経由して修正しようという試みは，すでに見たような真正で率直な自己開示とは別種のものであり，同様のインパクトを持つことはない。

Levenson は，自己開示は治療者と患者の関係がすでに安定した段階に入っている場合にのみ慎重に用いられるべきだ，という比較的保守的な見解を論じている。これは，自己開示そのものの可能性に懐疑的であるということではなく，上述のように，自己開示が技法上の過ちを修正しようとして用いられることが多いという現実を踏まえた上での実践的主張であろう。

「親密な先端部分 Intimate Edge」（Ehrenberg, 1992）という本を著し，患者との親密で時には激しい関わり合いを重んじる分析家として知られている Ehrenberg も，手放しに自己開示を勧めているわけではない。彼女は，逆転移には能動的 active なものと反応的 reactive なものがあると論じ，分析家の実際の行動そのものではなく，分析家が能動的であることが大切だ，と論じている（Ehrenberg, 1992)。そしてさらに，虐待を受けている患者に対して，そのような関係は即刻止めるべきだ，と治療者が自分の意見を自己開示することは，同種の虐待的な関係性を単に繰り返すことになってしまう，と述べている。かくかくしかじかのようにしなさい，と詰め寄ることは，一方が他方に自分の主張を押し付けることであり，それは力のヒエラレルキーに依拠しているという点で虐待的な関係性と本質を一部共有しているからである。そのような治療者は反応的に応答している，と彼女は論じる。そのような場面では，むしろ黙っていることの方がより能動的な態度であり得るという。

J. R. Greenberg（2001）は，関係論的なアイデアが素晴らしいものとして受け入れられた結果，「精神分析的過剰 psychoanalytic excess」を生み出してしまい，それがたとえば過剰な自己開示のような形で現われている，と論じている。その論文の中で彼は，患者に嘘をついてしまったことを自己開示した分析家の介入や，自分の患者への恋愛性の感情を自己開示した分析家の介入を疑問に付し，過剰さを避けることに分析的分別があることを論じている。

5．自己開示を行為として考えない

以上のように論じると，やはり自己開示は止めた方がよい，という結論に落ち着くべきであるように思われてくる。われわれは，自己開示を称賛するという葛藤の一方の極から，もう一つの極に一気に揺れてしまったわけである。

しかしそのように反対の極に落ち着いてしまうことなく，この葛藤をそのまま抱えていくことはできないのだろうか？　この問いに答えるために，私は「自己開示する方が良いか？」という問いに，行為的観点から離れて答えるべく，考えてみた。私は次のように考えた。自己開示を行為として見るのではなく，治療者の内的苦闘の相関物として見ることができれば，一つの解決になるのではないか。自己開示を，プライバシーを巡る治療者自身の葛藤の表現の一つとして見る，と言い換えることもできるかもしれない。すでに繰り返し述べたように，そもそも自己開示が賛否両論強い感情交じりに論じられるのは，この職業に就く者がそもそもプライバシーについて強い葛藤を感じているからであった。葛藤がないと感じられるということは，往々にして，葛藤の不在ではなく葛藤の存在の否認の結果である。したがって，自己開示すべきかどうか，という問いには，明確な答えを用意しないという態度もあって良いように思う。

6．内的自己開示

しかし，葛藤が葛藤であると単に言うことは大した助けになるはずもない。そこで私は，内的自己開示 inner self-disclosure という言葉を導入して，もう少し分かりやすい説明を試みたいと思う。

私が導入したいのは，自己開示するという行為そのものよりも，治療者が，親密さとプライバシーを巡って内的に苦闘すること自体の方がより重要なのではないか，という視点である。

中立性という概念がある。自我，超自我，イド，現実のどれにも与することなく患者の話を聞きなさい，という戒めである。しかし，この中立性という概念は，今では大いに疑問の余地のある概念となっている。Anna Freud によって打ち立てられ，その後 O. F. Kernberg によって技法的中立性として一層洗練された形で提唱された中立性概念は，実現可能性という点で大いに疑問の余地のあるものであって，それは中立性を行為そのものとリンクさせることから生じる問題であることを私は以前論じた（Agatsuma, 2014）。

この問題を回避すべく，中立性概念を行為水準とリンクさせないようなさまざまな概念化の試みが提唱されてきた。たとえば，T. J. Jacobs（1986）は，「内的中立性 inner neutrality」および「外的中立性 outer neutrality」という二つの中立性を論じている。このように，内的に中立な状態と外的に中立な状態を区別して概念化することによって，行為としての中立性の不可能性によって中立性概念そのものが否定されてしまうという事態は避けられる。私は，「操作に関する中立性 operational neutrality」および「意図に関する中立性 intentional neutrality」という概念を論じ，これらの別種の概念を安易に混同した結果が昨今の中立性の議論の錯綜に繋がってしまったと述べた（Agatsuma, 2014）。その上で，この二つを明確に区別して理解することによって，より明瞭な眺望が得られるだろう，と論じた。

そこで私は，中立性概念と同様に，自己開示概念を行為水準から切り離すことを提案したい。外的自己開示とは別に，自分自身の内的なあり方に開かれることを内的自己開示と呼んでみることにする。内的自己開示とは，自分が現実であると思っているものは本当に現実なのか，自分が感じていると思っている感情を自分は本当に感じているのか，このような問いを自分自身に問うてみる過程のことである。すなわち，自分自身に対してどれだけ開かれているのか，を治療者が自分自身に問いかける過程のことである。

このように内的な自己開示というものを考えた場合に，それは外的な自己開示という行為とどのような関係にあるのだろうか？　次のようなことが言えるだろう。外的自己開示と内的自己開示は，並行してなされている場合もあれば，どちらか一方のみがなされている場合もあるだろう。すなわち内的自己開示がなされた上で，外的自己開示がなされる場合もあれば，なされない場合もあるだろう。さらには，内的自己開示がなされていないにもかかわらず，外的自己開示がなされてしまっている場合もあるだろう。当然のことながら，最後の場合が一番複雑である。

内的自己開示は，治療者による自身の逆転移反応の綿密なモニタリングから始まる。かつて逆転移反応は，分析家自身の分析が不十分であるために生じる，患者に対する治療者の不適切な情緒的反応とされた。しかしその後の精神分析臨床の経験は，このような理解を超える新しい理解の可能性を示してきた。すなわち，分析家の逆転移は，患者の精神内界の探触子として生産的な機能を果たし得るという理解である。これは，クライン派の分析家たちをはじめとする多くの分析家たちによって示されてきた理解である。

私は，内的自己開示は逆転移のモニタリングに留まらないと考える。完全な分析というものは到達し難く，長年の分析を経た治療者ですら自己の内部に死角を持ち，心の中に未だ知られざる自己を抱え続けると考えるからだ。第2章にも引用したが，対人関係学派・関係学派の観点から，P. M. Bromberg は，次のように述べている。

> もしも対人関係的あるいは関係論的な分析技法というものが存在するとしたら，それは主に，分析の過程を通してずっと，自己 - 状態[注1] を有効に共有するということの意味について，分析家が交渉に交渉を重ねることを続けていく能力にある。　(Bromberg, 2011，訳書 p.170，原文はイタリック)

ここには自己開示という言葉は含まれていない。しかし，この一節は自己開示についても重要なことを述べていると私は考える。大切なのは，「分析家が交渉に交渉を重ねることを続けていく」ことにある。

この交渉の相手は誰なのだろうか？　私は，ここには患者のみならず，治療者自身が含まれるのではないか，と考える。治療者に必要なのは，自分自身の心の中で，知られざる自己との対話を行い，交渉を重ねていくことであろう。その上で，患者という他者の自己 - 状態との間で交渉を重ねていくこと，すなわち，外的にいつ何を自己開示するのかあるいはしないのかについて考え続けることが大切であろう。

内的自己開示と外的自己開示は，一連の過程であって，明確に区分できるようなものではない。このように理解された自己開示とは，行為水準で捉えられるような，数えられる出来事のようなものではない。それは，そのようなあり方の連続のことである。その一部が外的に端的に現れた場合，それは一般に自

注1）自己 - 状態という言葉は，H. S. Sullivan に遡ることのできる自己の多重性の議論の現代における結実の一つである。それは，抑圧が適用されるような不快な心的事象のレベルを上回る外傷的体験が心的構造に刻み込む，いわば垂直性の分轄単位のことであるが，ここでは，その時々に意識化可能な自己感として理解しておいてよい。

己開示と呼ばれている行為となるが，その行為自体はその本質ではない。

内的自己開示と外的自己開示は，一般的には前者が起こってから後者への移行の可能性が検討されるということになるが，必ずしもそうある必要もないだろう。すなわち，外的自己開示を契機として，内的自己開示の過程が開始されたり，変容を被るということもあり得るということだ。

内的な過程が先行すべきである，という意見は至極もっともではある。そうありたいところであるし，それを目標にするべきであると思う。しかし，内的に思いを巡らせること自体が目的なのではない。場合によっては，内的な処理が終わっていないと感じても，間主観的な場が外的な自己開示を求め，そして受け入れることができると思われた場合に，外的自己開示がなされるということもあるだろう。もちろん，外的自己開示をする理由は，自己顕示性とか自己愛的欲求とは無縁でなければならいない。それはむしろ，ある種の謙虚さに基づいてなされるべきである。言い換えれば，外的自己開示は，交渉の一部を外的な場，間主観的な関係性の場に委ねるという気持ちでなされるべきであって，関係性の場を制御しようという思惑が混入していてはならない。

内的自己開示という概念を導入した。そこに含まれている内容は，真正さ authenticity（Hoffman, 1998）や好奇心 curiosity（Stern, 2009）などの概念に含まれているものと近い。内的には真正さと好奇心を保ち続け，相互交流の場を信じること，それが関係論的な自己開示ということになる。

７．自己開示を考慮するにあたって

自己開示について，ここまでいろいろと論じてきたが，それでは実践上どのようなステップを踏み，自己開示について考えればよいのか，という問題が残る。そこで私は，臨床の現場で自己開示の是非について考えるときに重要だと思われるいくつかの問いを考えてみた。

1．事実に関する自己開示なのか，主観的経験に関する自己開示なのか？
2．意図せざる自己開示なのか，意図的な自己開示なのか？
3．内的自己開示の過程はどのような状態にあるか？
4．その情報を共有することが治療者個人にとって本当に受け入れられることなのか？

5．自己開示によって患者および関係性の場に影響を及ぼそうとしてはいないか？
6．患者が自己開示によって傷ついてしまう可能性はないか？

これらの問いを十分熟慮の上で自己開示の是非を考えてみるべきであろう。もっとも，すでに述べたように，内的作業を終えてから自己開示に移る，という順番が反転することもあり得ることである。しかしそのようなケースはやはり稀なのであって，基本的には内的に吟味できることは十分に行ったうえで外的な行為について考えてみるべきであろう。

8．再び「自己開示する方が良いか？」

自己開示する方が良いか？という問いの答えは決まっていないということを論じた。外的自己開示の是非は，さまざまな観点から深慮した上で行われるべきであって，決して行為面からのみ考えない方が良い。自己開示をしなければならないと考えることは，自己開示をしてはいけないと考えることと実質的には変わらない可能性がある。Gill（1983）は，分析家の参与の多寡は，関係性を重んじるか欲動を重んじるか，ということとパラレルではないことを論じた。古典的なアプローチをしているからと言って自己開示してはいけないものではないし，関係論的アプローチをしているからといって自己開示をしなければならないというものでもない。自分自身の心の中での声をよく聞くこと，そしてそこから生まれる葛藤に耐え，自分自身および関係性の場と交渉を重ねていくこと，そこから「対人関係的あるいは関係論的な分析技法」（Bromberg, 2011）としての自己開示の可能性が生まれてくるのだと思う。

9．臨床ヴィネット

最後に，いくつかの臨床ヴィネットを挙げ，自己開示の複雑性の一端を示せればと思う。なお，ここに掲載する報告は私の実際の経験に基づいているが，プライバシー保護の観点から，大幅にカモフラージュを施してある。

臨床ヴィネット(1)

うつ状態の女性患者Ａは，極めて複雑な背景を持つ家庭に生まれ育った。Ａは，家系を保つための道具であるかのように自分自身を感じ，自分が自分自身のために存在しているという感覚を持てないでいた。Ａは慢性の希死念慮を抱いていた。Ａの自殺願望の告げ方は，率直であり，操作性は全く感じはかった。死にたいという自分の気持ちを口にすると周りの人が「引いて」しまうので，あまり言わないほうが良いと思っているが，生には全く執着がない，と淡々とＡは語るのだった。Ａは，自分が死んでも誰もそれで困ることはないだろう，と語り続けた。そこには怒りのようなものも感じられず，私自身の無力感からか，自我欠損とはこういう状態のことを言うのだろう，などと時には知的な思弁に訴えるなどしながら私はＡの話を聴くようになっていた。私は，Ａをこの世に留めておく術が全くないように感じていた。Ａ自身の絶望的な無力感を，そのような形で私に投影し，私がそれに同一化するように仕向けている，という力動的理解が浮かんだが，それを伝えることはその時は上手く行かないように感じた。私はせめてＡに何かを言っておきたい気持ちになった。それでＡが死を思いとどまるというわけでもないように思ったが，何も言わないでＡが死んでしまうことは私にはとても残念なことに思えた。私は，この気持ちをＡに伝えるべきかどうかかなり逡巡した後，自分がいなくなることが他の人に与える影響についてＡは非常に低く見積もっていることを指摘した上で，もしＡが自殺したら私も何も感じないわけではないだろう，これはきっとあなたには驚きでしょうね，と伝えた。

私の発言に対し，Ａは新鮮な驚きを表現した。この介入が奏功したのかどうかは分からない。そもそも，奏功するように，という意図で一種の自己開示というべきこの介入を行ったわけでもない。しかし，Ａの慢性の自殺願望は全くなくなったわけではないが，その後自らを傷つけることなく経過した。その後の心理療法の中では両親への怒りが表現された。この自己開示でその後の展開をすべて説明することはもちろんできないが，この心理療法過程の中の重要な瞬間の一つではあったと考える。

臨床ヴィネット(2)

最初のヴィネットは，自己開示の治療的可能性について比較的楽観的な見通しを示すものだった。しかし当然のことであるが，自己開示はいつも上手くいくとは限らない。自己開示的働きかけは，容易に陰性の展開を招来し得る。大切なのは，そのように治療促進的にも妨害的にも転化し得るという自己開示の複雑性を十分理解しておき，複雑なものの複雑性を引き受けることである。そのためここで，自己開示が結果的に陰性の反応を来してしまったヴィネットを報告したい。上手く行かなかった事例を報告することはあまり気の進まないことではあるが，そこから学ぶべきものもあると考え，ここに記したい。

ある女性患者Ｂは，顕著な誇大性，そしてそれに付随する受身性が特徴的だった。分析作業にも全く受身的に参加していた。私の勧めに従い週１回の心理療法から始めたが，私がさらにインテンシヴな心理療法を勧めると，Ｂはそれを穏やかに受け入れ，週３回，さらには週４回と頻度は増えていった。当初Ｂは休むこともあまりなかった。そこには，特別な患者として自分が存在しているだけで物事が上手く展開するはずだ，という信念があるようだった。その信念は，彼女の生い立ちとも関連していることが想像された。そんなＢが分析作業を続けていくためには，ある現実的な条件をＢが整える必要があったのだが，そのことにＢは全く気持ちが入ってなかった。われわれの作業は，そのうち続けられなくなるだろうという危惧が私の中に渦巻くようになった。そして，週４回の面接を約束したにもかかわらず，頻繁にキャンセルを繰り返し，週４のペースが守れているとはとても言えない状態となってしまった。Ｂの受身性とその背後の攻撃性，コントロール感を求める心性を，私は繰り返し解釈した。Ｂが自分の中の超自我機能を放棄し，それを私の中に見ようとしていたことは明らかであるように思われた。そのことも解釈の中にも取り入れたが，Ｂは全く動く気配はなかった。まだ訓練中だった私は，当時のスーパーヴァイザーに意見を求めた。今‐ここでの現実の関係のぶつかり合いを重視していたそのスーパーヴァイザーは，起こりつつある転移‐逆転移状況を私が熟知しているのなら，という条件付きで，私の気持ちを自己開示することを選択肢の一つとして挙げた。私は，その助言に従った。私はＢに，分析作業が危機に陥っているということ，およびそれに関連して私の中で苛立ちの感情が起こっていることを伝え，現実的な条件を整えるべくＢは動くべきだという主旨の助言をした。Ｂは，私の発言に怒りを露わにした。受身的なＢが心の底で抱いていた，自分に命令を下す過酷な超自我的存在への怒りというテーマが，治療の場に展開されたかのように一見思われた。しかしその後，Ｂはますます現実的に動くことをしなくなってしまった。私の介入は，Ｂの受身性を崩すどころか強化してしまったのだ。その後，この治療は中途半端と言わざるを得ない状態で終結となってしまった。

その後しばらくの間，そのスーパーヴァイザーに対してある種の憤りの気持ちを抱いていたことを私は認めざるを得ない。しかしやがて，この時の状況をもう少し冷静に理解できるようになった。私が気づいたのは，振り返れば，受身性が顕著なＢを前に私もまた受身性を高めていたということだった。すなわち，私は，スーパーヴァイザーの言う通りに自己開示することに内心懐疑的な気持ちも持っていたのだが，それを無視し，スーパーヴァイザーの言う通りにすることで自分の中の葛藤を避けてしまっていた。結果，Ｂと私は共に受身的に行動することで自分の中の葛藤から目を背け，その分多罰的になって怒っていたのかもしれない。

この自己開示に生産的な意味を見出すことは難しい。私は，もっと自分自身の内なる声に耳を傾け，私とＢ，そして私とスーパーヴァイザーの関係性のあり方を虚心に見つめた上で，機が熟するまで自己開示を待つべきであった。自己開示の問題は複雑であり，スーパーヴァイザーなどの第三者の観点からは見えない二者の間の微細な関係性の揺れを治療者がよく理解し，内的な探索を十分に済ませた後に初めて自己開示はなされるべきであるという原則の重要性を思い知られた事例であった。

10．最後に

以上，自己開示について，理論的および臨床的に考察した。自己開示を行為面から考えずに，治療者の内的苦闘との関連から考えることを提案した。そして内的自己開示という概念を導入した上で，自己開示をするに当たっての実践的指針を提案した。二つのヴィネットを通して，自己開示の問題の複雑性を臨床的に示した。安易な気持ちで自己開示することは決して勧められない。しかし，慎重な自己開示は，心理療法を豊かにすることもしばしばである。心理療法の複雑さ，そして自分の心の複雑さから逃げずに，各人がこの問題を真剣に考え続けることによってのみ，自己開示についての答えらしいものが見つかるのだろう。

文　献

Agatsuma, S.（2014）Differentiating two kinds of neutrality. International Forum of Psychoanalysis, 23: 238–245.

Aron, L.（1991）The patient's experience of the analyst's subjectivity. Psychoanalytic Dialogues, 1: 29–51.

Aron, L.（2006）Analytic impasse and the third: Clinical implications of intersubjectivity theory. International Journal of Psychoanalysis, 87: 349–368.

Atwood, G. E., & Stolorow, R. D.（1979）Faces in a Cloud: Intersubjectivity in Personality Theory. Jason Aronson, New Jersey.

Benjamin, J.（2004）Beyond doer and done-to: An intersubjective view of thirdness. Psychoanalytic Quarterly, 73: 5–46.

Bollas, C.（1983）Expressive uses of the countertransference: Notes to the patient from oneself. Contemporary Psychoanalysis, 19: 1–33.

Britton, R.（2004）Subjectivity, objectivity, and triangular space. Psychoanalytic Quarterly, 73: 47–61.

Bromberg, P. M.（2011）The Shadow of the Tsunami: And the Growth of the Relational Mind. Routledge, New York.（吾妻壮，岸本寛史，山愛美訳：関係するこころ——外傷，癒し，成長の交わるところ．誠信書房，2014.）

Ehrenberg, D. B.（1992）The Intimate Edge: Extending the Reach of Psychoanalytic Interaction. W. W. Norton, New York.

Ehrenberg, D. B.（1995）Self-disclosure: Therapeutic tool or indulgence?--Countertransference disclosure. Contemporary Psychoanalysis, 31: 213–228.

Gill, M.（1983）The interpersonal paradigm and the degree of the therapist's involvement. Contemporary Psychoanalysis, 19: 200–237.

Greenberg, J. R.（2001）The analyst's participation: A new look. Journal of the American Psychoanalytic Association, 49: 359–381.

Hirsch, I.（2003）Psychoanalytic theory as a form of countertransference. Journal of the American Psychoanalytic Association, 51S: 181–201.

Hoffman, I. Z.（1998）Ritual and Spontaneity in the Psychoanalytic Process: A Dialectical-Constructivist View. The Analytic Press, New Jersey.

Jacobs, T.（1986）On countertransference enactments. Journal of the American Psychoanalytic Association, 34: 289–307.

Levenson, E. A.（1996）Aspects of self-revelation and self-disclosure. Contemporary Psychoanalysis, 32: 237–248.

Ogden, T. H.（1994）The analytic third: Working with intersubjective clinical facts. International Journal of Psychoanalysis, 75: 3–19.

Stern, D. B.（2009）Partners in Thought: Working with Unformulated Experience, Dissociation, and Enactment. Routledge, New York.

第３部　精神分析における現実

第７章　現実と他者——その臨床的扱いをめぐって

富樫　公一

１．はじめに

本章のテーマは「現実」である。これは，臨床精神分析にとって非常に重要なテーマである。たとえば，患者が自分は人から悪く言われているに違いないと主張するとき，あるいは，患者が自分には世の中を支配する力があるに違いないと信じるとき，そして，患者が自分はもう経済力を失って精神療法の料金が払えないので減額してほしいと訴えるとき，私たち分析家は，「それは現実なのか」と心の中で問うだろう。現実はときに，分析家によって，患者の心の中の世界として扱われ，ときに心の中の世界と区別されるものとして扱われる。

「現実とはなにか」という問いは，決して新しいものではない。これは，哲学においては，よく知られた認識論的命題である。しかし，臨床精神分析は，哲学に近いところにありながら，この問題の繊細さについて比較的無頓着だった。臨床精神分析における現実の扱いは，多くの場合，「現実か空想か」「心の中のことか，心の外のことか，あるいは，その中間なのか」といった議論にとどまっていて，いくつか強調点の違いはあるものの，最終的には，「主観か客観か」「外的現実か内的現実か」といった二分法に基づく議論が中心となっていた（Hartmann, 1956; Mion, 2010）。しかし，何人かの分析家がすでに指摘しているように（Benjamin, 1990; Stolorow, Atwood & Orange, 1999; 富樫, 2016），この問題は，臨床精神分析にとって，単純な二分法や，折衷法で片づけられるようなものではない。

この問題について，臨床精神分析が後手に回ったのは，いくつか理由があるだろう。一つは，神経症の病理モデルを作り上げたFreud（1895, 1898）が，病因から症状まで，個人の中で完結するモデルでそれを説明しようとしたことである。彼は，精神神経症は心の中に問題（病因）があるために生じるもので，それをたたけば，症状が消えるという考え方を進めるために，外の刺激とは区別され，内側だけで展開するプロセスを想定する必要があった。その中で彼は，神経症の病因論の強調点を誘惑説から空想説に移動させ，外傷的な出来事が与えるインパクトよりも，患者の中で生じる衝動性のインパクトに注目した。もちろん彼は，精神神経症を現実神経症と区別したり（Freud, 1898），外傷神経症や戦争神経症の考察を行ったりするなど，外的な出来事が誘因となって形成される病理モデルを捨てたわけではなかったが，精神神経症に関する限り，外的な出来事はやがて内側の出来事として翻訳され，概念化されて病因となり，長期的な影響を内側から与え続けるというモデルを念頭においた。

もう一つ，精神分析が後手に回った理由は，精神分析が臨床理論だったことである。思想としてではなく，臨床実践モデルとしての精神分析は，臨床家に対して技法的手続きを明確にする必要があった。妄想を語る患者を前にした分析家に対しては，「患者の語りの内容（内側）が現実（外側）とどれだけ違うのかについて，注意深く診断する必要がある。しかし，患者の語りの内容は内的現実だと考えて聞け」という方が，説得力がある。話を聞くという方法だけを頼りに患者の問題に接近しようとする精神分析では，分析家が注目すべきなのは患者の内的世界であって，外的世界ではないと明言した方がわかりやすいのである。一般に，分析家が確認することができるのは，患者が語る内容であり，仮に外的現実というものがあったとしても，それは分析家の手の届かないところにあることが多い。重要なのは外的現実ではなく，それが内的なものに変換された何かである，ということにしておいたほうが，面接室の中に座り，患者を理解し，解釈する作業を効率化できるわけである。

筆者は別の機会に，こうした二分法と，それに基づく線形の因果モデルによる現実の理解は，物事を単純化してみるだけで，結果的に臨床的作業を効率化しないと論じた（富樫, 2016）。現代自己心理学や間主観性理論の立場から現実を考えると，重要なのは，「内的・外的」といった領域的な区別や，その因果関係の理解ではない。重要なのは，「現実」が患者と分析家の関係の絆や世界との接点を構築するものとして体験されるのか，壊すものとして体験されるのか，ということの理解である。妄想を持つ患者に対して，「もう少し現実を見なさい」と分析家が言うことが危険なのは，分析家が彼の妄想を「外的現実」と区別して「内的現実」だと診断するからではなく，その言葉によって患者が，自分と世界との接点や，自分と分析家との絆を失ったように感じることがあるからである。特に，「自己」という体験は，「自己対象」という心理的機能を持った他者との関係において生起するもので，そうした機能を媒介とした情緒的結びつきの体験によって，患者は自分を豊かに感じたり，活力に満ちていると感じたり，安全だと感じたりする，と考えるコフート理論（1971, 1977）から展開した自己心理学では，「現実」の共有が，患者と分析家との間に絆を創るように感じられるのか，断絶を作るように感じられるのかという視座は，患者を健康にするのか，不健康にするのかということに直結する議論である。

こうした議論について言えば，精神分析では，「現実」よりも，「他者」に関するものが先行している。具体的には，それは，二つの方向へ展開している。一つは，患者（分析家）が分析家（患者）との絆を維持しながら，分析家（患者）には，自分にはどうしようもできない部分（他者性）があることを承認するプロセスについて，もう一つは，分析家（患者）が，患者（分析家）の自覚より前にそこに現れる絶対的な『他者』であるからこそ，患者（分析家）は分析家（患者）と真摯に絆を作ろうという意識が出てくることについてである。重みも意味も異なるこの二つの議論の方向は，どちらかが正しいといったものではなく，それぞれが臨床的な意味を持ち，それぞれの理解の仕方がそれぞれの臨床的，発達的アプローチを構成する。

本章では，「他者」の議論を参考に，「現実」の承認がどのような臨床理解とアプローチにつながるのかを考察したい。まずは，「他者」の承認が，どのように二者関係に影響するのかを概観する。そののちに，その捉え方を「現実」の理解に適用する。そして，ごく簡単に臨床例を紹介して，分析家に必要とされる「現実」の臨床的意味の理解や，アプローチを示すことにする。

２．絆を先に考えるか，他者性を先に考えるか

治療関係に展開する他者性の問題は，関係精神分析でも現代自己心理学でも，繰り返し議論されている重要なテーマである。それは，どちらの学派にとっても，それぞれの立場を構成する中核的思想に直接関係するテーマだからである。

関係精神分析は，「関係性」に注目しながら，対象表象と自己表象が織りなす関係性（対象関係）と，目の前に存在する他者と自分との主体的関係性（対人関係）が，臨床上，そして概念上，どのように統合されうるのかという問

いから始まった（Greenberg & Mitchell, 1983; Mitchell, 1988, 1993）。やがて，そこにフェミニズム精神分析が合流するが，彼らはもともと，母親という役割の前に人としてあるべき主体性の問題であったり，支配 - 服従の関係は単純に被害者 - 加害者の関係に翻訳できるものではなく，対人関係における主体性の複雑なやり取りからなっていることに注目していた理論家たちだった（Benjamin, 1988, 1990, 1991, 1995, 2010; Harris, 2009）。関係精神分析が二者関係における主体性のやり取り，つまり，一方から見たときの他方の「他者性」の取り扱いに注目することは，至極当然のことで，避けることができないものだったのである。

一方，自己心理学は，「私（自己）」という体験は，その人の中だけで形作られるものではなく，他者がその人を体験する方法から形作られるといったことの理論化から始まった。「私」が，「私」を価値ある存在だと感じるのは，誰かが「私」を価値あるものとして体験していることを，「私」が認識するからだというわけである。Kohut（1977）は「私についての誰かの体験」は，必ずしも誰かが実際に「私」をそのように体験している必要はなく，「私」が誰かにそうみられていると感じられればそれで構わないと考えていたが，自己心理学が間主観的な視点を発展させていくと，誰かが主体として「私」を価値があると体験しなければ，その二者関係は成立しないと考えられるようになる。「私」は，常に「他者とともにある私」（Stern, 1985; Lotti, 1999; Lichtenberg, 2001）なのである。自己心理学が他者性の取り扱いに注目することもまた，至極当然で，避けることができないものだったのである。

ここで重要なのは，どちらの学派にとっても，中核的テーマとなっているのは，「内か外か」という点ではなく，「関係の構成において他者性はどんな意味を持つのか」という点であることである。「他者性」は，「私」とかかわる「他人」の中にあるもののうち，「私」に調整されたり，関連付けられたりしない側面である。「他人」が概念化された表象である「対象」には，そのような側面がない。心的に操作された概念である「対象」は，アプリオリに，「私」によって操作可能なものだという定義を含む。「他者」は，私の願望や期待，ニード，予想を，必ずしも叶えてくれるとは限らない。他者がそれを叶えてくれるとしても，それは，「私」のそれに調整されたからではなく，他者自身の主体性においてそうしたいと思ったからに過ぎないし，また，そうでなければ私の願望は叶えられたことにはならないのである。

たとえば，私が相手に「あなたを愛しています。あなたも愛してください」と言ったとしても，「他者」が「私」を愛するかどうかは分からない。「私」を愛するかどうかは，本来的にその人の主体性や意思に属する部分で，私の愛に調整されたり，関連付けられたりしてなされるものではないからである。したがって，「私」の希望が叶ったとしても，それは，相手が「私」に従属したことも意味しなければ，相手が「私」の愛のためにそこにあることも意味しないのである。希望が叶ったのは，相手の主体的な愛情と自分のそれとが偶然一致しただけで，その愛を認めるならば，同じ相手は，別の面では私の希望を叶えてくれないかもしれないことも認めなければならない。その相手が，「私」が愛しているということに合わせて「愛しています」と言っているのだとすれば，その「愛」には意味がない。愛が主体性の中に生じるものだとすれば，それは愛されていることにならないからである。だからこそ，相手が主体的に自分を愛してくれたときには，互いに相手に従属することのない二人が偶然にも相手を愛するようになったという稀有な結びつきが作られることになり，そこに，生きるために活用可能な絆の意味が形成される。

そういった意味で，精神分析臨床において「他者性」を扱うということは，絆やその断絶の体験を扱うことを意味する。なぜならば，分析家（患者）が自分の思い通りにならないという認識のもとに分析家（患者）と結びついたという体験は，互いに相手を人として尊重するような本来的な絆ができたという体験になるし，一方，相手との中に，分析家（患者）が自分の思い通りにならないという認識が入り込むことは，両者の間に，自分にはどうしようもできない断絶があるという認識をもたらすからである。そこで患者（分析家）ができるのは，相手に主体的な自由意思があることを承認することと，だからこそ分析家（患者）との絆に特別な意味があることを知ることだけである。患者も分析家も，その中を生き抜かなければならないのである。

1）絆の中に見る他者性

絆の中に見る他者性とは，二者が情緒的に結びついているところに，相手には「私」に調整されたり，関連付けられたりしない側面があることが浮かび上がってくることである。これは，かつて関係精神分析と現代自己心理学の間で行われた大きな論争にかかわる（Teicholz, 2001; Pickles & Shane, 2007; Benjamin, 2010; Orange, 2010a, 2010b; Ringstrom, 2010; Slavin, 2010）。必ずしも自分に合わせてくれるわけではない他者の意向を承認しながら，結びつきを維持し，自分を見失わない力が育ってこそ，個人が主体として社会の中で生きていくことができるようになると考える関係精神分析は，患者が分析家と結びついているという体験を持ちつつも，その他者性に触れ，それを承認する作業に治療的意義を見出す。一方，私という体験の活力や意味，価値を高めるのは，他者との絆であるという「自己‐自己対象体験」（Kohut, 1980）の考え方から発展した現代自己心理学は，患者の苦悩はこうした体験の断絶にあると考えるため，患者と分析家の絆が維持されることに治療的意義を見出す。彼らは，患者が不用意に分析家の他者性に触れることは，ときに再外傷体験となると考える。他者性の承認に力点がある関係精神分析は，自己心理学から見れば患者が人との絆を求める切なる思いを安易に壊してしまうように見える。人との絆を重視する自己心理学は，関係精神分析から見れば，誰かがいつも自分に合わせてくれるという幻想を維持するばかりで，人の社会的成長を阻害するように見える。

もちろん，これは理論的な力点の違いであって，臨床実践においては，どちらにも理がある。臨床的にはそれは，患者の状態や，二者関係のあり方をみながら，その時の文脈においてどちらをより前景として扱うべきなのかを考慮して評価される。筆者の考えでは，ここで重要なのはどちらかの正しさを証明することではなく，結びつきの体験と他者の体験の順番がもたらす意味を理解することである。たとえば，両者はさまざまなテーマにおいてそれを論じているものの，どちらにも比較的よくある議論では，二者関係の中に，どのように分析家（患者）の他者性が浮かび上がり，絆を壊さないまま，患者（分析家）がどのようにそれを承認するのか，という順番での議論である。現代自己心理学の主張である「脆弱な患者がいきなり他者性を承認させられることは，再外傷体験になりやすく，そのような患者ほど他者性の承認よりも絆の維持を必要とする」という記述も，関係精神分析の主張である「自分と強い情緒的結びつきがある相手の中にある他者性を，結びついた感覚を消さないまま承認することが，発達的達成である」という記述も，どちらも，二者関係の前提として絆や結びつきの感覚がまずあると考え，その中で相手の他者性を認めることの重要さと困難さを論じたものである。

日常的な場面での例で言えばこれは，互いに愛し合っていると感じている相手との関係において，相手は自分を好きではないことを認識したときのことである。「相手は自分を好きではない」という相手の思いは，自分が描いていた絆の中に異物のように入り込んでくる。それは，「あれ？　この人は私とは違うことを感じていたの？」という驚きとともに，絆を脅かすモーメントとして浮かび上がってくる。その文脈において，「相手が自分を好きでいるのかどうかは，自分には操作できない領域にある」と認めることは，重要であることは分かっていても，決して簡単なことではない。

2）自覚より前に現れる他者との間に絆を作ること

一方，自覚より前に現れる他者とは，「永遠に了解できない他者」でありながら，厳然とそこにあり続ける『他者』である[注1)]。ここでいう『他者』との関係は，私による他者の理解には還元し得ないものである。しかし，その他者との関係は，その還元し得ない理解を越えてなおそこにある。『他者』は私の思い通りにならない。「こんなに私があなたを好きなのに，それでも振り向いてくれないなら，消えてください」と願っても，自分を好きになってもくれないし，消えてもくれないのである。この当たり前の事実に直面したとき，「私」はどうするのだろうか。答えはこうである。――そのとき「私」は，その他者と真剣にかかわろうとするしかない。

このような意味での他者性は，絆の中に見る他者性とは，まったく異なる。絆の中に見る他者が，ある種の幻想を含んだ情緒的結びつきの中に感情的色彩を伴って登場し，その絆を脅かすようなモーメントを作り出す一方，自覚より前に現れる『他者』は絆や結びつきの感覚の前にすでにそこに存在し，それを認めることによってはじめて，「私」が現れ，私はその他者とかかわるしかないことを知る。そしてそのまま，『他者』は関係の中に永遠にあり続ける。

「振り向いてくれないなら，消えてください」と願っても，決して相手が消えないという事実は，その二人の間に最初から存在したものである。自分の想いが叶わなくても，暴力的に相手を消し去らない限り，「自分を好きにはならず，振り向いてもくれない」相手とそのままかかわろうとするしかない。自分が何を言っても，相手はただ変わらずそこにいる。

絆の中に見る他者とは異なり，この『他者』は，他者であるがゆえに，ただ

注1）ここでいう他者は「Other」と大文字で書かれる他者で，超越的他者と呼ばれるものに当たる。その哲学的基盤はLévinasにある（Orange, 2010c）。これについての概略は，本書第12章を参照されたい。

かかわろうとするしかない他者である。言いかえれば，絆を作ろうとする意志を生み出す他者である。患者は分析家に，分析家は患者に，動かしようがない『他者』として出会うからこそ，そこで正直にかかわろうとする。第 12 章でも触れているが，筆者はこれについて，近年の自己心理学的システム理論や間主観性理論の領域で展開している「倫理的転回」や「人間であることの心理学」（Togashi, 2014c; Togashi & Kottler, 2015，富樫, 2016）という視座から論じたことがある。患者（分析家）が永遠に了解できず，しかし，消えない『他者』であるからこそ，分析家（患者）は真摯に，人間として，存在をかけてかかわり，理解しようとする。そうでなければ，暴力的に相手を無視するか，殺すしかない。だから分析家（患者）は，どんなに患者（分析家）が自分と合わないとか，好きではないとか，納得できないとか，融通が利かないと思っても，ただ永遠にかかわろうとし続けるしかないのである。

3）絆が先か,他者が先か

では，絆の中に見る他者と，自覚より前に現れる『他者』から生まれる絆への意思，どちらが重要なのであろうか。ここでの答えももちろん，「臨床的にはどちらも重要であり，それは，文脈と力点の違いに過ぎない。私たちはその両方の間を行ったり来たりしながら仕事をする」というものである。そうなると，「絆」も，情緒的に肯定的な色彩をおびたものと理解されるわけではなくなる。絆は，先にそれがあるにしろ，あとから生まれてくるにしろ，人が二人いれば，どうしようもなくそこにあるようなもので，両者が共有可能な現実に正直に向き合う中で，両者がともに主体性を持った他者としてかかわり合うことそのものになる。

患者が分析家に対して，もっと自分を個人的にかわいがってほしいと願う状況を考えてみよう。その場合，患者は分析家との間に，すでに何らかの情緒的結びつきがあると感じているし，それがさらに発展してほしいと願っている。その文脈において，分析家が患者を個人的にかわいがるかどうかは分析家の主体性に任されていて，患者自身が操作できるものではないことを認識することは，患者に大きな傷つきをもたらす。患者が分析家の他者性を承認するにはあまりも脆弱な場合，絆が壊れることを恐れた患者は，分析家の他者性を無視し，何とか分析家を動かそうと躍起になり，もっと自分を見るように仕向けようとあの手この手を使うかもしれない。しかしそれでも，多くの場合そうであるように，分析家が動かなければどうしようもない。その中で分析家とともに作業を続ける患者はやがて，人間同士の絆には自分にはどうしようもない面が含まれていることを知るとともに，その悲劇的な関係の中でも絆を持ち続けられることを知るだろう。

分析家の側も同様である。分析家がいくら，二人の間には，すでにある程度の関係があり，仕事の同盟者としてはこんなにうまくやっているのだから，患者にそれに集中してほしいと願ったとしても，患者が自分にそうしたものを求めるかどうか，躍起になってあの手この手で自分を振り向かせようとしたいと思うかどうかは患者の主体性に任されていて，自分には操作することができない。分析家が，こうした感情は分析によって解消できるはずだと解釈を繰り返しても，患者が，この思いは人間として当然で，当たり前のものだから，解釈するほうがおかしいと言ってしまえば，それ以上のことは何もできない。転移性の恋愛と日常の恋愛は，その質において大きな区別はないという転移性恋愛に関するFreud（1915）の議論の中心は，まさにその点にあっただろう。その中で分析家ができることは，患者の苦悩とともにその関係を生き抜くことで，二人の絆を維持しつつも，互いにどうしようもない領域を持っていることを承認していくことである。

Winnicott（1969）は，分析家は対象として破壊つくされ，なお他者として生き残る必要があると主張する。分析家は，患者と自分が互いに他者であり，互いに永遠に分かり合えない領域があるという認識のもと，互いに真摯に相手にかかわる努力ができる場を作りながら，その結びつきの中に改めて浮かび上がる互いの主体性を捉える努力をする。筆者が単科精神科病院に勤めていたころ，幻覚妄想状態が非常に強く，治療者である筆者が自分の思い通りにしてくれないと病棟で暴れ，筆者が身の危険を感じるほど強い調子で怒鳴り散らす患者の話に付き合っていたことがあった。しかし，そんな彼女であっても，しばらく話を聞いた筆者が「すいません。ちょっとトイレに」と言ったところ，急に真顔になって「どうぞ」と言った。筆者のそうした他者性を，彼女は十分知っていたのである。彼女は暴力的に筆者を殺そうとしていたのではなく，そこに人としての絆を作っていたのである。トイレで一息ついた筆者は，真顔になった彼女を思い出し，思わず微笑んだことを覚えている。それは，筆者もまた，彼女の中に表面的な行動を理解するだけではわからない面があるのだということをあらためて捉えたモーメントであり，そのように捉えられたのは，彼女が理解可能だと思ってかかわったからではなく，自分にはおそらく永遠にわからない面がある彼女をただ捉えようと努力することしか自分にはできないという，ある種の建設的な諦めがそこにあったからである。

３．世界との接点に現実性を見るのか，現実性が世界との接点を生むのか

さて，ここからは「現実」である。ここまでの「他者」の議論を「現実」に当てはめるとどのようになるだろうか。まず私たちは，現実を「内的現実」と「外的現実」という二分法で理解する態度は捨てなければならない。では，私たちが何かを「現実」と呼ぶとき，その中核に何を見ているのだろうか。つまり，私たちに現実を現実と呼ばしめているのは一体何だろうか。

私たちが何かを「現実」と呼ぶとき，私たちはそこに，ある種のインパクトを持った確かさを感じている。筆者が以前カップルセラピーを提供していた夫婦は，夫が定年を迎えたことをきっかけに，セラピーを求めるようになった。夫の定年のずっと前から，二人には情緒的な交流がほとんどなかったが，それがいよいよ本格的に崩れはじめたのである。彼らが筆者のオフィスを訪れた最初のセッションで，夫は，「自分たちがなぜこのような場所に来なければならないのかわからない。私たちは何とかうまくやってきたはずだ」と主張した。しかし妻は夫に対し，「あなたがここに来ないというのならば，私は直ちに家を出ていきます。私たちは他人の手を借りなければやっていけないの。それが現実なの」と言い放った。夫はその瞬間，何も言わずただうなだれた。その現実は，反論できない確かさを伴って，夫に強いインパクトを与えたのである。

そのインパクトとは何だろうか。他者のインパクトである他者性が，「他人」の中にある「私」に動かすことができない側面だとすると，現実のインパクトは，「私」には動かすことができない世の中の一側面だと考えることができる。「自分が受けたい分析家は海外にいる」「分析家が事故で死んだ」「戦争が始まる」「癌になった」など，これらはいずれも，人には動かすことができない現実の側面である。ここではこれを，現実の現実性と呼ぶことにしたい。ここでのテーマは，この「現実性」である。

臨床精神分析は，この現実性をどのように扱うことができるのだろうか。他者性のテーマにならって，二つのルートからそれを考えてみよう。一つは，世

界との接点の体験の中に現実性を見るというルートであり，もう一つは，現実性が世界と接点を持とうとする意志を作り出すというルートである。

1）世界との接点の中に見る現実性

Atwood（2011）は，すべてのトラウマは認識論的トラウマだととらえる。認識論的トラウマとは，トラウマの中核は，人が当たり前だと信じてきた世界観の崩壊にある，ということを概念化したものである。彼はその論文の中で，匿名の精神科医 Dr. E の口を借りて以下のように述べる。

> 認識論的トラウマは，それまで真実だと信じてきた誰かの確信を損なうような出来事である。それは，それまでにその人の人生に与えられてきたものと矛盾するような出来事や状況である。トラウマのインパクトは，自分の心への信頼を壊すことである。そのような自分への信心の崩壊は，ひどい状況をもたらす。極端な場合にはそれは，自分の破滅といった体験をもたらすのである。人はそれによって，自分は本当のことは何も知らないんだ，自分は何もよくすることはできないのだ，と体験する。　　(Atwood, 2011, p.396)

人は普段，何らかの形で，当たり前だと体験するような確信的世界観と伴に生きている。たとえばそれは，「明日は来る」「朝になったら，また家族に会える」「いつもの電車乗っていけば，会社にたどり着く」「ビルに飛行機は突っ込まない」「エスカレーターで後ろに立っている男が，後ろから自分を刺すことはない」といった確信である。Stolorow（2007）はこの確信を「日常生活の絶対性」と呼び，Janoff-Bulman（1992）はそれを「想定された世界」と呼び，Brothers（2008）はそれを「確かさ」と表現した。それは，その人が作った世界との接点を具体化したものである。

現実性の認識は，他者性の認識が再外傷体験となるのと同様に，世界との接点を壊すことがある。そして，適切な時期における他者性の認識が対人関係の中で生きていくための強さをもたらすのと同様に，適切な形での現実性の承認は，世界を体験する力を拡大させるものになる。これは，発達の例で考えるとよくわかるだろう。「これが現実だから」といって，日常生活の平和さについての確信を作っている最中の幼年の子どもに対して，安易に戦争や災害，事故の悲惨な映像を見せたり，ストーリーを聞かせたりすることは，それ自体が外傷体験となることがある。しかし，日常生活の平和さについての確信を持てるようになった年齢に到達した人に，適切な形でそうしたものを見せたり，聞かせたりすることは，彼らが世界を広く体験することを可能にし，世界との接点を増やすことができる。

精神分析臨床でも同様である。「分析家が自分に毎週会って丁寧に話を聞いてくれるのは仕事だからである」「一定の条件を満たさなければ，治療契約はしてもらえない」「分析家は自分より家族が大切である」「料金が払えなければ，その後会ってもらえない」「分析家がリタイアする」「分析家は自分の話を全部覚えていない」「希死念慮が強くなれば，入院を勧められる」など，状況によってさまざまな例はあるだろうが，こうしたことはいつでもどこにでもあり，患者が当たり前だと思っている世界に異物のように入り込んできて，そして，情緒的インパクトともに，患者と世界との接点を脅かすことがある。「分析家が自分に毎週会って丁寧に話を聞いてくれるのは仕事だからである」という現実性は，ある患者にとっては「そりゃ，そうだろう」で済む話が，ある患者にとっては，大きな衝撃とともに世界との接点を破壊するものになる。

もちろんこれは，分析家にとっても同様で，「患者は失業して金を払えなくなった」「患者の父親は高名な政治家である」「恋人と仲良くスーパーマーケットを歩いている姿を患者にみられた」「患者は身体的な障害を持っている」「自分はオフィスをたたんで別の都市に引っ越すが，患者は一緒に引っ越すことはできない」「30歳年上の患者からみれば，自分の人生経験は無いに等しい」「患者が事故で死んだ」など，分析家が承認しなければならない現実はいくらでもある。日常生活の確信を脅かす可能性があるそうした現実は，患者にとっても，分析家にとっても，いつでも簡単に承認できるものではないが，それを承認しない限り，両者が見る世界に広がりは生じない。

こうした現実性は，確かに心の中の表象として内在化されると仮定することができるし，それを内的現実として扱うことは可能だが，それを内的なものと外的なものに分けて考えることに臨床的意味があるとは限らない。何故ならば，こうした現実性は，患者の心の中の体験としてどのように変化しようと，つまるところ，患者はその現実性を承認する以外に方法はないからである。たとえば，治療関係はビジネスの関係である。そこにさまざまな体験や個人的要素，情緒交流，愛情などは展開するが，それでもそれは，ビジネスの関係である。患者も分析家も到達しなければならないのは，情緒的世界の絆を信じながら，同時にそれがビジネスであることを承認することである[注2)]。この現実の承認に失敗したとき，境界侵犯 boundary violation が生じる。

2）現実性が世界との接点を生むこと

二つ目の現実性は，自覚より前に現れる他者性と同様に，自らの理解を越えて絶対的にそこにあり，自覚より前にそこにある現実性である。それは，『他者』と同様に，それに対して真摯に向き合い，かかわろうとすることしかできないような『現実』である。たとえばそれは，「私が出会った分析家はその人だけだった」とか，「私は日本人として日本で生まれた」とか，「私を生んだ親は虐待をする人だった」といった種類の現実性である。

こうした現実性の一部は「偶然性」と呼び換えることができる。筆者（Togashi, 2014a, 2014b）は，九鬼周造の偶然性の省察をもとに，精神分析臨床に浮かび上がる偶然の問題を考察したことがある（Togashi, 2014a, 2014b）。そこで筆者は，「私たちは，自分が存在することが偶然であるという事実に向き合い，そして，その偶然を可能性に変換する心理的努力を続ける必要がある。そうすることで初めて，私たちの人生に意味が生まれる」と主張した（Togashi, 2014a, p. 97）。私たちは，その時代，その国の，その両親のもとに偶然生まれ，そこに存在している。それはまさに，私たちの理解を絶対的に超えてそこにあり，消えることがない『現実』である。筆者は同僚との共著の中で，以下のように述べる。

> 私たちがここで述べているのは，人間の命の有限性ではなく，人間の誕生の偶然性である。もともと，総ての人間の生誕は偶然であり，そこには何らかの意味はない。それでも，人間はその生誕に意味を見いだそうとする。それをしばしば助けるのが，彼らが生まれることを期待し，その新しい命に意味を与える母親との対話である。このプロセスが人生に意味を与え，自分が人間であるという確信を提供する。（Togashi & Kottler, 2015, pp.166-167）

つまり，偶然に生まれただけ，偶然に出会っただけという『現実』に向き合うことによって，人は，この世界が何かと考え，その世界とかかわり，理解しようとする真摯な態度を持つ。同じ大学の同じ学部に入学した男女が，ある講義で隣りの席に座ったという偶然が，特別な感情的色彩に彩られるとき，そこ

注2）本章では詳しく論じないが，現実性の承認の問題は，他者性の問題と同様に，自己開示や Authenticity の問題と深く関係していることを指摘しておきたい。

に世界に生まれ，やがてそれが「二人の愛は永遠である」という確信へとつながる。

こうした自覚より前にある『現実』は，世界との接点の中に生まれる現実とは異なり，『現実』であるがゆえに，ひたすら真摯にかかわろうとするしかない現実である。患者は分析家とのかかわりが生まれたことを，分析家は患者とのかかわりが生まれたことを，消しようがない『現実』としてまず認識するからこそ，そこに世界を創ろうとする動機が生じる。そして彼らは，永遠に理解できない世界に意味を与えようとする。臨床的に言えばそれは，私たちが患者とともに，常に自分たちがどのように（偶然に）出会い，どのようにしてともに時間を過ごしてきたのかを問うことで，自分たちが作って来た世界の意味を問う姿勢である（Togashi, 2014b）。

筆者が留学中に米国でみていたある日本人の女性患者は，筆者が精神分析の訓練を終えて帰国することになったとき，「そんな現実は認めません」ときっぱりと言った。しかし，彼女はそれがどうしようもないことであることは知っていた。帰国は，筆者自身の意思によるものだと言えばそうだが，それでもさまざまな要因から決定されたものであり，広い意味では，それが筆者の意思だけで決まっているものではないことは，彼女もよく知っていた。そもそも，彼女は筆者がいつか帰国する可能性があることを知った上で，精神療法を開始していた。彼女は移住者で，筆者は期間限定の留学者だったという現実は，誰にも変えられるものではなかった。彼女の治療が終結する前に，帰国の時期が来てしまったという現実も，変えられるものではなかった。そして，そこで行われた作業で彼女が得たのは，内在化された治療者像の変容というものではなく，「自分は要するに，治療者のように支えてくれる人がいなければ，まだ一人で生きていけないのだ。だから，治療者の帰国に困っているのだ」ということを認めることだった。彼女にとってそれは，わかっているようで，十分には分かっていなかった世界が，一つの意味を持って作られた瞬間だった。彼女はそれから，何度も繰り返し，自分たちの出会いにはどんな意味があるのか，なぜこの治療者にわざわざ出会ったのか，と問い続け，治療者にも好んでそれを話した。彼女と筆者は，その偶然の出会いに具体的な何かを見つけられたわけではない。しかし彼女は，そうした話を繰り返しすることで，そこに二人が作り上げた世界があることに確信がもてるようになったと述べた。

3）従来の精神分析とは異なる現実性の扱い

ここまで述べて来た現実性の議論は，これまでの精神分析で主に論じられてきたものとは異なっている。これまでの精神分析が扱って来た「現実」は，内的体験と外的体験，またはその中間領域のいずれかの領域に属するものに分けられ，それがどのように内在化されたのかを理解し，内的現実の意味を解説しようというものだった。そこでは，患者が与えられた現実に納得するプロセスとは，内的世界の変容プロセスのことであった。

しかし，ここまで述べて来たのは，現実のゆるぎなさ，変えられなさをそのまま承認するプロセスである。それは，内的世界の変容プロセスというよりも，変えられない世界に意味を与える作業である。もちろん，そのときに内的世界の変容も生じるかもしれないが，それは治療の一次的要因ではないかもしれない。内的世界の変容は，治療の中で副次的に生じたもので，重要なのはそこで世界に意味を与えつつ，ただ現実をそのまま承認する作業だという考え方も可能である。場合によっては，内的世界の変容は，世界の意味づけに失敗したときの防衛的構成物なのかもしれないのである。

現実性の体験には，他者性の体験と同様に，二つの側面がある。一つは，世界の中にある程度の情緒体験を伴って浮かび上がってくるモーメントとしての現実であり，もう一つは，常にそこにあり，それによって世界が創られ，感じ続けられているような静かに流れる潜在的なプロセスとしての現実性である。前者が「二人の愛は永遠である」という世界観の中に入り込んでくる「愛は確かめることができない」という現実性だとすると，後者は「ただ偶然に出会ったので愛が生み出された」という説明のできない現実性である。前者の認識が，すでに創られている世界観を脅かしやすいものだとすると，後者はその偶然に意味を与えようとするものである。

これについて，筆者が別の所で用いた症例（富樫，2016）を使って検討してみよう。

児童期のやけどで顔半分がケロイドになった二十代後半の女性患者は，筆者との対面による精神分析的心理療法の中でずっと下を向きながら話していた。心理療法を始めるようになって一年半も経過しようかという頃，彼女は筆者を正面から見据え，決意したように「私は，醜いですよね」とはっきりとした口調で尋ねた。一瞬「そんなことはありませんよ」という言葉が頭をかす

> めたが，筆者は彼女の迫力にその安易な言葉を発することもできず，しばらく黙った。しばらくといっても一秒もなかっただろう。しかし，「醜いですよ」ということもできない筆者は，黙ったまま首を縦に振った。それから半年くらいのちに彼女は当時を振り返り，あの時治療者に肯定されてショックだったのは間違いないが，初めて治療者が人間だと思った瞬間だったと述べた。彼女は，治療者に限らず，他者というものは自分をじろじろ観察するか，哀れな目で見るだけのもののように感じていたという。（富樫，2016，p. 202）

このプロセスにおいて，患者と筆者が作業したことの中核は，彼女が作り上げた空想の世界からの脱錯覚や，彼女が主観的世界に織りなした世界の分析ではない。一つは，長い間そのことについて話し合ってきた治療者であっても，彼女のやけどにはそれなりに気づかいをしてしまうという現実を承認することである。もう一つは，圧倒的にどうしようもない現実性——彼女の顔の一部がケロイドになっているということ——について共に作業する相手がその正直な分析家だったという現実である。前者を通して彼女は，今までじろじろ観察する人を恨んでいたが，この私には誰であっても気づかいしてしまうのだと，以前よりも世界を広く捉えられるようになった。そして後者を通して彼女は，「世の中はこの妙な分析家に出会わせてくれた。それはそれで，なかなか味なことをするものだ」と感じ，世界と接点を持ってみようと思うようになった。

そこで筆者らが行っていた作業は，彼女の顔にそのように大きな傷があり，筆者の顔にはそのようなものが無いという現実を，ただ正直に共有しようとすることだった。それはまた，二人には傷という点に関して大きな違いがあるが，それは単なる偶然であって，一つ違えば，筆者の顔にそれがあり，彼女の顔にはそれが無かったかもしれないという現実の共有でもある。二人がその中で作業する中に二人の関係が形成され，二人の世界が作られていった。筆者と患者はたびたびその現実に立ち返り，話し合い，それで共に過ごしてきたことの意味を語り合った。それは何かの意味を探索する作業でも，分析する作業でも，脱錯覚でもなく，ただ，そうした世界に生きていることの意味を語り合うだけのものだった。

文　献

Atwood, G. E. (2011) A Discussion of Philosophy and Psychotherapy: Part 3—

Epistemology: The Darkness of Unknowing. International Journal of Psychoanalytic Self Psychology, 6: 395-404.
Benjamin, J.（1988）The Bonds of Love: Psychoanalysis, Feminism and the Problem of Domination. Pantheon, New York.
Benjamin, J.（1990）An Outline of Intersubjectivity: The Development of Recognition. Psychoanalytic Psychology, 7S: 33-46.
Benjamin, J.（1991）Fathers and Daughters: Identification with Difference. Psychoanalytic Dialogues, 1: 277-300.
Benjamin, J.（1995）Like Subjects, Love Objects: Essays on Recognition and Sexual Difference. Yale University Press, New Haven, CT.
Benjamin, J.（2010）Can We Recognize Each Other? Response to Donna Orange. International Journal of Psychoanalytic Self Psychology, 5(3): 244-256.
Brothers, D.（2008）Toward a Psychology of Uncertainty: Trauma-Centered Psychoanalysis. Analytic Press, New York.
Freud, S.（1895）On the Grounds for Detaching a Particular Syndrome from Neurasthenia under the Description 'Anxiety Neurosis'.（Ed.）The Standard Edition of the Complete Psychological Works of Sigmund Freud（vol. 3）. Hogarth Press, London.
Freud, S.（1898）Sexuality in the Aetiology of the Neurosis. The Standard Edition of the Complete Psychological Works of Sigmund Freud（vol. 3, pp. 261-285）. Hogarth Press, London.
Freud, S.（1915）Observations on Transference-love（Further Recommendations on the Technique of Psycho-Analysis III）. The Standard Edition of the Complete Psychological Works of Sigmund Freud（vol. 12, pp. 157-171）. Hogarth Press, London.（道籏泰三訳：転移性恋愛についての見解．フロイト全集第13巻，pp. 309-325，2010.）
Greenberg, J. R. & Mitchell, S. A.（1983）Object Relations in Psychoanalytic Theory. Harvard University Press, Massachusetts.（横井公一，大阪精神分析研究会訳：精神分析理論の展開――欲動から関係へ．ミネルヴァ書房，2001.）
Harris, A.（2009）"You Must Remember This". Psychoanalytic Dialogues, 19: 2-21.
Hartmann, H.（1956）Notes on the reality principle. Psychoanalytic Study of the Child, 11: 31-53.
Janoff-Bulman, R.（1992）Shattered Assumptions: Towards a New Psychology of Trauma. Free press, Michigan.
Kohut, H.（1971）Analysis of the Self: A Systematic Approach to the Psychoanalytic Treatment of Narcissistic Personality Disorders. International Universities Press, New York.（水野信義，笠原嘉監訳：自己の分析．みすず書房，1994.）
Kohut, H.（1977）Restoration of the Self. International Universities Press, New York.（本城秀次，笠原嘉監訳：自己の修復．みすず書房，1995.）
Kohut, H.（1980）Letter January 8, 1980. In P. H. Ornstein（ed.）, The Search for the Self（Vol. 4, pp. 447-470）. International Universities Press, Connecticut.

Lichtenberg, J. D.（2001）Motivational Systems and Model Scenes with Special References to Bodily Experience. Psychoanalytic Inquiry, 21: 430-447.

Liotti, G.（1999）Understanding the Dissociative Processes: The Contribution of Attachment Theory. Psychoanalytic Inquiry, 19: 757-783.

Mion, C. C.（2010）Internal and External Reality. International Journal of Psycho-Analysis, 91: 1264-1267.

Mitchell, S. A.（1988）Relational Concepts in Psychoanalysis. An Integration. Cambridge Harvard University Press, MA.

Mitchell, S. A.（1993）Hope and Dread in Psychoanalysis. Basic Books, New York.（横井公一，辻河昌登監訳：関係精神分析の視座――分析過程における希望と恐れ．ミネルヴァ書房，2008.）

Orange, D. M.（2010a）Recognition as: Intersubjective Vulnerability in the Psychoanalytic Dialogue. International Journal of Psychoanalytic Self Psychology, 5(3): 227-243.

Orange, D. M.（2010b）Revisiting Mutual Recognition: Responding to Ringstrom, Benjamin, and Slavin. International Journal of Psychoanalytic Self Psychology, 5(3): 293-306.

Orange, D. M.（2010c）Thinking for Clinicians: Philosophical Resources for Contemporary Psychoanalysis and the Humanistic Psychotherapies. Routledge, New York.

Pickles, J. & Shane, E.（2007）Mutual Recognition and Mutual Regulation: Windows between relational and self psychological worlds. Paper presented at 30th Annual International Conference of the Psychology of the Self, Los Angeles.

Ringstrom, P. A.（2010）Commentary on Donna Orange's, "Recognition as: Intersubjective Vulnerability in the Psychoanalytic Dialogue." International Journal of Psychoanalytic Self Psychology, 5(3), 257-273.

Slavin, M. O.（2010）On Recognizing the Psychoanalytic Perspective of the Other: A Discussion of "Recognition as: Intersubjective Vulnerability in the Psychoanalytic Dialogue," by Donna Orange. International Journal of Psychoanalytic Self Psychology, 5(3), 274-292.

Stern, D.（1985）The Interpersonal World of the Infant: A View from Psychoanalysis and Development. W. W. Norton, New York.（小此木啓吾，丸田俊彦監訳：乳児の対人世界（理論編）（臨床編）．岩崎学術出版社，1989，1991.）

Stolorow, R. D.（2007）Trauma and Human Existence: Autobiographical, Psychoanalytic, and Philosophical Reflections. Routledge, New York.

Stolorow, R. D., Atwood, G. & Orange, D.（1999）Kohut and contextualism: Toward the post-Cartesian psychoanalytic theory. Psychoanalytic Psychology, 16: 380-388.

Teicholz, J. G.（2001）Chapter 2 The Many Meanings of Intersubjectivity and Their Implications for Analyst Self-Expression and Self-Disclosure. Progress in Self Psychology, 17: 9-42.

Togashi, K.（2014a）Is It a Problem for Us to Say, "It Is a Coincidence that the Patient

Does Well"? International Journal of Psychoanalytic Self Psychology, 9(2), 87-100.
Togashi, K. (2014b) From Search for a Reason to Search for a Meaning: Response to Margy Sperry. International Journal of Psychoanalytic Self Psychology, 9(2), 108-114.
Togashi, K. (2014c) A Sense of "Being Human" and Twinship Experience. International Journal of Psychoanalytic Self Psychology, 9(4), 265-281.
Togashi, K. & Kottler, A. (2015) Kohut's Twinship across Cultures: The Psychology of Being Human. Routledge, London & New York.
富樫公一（2016）不確かさの精神分析：リアリティ，トラウマ，他者をめぐって．誠信書房
Winnicott, D. W. (1969) The Use of an Object. International Journal of Psycho-Analysis, 50: 711-716.

第８章　心的現実，外的現実，間主観的現実

吾妻　壮

１．心的現実を再考する

心的現実と外的現実の両者はしばしば比較される。そして，精神分析の世界においてはこれら二つの間には明瞭な序列が付けられている。精神分析における心的現実と外的現実の重要性を比較して議論しても，最終的に心的現実の方に軍配が上がることはほぼ間違いないだろう。実のところ私も，基本的にはそれで良いのだろうと考えている。精神分析は精神を分析することなのだから，当然心の中が大切である。しかし心的現実こそが重要であるという結論に至る道筋は意外と複雑なのではないか，とも思う。そこで本章ではこの問題について改めて考えてみたい。

精神分析は心を丹念に扱い，その深部を探求する営みである。心に分け入るとやがてそこには心的現実が見えてくる。それこそが患者がこれまで決して意識することのなかった患者の心の現実の姿である……このように言葉を重ねていくと，外的現実に対する心的現実の優位性は全く自明のことのように思われてくるだろう。しかし，心的現実を重視するからといって，外的現実についての考慮をおざなりにしてはいけないと思う。心的現実をよりよく理解するためには心的現実が外的現実にどのように影響を受け得るのかを考える必要があるだろう。さらには，外的現実の扱いが独自の重要性を持つという可能性もあるかもしれない。

心的現実という概念そのものについても検討すべき問題は多々ある。たとえば，それが何を指していて，そうではないもの（たとえば外的現実とわれわれが呼ぶもの）とどのように区別されるのか，あるいはそもそも区別され得るのか，などの問題が残っている。しかしそれらの認識論上の問題には当座は拘ら

ないことにしても，実際に治療の場において，心的現実そのものあるいはその関連物に影響を及ぼすために必要なプロセスに関する実践的観点からの問題が残るのであり，そのことをわれわれは十分に考えなければならないだろう。

いわゆる心的現実に働きかけることによって患者に影響を与えるということは，われわれが望んでいるよりもずっと複雑なのかもしれない。第一に，われわれは何らかの形で心的現実に近づく必要がある。そのためにはまず，心的現実とはそもそも何を指しているのかが明確になっている必要がある。そしてその上でそこに近づくための方法が必要である。

以上をクリアした上で心的現実に近づくことができたとしよう。次に，われわれは心的現実に近づくだけではなく，そこに何らかの形で影響を及ぼさなければならないのであるが，それはどのようにして可能になるのだろうか？　心的現実を患者に指し示すだけで十分なのだろうか？　あるいは何か他のメカニズムが必要なのだろうか？

臨床的に考えてみよう。たとえば次のような状況を想像してみよう。ここに，幼い頃親に冷たい扱いを受けて育った患者がおり，今その患者と精神分析的治療を続けているとする。その患者の心的現実について，われわれは想像を巡らすだろう。心的現実は無意識の深奥にあるのであって，通常の言葉で表現できるようなものではないはずであり，心的現実がどのようなものかは究極的には謎に包まれたままである。しかしそれがどのようなものなのかを少なくとも近似的に感じることができるはずだとわれわれは考え，たとえば，患者は「自分は人に嫌われている」という心的現実を生きているのかもしれない，と想像するだろう。それはわれわれの中にそのように明確な表現としてではなく，ある種の情緒状態として体感されるだけかもしれないが，それでもわれわれは何らかの心的現実を念頭に置いて患者に接することになる。

その上でわれわれは何らかの言語的あるいは非言語的な反応をするわけだが，それはいろいろと考えられるだろう。たとえば，「あなたは誰からも嫌われていると感じているのでしょう」と言うこともできるだろうし，「あなたは今私から嫌われていると感じているのでしょう」と転移解釈することもできるだろう。特に後者の転移解釈は，精神分析的に最も定型的な介入であり，実際多くの場合効果的である。

ただそれ以外にさまざまな介入の可能性が論じられてきたことも事実であり，そしてそれらの是非についても考えることは重要だろう。今，外的現実を何らかの形で取り入れる介入を考えてみよう。たとえば，「あなたは私から嫌われていると感じているようですが，それは私が感じている気持ちとは違います」と伝える介入を考えてみよう。このような介入は，分析的ではないために避けるべきだとされることが多い。しかし，それが奏功したとされる症例も少なからず報告されている。この種の介入の是非について考え続けることは重要であろう。

今挙げた介入は，広義の逆転移（転移に対する反応としては捉えられない治療者の逆転移反応）の自己開示として理解できるかもしれない。それは，患者とは別個の存在である治療者の主観性という一種の外的現実を患者に対して明確に提供している。それ以外にも，さまざまな仕方で外的現実を織り込む介入が考えられるだろう。たとえば，「私から嫌われていると感じているあなたを前に，私はあなたから遠く隔てられてしまったように感じています」という介入があり得るかもしれない。これは治療者の狭義の逆転移反応（転移に対する反応としての逆転移反応）を伝えるものの一種であるが，ここにも，転移に対する治療者の反応性の主観性という外的現実が織り込まれている。他には，「あなたは前回，最近旅行に出かけた先が子どもの時に両親と夏休みに訪れた場所だったことを思い出しましたね。でも今週のあなたは嫌われているあなたなのですね」という介入も考えられる。これは，夏休みに患者を旅行に連れていくような優しい一面を両親が持っているという外的現実の一部を切り落し，嫌われているという心的現実に集中しようとする患者に対する直面化である。このように，外的現実がさまざまな程度に導入されている非定型的な介入を文脈に応じてさまざまに考えることができる。

ここで一度立ち止まって考えてみよう。外的現実を入れない方が精神分析的であるはずなのに，なぜわざわざそんなことをする必要があるのだろうか？もちろん，分析的態度が十分に備わっておらず，患者に単に動かされてしまっている可能性をまず考えなければならないことは言うまでもない。しかし，外的現実を導入することの必要性を論じている数多くの分析家たちが皆等しくそのような同じ轍に陥っているとは思えない。多くの分析家は，十分な理由があると判断した上でそうしているのであり，実際私が読んだ論文の多くは，程度の差こそあれ，いずれも説得力のある議論を展開しているという印象を与えた。

心的現実の探索に外的現実を考慮しなければならい場合があるという主張の支えの一つは，精神分析の作業が現実の関係性の場の中で行われているという端的な事実である。精神分析が心的現実を探るものであっても，それは現実の関係性という外的現実の中で行われている。問題は，精神分析の作業がこの外的現実を棚上げにできるのかということである。完全に棚上げにすることは無理でも，ほとんど無視できるくらいまでに棚上げにできるのだとしたら，外的現実は実際的には問題ではなくなる。外的現実をどこまで棚上げにできるのかどうか，そこに鍵があるわけである。

定型的な介入以外の介入の余地を残しておくことは，治療者にとってある種の不安をもたらすものだ。「これは精神分析的ではないのではないか？」という自己懐疑の声が否応なく聞こえてくるだろう。しかし私は，精神分析的理解の可能性は実に広大であって，その可能性のうちのどれをとっても完全な系をなしているものではなく，おしなべて不完全なものだと考えることで，この自己懐疑を何とか凌げるのではないかと考えている。言い換えれば，私は多元的アプローチ pluralistic approach を取りたいと考えている。これは折衷主義 eclecticism とは異なる。折衷主義とはいくつかの理論を混合して新しいハイブリッド理論を作るというものだが，私の考える多元的アプローチとは，精神分析理論の価値は主としてその発見的な価値 heuristic value にあるというものだ。Greenberg（1991）が述べているように，精神分析理論は実践の上で頼らざるを得ない地図のようなものではあるが，それはもちろんその街や土地そのものでは決してない。私たちは，患者と共に見知らぬ街を探求する旅人のようなものであるから，地図は当然必要である。しかし地図は地図であって，それ以上でも以下でもない。また，地図が間違っていることもあれば，地図には書いていないこともある。より良い地図があればその時にその地図を参照すればよいのであって，どれか一つだけ地図を持ってそれに頼って，この街はこうなっているはずだ，と結論するのは危険であろう。

２．心的現実についてのさまざまな精神分析的議論

心的現実の概念は複雑であり，それについて考察するために，最初にこれまでのさまざまな精神分析的議論をここで概観することにする。

1）Freud と Bion

精神分析の創始者である Freud は心的現実についてどのように論じている

だろうか。1915年の「無意識」の中でFreudは，Kantの認識論に言及しつつ現実について論じた（Freud, 1915）。Kantによれば，人間が世界を認識できるのはあらかじめ与えられた（ア・プリオリな）限られた条件のもとに過ぎない。Freudは同様に，われわれが主観的に知覚しているものと無意識的世界そのものを混同してはならないと論じた。外的世界についてわれわれが知覚したものが実際の外的世界そのものと同一ではないのと同じように，無意識的世界についてわれわれが主観的に把握したものと実際の無意識的世界を混同してはならないということである。1917年の「精神分析入門講義」の中では，Freudは次のように述べている。

> これらの空想は，物質的現実と対比される心的現実に基づいているのであって，われわれは神経症の世界においては決定的なのは心的現実であるということを次第に学ぶのである。（Freud, 1917, p. 368）

Freudが心的現実を決定的に重視していたことがここにおいて確認される。

Bionは「注意と解釈」（Bion, 1970）の中で，「O」すなわち「究極の現実」あるいは「絶対的真実」こそを精神分析の対象であると論じ，それを「感覚的経験 sensuous experience」と峻別している。そしてBionによれば，Oに近づくための重要なルートの一つが夢である。

> 夢様の記憶は心的現実の記憶であり，分析の素材である。感覚的経験の背景に関するものは，形がなく，触れられず，見ることもできず，匂いがなく，味もない精神生活の諸現象には適さない。これらの心的に現実的な（心的現実に属するという意味で）要素こそが，われわれ分析家が取り組まなければならないものである。……夢はOが**進展**したものなのであって，そこではOが十分に進展したために感覚的経験によって表象されるに至っているのである。（Bion, 1970, p.70，強調原著者）

Bionによれば，外的現実と直接的な繋がりを持つ感覚的経験は精神分析の本質的素材ではない。感覚的経験は「究極の現実」がやがて身に纏うことのできる現象的衣装ではあるが，それ自体が重要なのではない。ここにおいてもまた，Freudの場合と同様，外的現実は副次的な重要性しか与えられていない。

FreudやBionの論じる精神分析モデル，すなわち心的現実やOに到達せずとも肉薄するというモデルに魅力がないはずがない。しかしBionは，Oを論じつつも認識論的限界を意識していた。すなわちOは直接知ることはできないものであるとし，代わりに「Oになること」と「Oにおける変形」を精神分析の可能性として論じた。その点において，知ることそのものを重視とするFreud的な治療作用論からBionは離れてはいる。しかし，心的現実が治療作用論において中心的な意義を持つことには変わりない。

2）米国自我心理学

心的現実に肉薄するという発想は大変魅力的である。「究極の現実」や「絶対的真実」の概念もわれわれの興味を刺激する。心的現実の重要性が自明であるように思われるのももっともである。しかしそれで議論を終わりにすることはできないのが精神分析の難しさであり，面白さであろう。心的現実が特有の魅力を持つことは間違いないが，心的現実や「究極の真実」と関わることの実際上の困難について考えることなしにはこの議論は終わらない。悲観的である必要はないが，楽観的であるわけにもいかないだろう。Freudは，無意識的の世界の心的現実はKantの「もの自体」のようなもので，人間にア・プリオリに備わった能力では知ることができないことを述べている。Bionも，Oを直接知ることはできないということを深く理解しているからこそ，Oという記号を用いてそれを辛うじて指し示しているのである。しかしわれわれは，心的現実を知ることはできないということを知識としては知っていても，実際にはまるでそれを知ることができるかのように感じ，実質的に知ることのできるものとしてそれを扱ってしまう傾向も持っている。

米国自我心理学派の分析家たちは，心的現実の問題についてより穏健で実践的というべき理解を提供していると私は思う。Charles Brennerと並んで自我心理学派において指導的存在であったJacob Arlowは，無意識的空想に関する有名な論文を著している（Arlow, 1969）。その中でArlowは，精神分析臨床が扱う現実を巧みな比喩を用いて表している。Arlowはまず，空想が欲動を発散させる必要から通常の意識的生活の中に侵入するというFreudの論（Freud, 1919）を確認した上で，意識的体験（自分は今こういう体験をしている，と意識されているもの）がこのようにして生成した空想によって攪乱されると論じた。Arlowによれば，意識的体験とは，外界からの感覚的入力と無意識的空想の混成物である。Arlowはこのことを興味深い比喩を用いて表現した。それは次のようなものである。今，二つの映写機を両側から投影できる特殊なスクリーンを考える。これら二つの映写機に収められているフィルムのうち，一つは外的現実であり，もう一つは欲動である。映写機から出てくる光は，それぞれ，外的現実からの刺激（知覚）と無意識的空想を表している。そしてわれわれの意識的体験とは，スクリーンに作り出される映像に他ならない。そして精神分析の仕事は，これら二つの光源の混成のあり方を分析し，何が外的現実からの貢献で何がわれわれの無意識的生活からの貢献であるかを仕分けることであると Arlow は論じている。

Arlow の議論においては，心的現実という言葉は用いられていないが，それは無意識的空想という言葉で語られている。Arlow にとって，心的現実あるいは無意識的空想そのものに深く分け入っていく作業に置かれる重きは比較的軽くなっている。言い換えれば，Arlow が着目しているのは心的現実そのものではなく，心的現実と外的現実のそれぞれの影響を弁別する自我の機能である。自我心理学者である Arlow は，予想に違わず，自我の働きを重視しているのである。Arlow が主として意図しているのは，心的現実を直接理解し，影響を与えること（解釈すること）による変化ではない。Arlow は，心的現実，すなわち無意識の世界のフィルムそのものではなく，それが移されるスクリーン上のことに集中している。これは一見，「浅い」アプローチであると見えるかもしれない。しかし，Arlow をはじめとする米国の自我心理学者がこのようなアプローチを取っているのは，「深い」心的現実に関心がないためであるとは私には思えない。それは関心がないからではなく，実践的要請からではないかと思う。深部に至りそこに影響を及ぼすことがそもそもどの程度可能なのか，そしてそのための経由地点はどこなのか，Arlow は慎重に検討している。そして，深部に至るためには浅部を通らなければならないという自我心理学の基本的な考え方が，Arlow の心的現実へのアプローチに如実に反映されている。

3）共構築された現実，そして間主観的現実

Freud，Bion，そして米国自我心理学の Arlow の考え方を見た。彼らは，心的現実といえるものが実体として存在することを基本的前提としている点において一致している。加えて彼らのもう一つの共通点は，心的現実というものを心に留めた上での精神分析技法のあり方である。彼らは解釈を技法の中心に据えているが，そのこと自体は極めて通常のことである。言語による介入を行わない分析家はいない。しかし，彼らにとって解釈とは，常に心的現実との連

関において行われるものである。分析家は，あくまで分析家という機能の限りにおいて登場するのであって，分析家という「外的現実」の入り込む余地はそこにはない。しかし，精神分析の他の流れは，今触れた二つの点について再考を促している。すなわち，一つは実体としての心的現実が存在するのかという点についてであり，そしてもう一つは，そこに到達し変化をもたらすための実践上の技法論についてである。

3―1）共構築された現実（間主観的現実I）

考察すべき最初の問題は，実体的な心的現実というものが存在するのかという問題である。この問いに対しては，大きく分けて二つのスタンスが考えられる。一つはすでに見たように心的現実という実体があると考え，かつそれを念頭に治療に当たるというスタンスであり，もう一つは心的現実という実体を想定しないスタンスである。後者のスタンスには，心的現実の概念を全く考慮しないスタンスと，心的現実の実体性を疑いつつも心的現実の概念を発見的手がかりとして用いるスタンス（心的現実があると仮に想定し，それを道具として用いて治療に役立てようとするスタンス）が含まれる。

心の中の現実というものは固定した実体性がなく，治療関係において構築されるものであるという考え方は，一般に構築主義と呼ばれる。心的現実という実体を想定しないスタンスは構築主義に含まれる。構築主義的考え方によれば，解釈とは分析家と患者が共同で言葉を用いて心の中の現実を構築していく作業である。このような考え方によれば，無意識的空想を含む心的現実の概念は，過去の欲動の変遷や関係性の残渣（悪い乳房，去勢する父親など）としてではなく，今‐ここでの関係性の直接的な作用により構築されたものとして理解される。過去の歴史の残渣を想定し，考慮するとしても，それは今‐ここでの関係性を理解する発見的手がかりになるからそうするのであって，実体としてそのような残渣が沈殿しているとは考えない。Irwin Z. Hoffman や Donnel B. Stern，そして Robert D. Stolorow らの名前がこのアプローチと関連して広く知られている。このような意味での現実を，間主観的現実Iと呼ぶことにする。この間主観的現実Iは，これまですでにいろいろなところで論じられてきたところであり，本章では，次の間主観的現実IIの方を詳しく論じる。

3―2）異なる現実を巡るプロセス（間主観的現実Ⅱ）

Edgar A. Levenson，そして Philip. M. Bromberg は，共構築的理解（間主観的現実Ⅰ）とは別種の現実について論じている。Levenson は Sullivan の対人関係論の影響を受けつつ，技法的に新しい展開を示した分析家である。Bromberg は，Sullivan の影響に加え，Winnicott をはじめとする英国対象関係論の影響を強く受けている分析家である。二人は全く同じ考え方をしているわけではないが，現実の扱いに関して，間主観的現実Ⅱとしてまとめ得るものを示している。Levenson と Bromberg と同様の考えは他の分析家（J. Benjamin など）によっても論じられているところであるが，ここでは，この二人の分析家の考えを見てみたい。

Levenson の「相互認証可能な外的現実」

Levenson は，Hoffman 的な社会構築主義の先進性を評価しつつも，分析家による現実の客観性に疑問を投げかけ患者主観的経験の復権を試みるだけでは不十分であるとする。それは何を意味するのか？　Levenson の視点はユニークであり，すぐには理解しがたいかもしれないが，立ち止まって考えるべき重要な視点だと私は思う。

Levenson によれば，精神分析において最終的に重要なのは，複数の外的現実があるということを受け入れられるようになることである。Levenson は，患者の考えが必ずしも「間違った」ものではなく，単に世の中には他の「パースペクティヴ」が，すなわち他のものの見方があるのだと患者に伝えることもまた，分析家による，より正しい「現実」の供与と本質的には同じ「説得」の一種なのだと論じる。構築主義的な考え方は，患者を「間違った」存在であることから救済する。しかし Levenson が懸念するのは，そこには依然として「それは一体何を意味しているのか？」のパラダイムが染みついていることである。Levenson は，「プロセスの核心は，『それは一体何を意味しているのか』ではなく，『ここでは一体何が起こっているのか？』である」，「私は，インターパーソナルな出来事に焦点を当てて観察しているのであり，患者の歪曲に当てて観察しているのではない」（Levenson, 1990）と述べる。

Levenson は，精神分析が意味形成のプロセスに専心すべきであって，意味内容の領域から撤退すべきだと論じているのだと私は思う。Levenson は，一つの現実が真実として示されることによっても，パースペクティヴィズムにおけるように，これもあればあれもある，ということが示されることによっても精神分析は終わらないと考えている。Levensonによれば，患者の経験も分析家の経験も正しいのであって，それらの経験の交差するところを探求していくことが精神分析である。その意味で，精神分析では真実を共に作っていくわけではない。患者の経験であれ分析家の経験であれ，何かを歪曲しているわけではない。Levensonが注目するのは，知覚に生じる暗点scotoma，経験の欠損であり，それはインターパーソナルな不安によってもたらされるのである。したがって，経験はすべて始めから正しいのであり，問題はそれが十全であるかどうかだけである。Levenson（1996）は，相互認証可能な外的現実mutually validatable external realityの重要性を説く（Levenson, 1996)。そして，「患者による構築を，『あり得る現実』あるいは一つの『心的現実』として受け入れるのみならず，患者の人生と分析における現実の出来事を探求するための妥当な基礎として受け入れる」ことが分析家の役割であるとする。Levensonにとって，治療の場において重要なのは，現実の関係性にまつわる患者の不安を扱っていくことである。その際，患者にとって経験されている現実そのものがどのように歪曲されているのかにLevensonの関心があるわけではない。そうではなく，患者が現実を把握しようとするプロセスが，言い換えれば患者が現実を経験していくプロセスが，どのように変形されているかにLevensonは関心を向けている。

Levenson（1983）は，「空想は省略の土壌に成長する。知られていないものは想像される」と述べているが，ここにおいて，心的現実と外的現実の役割が反転していることを見ることができる。すなわち，無意識的空想があり，それが外的現実に影響を与えるのではなく，関係性のあり方が経験のあり方を左右し，その結果内的に空想されるものが変化するのである。

Brombergの「間主観的現実」

対人関係的／関係論的分析家として知られるBrombergも，Levensonと類似の観点から現実について論じている。Brombergは，究極的な心的現実というものがあるかどうか，そのこと自体には拘っていない。絶対的な中心点というものを人間が知ることはできないのであり，人間は，そのような中心点を持った存在であるのではなく，巨大なネットワークでありシステムである。人間の無意識を探るということは，システムの中心点を探ることであるように思われるが，そうではなく，ネットワークの正常な機能を妨げている無意識的な原因を探ることである。その意味で，現実とは，心の中にあるのではなく，自分がなぜある特定の現実を現実だと思うことになっているのかを探ることである。Brombergは，その答えは，対人関係の場・間主観的な場，にあるとする。

Brombergによれば，無意識的空想とは，間主観的な場が見ることを許さないために，見られることのないままになっている空想のことである。現実とは，対人関係の場・間主観的な場が耐えられるような，限定された現実のことである。そのような関係性のシステムの存在と機能が明らかにされるとき，そこには，間主観的現実が立ち現れる。Brombergは次のように述べている。

> 無意識的空想という概念は，それが指し示している現象が，抑圧され象徴化された思考の一形式としてではなく，解離され情動を伴った経験として理解される限りにおいてのみ，発見的価値を持ち続けることができる……。
>
> (Bromberg, 2011，訳書 p.203)

無意識的空想は，関係性が許さなかったために解離されるにいたった「私ではない私 not-me」経験である。分析関係の中で解離が緩むと，解離された経験（エナクトメント）は象徴化され得るようになる。無意識的空想は，エナクトメントに意味を与えるという発見的価値を持つが，それ以上ではない。

Brombergがここで述べている考えは，極めてラジカルなものである。Brombergは無意識的空想という概念を完全に捨て去ることはしないが，その意義は，一次的なものから二次的なものへと大きく格下げされている。Brombergによれば，最初に無意識的空想という心的現実があって，外的現実がその現実化として現れるのではない。事態は全く逆であって，外的現実を関係性の中で見続けることができないからこそ，内的空想が動員される，とBrombergは論じているのである。

許容性としての間主観的現実Ⅱ

LevensonとBrombergが提出した外的現実についての意義づけは，共構築された現実（間主観的現実Ⅰ）とは異なる間主観的現実（間主観的現実Ⅱ）の概念を示している。間主観的現実Ⅱにおける，関係性の内部に現実が浮かび上がるという構図は間主観的現実Ⅰの場合と同じである。しかし，間主観的現実Ⅱの場合，関係性のあり方として要請されるのは，ある種の許容性

tolerabilityであるところが間主観的現実Ⅰと異なる。すなわち，それは分析家と患者が，お互いの差異を認めつつも許容することのできるような現実の関係内部での出現を指しているのである。

3．まとめ

以上の議論を踏まえると，心的現実についての理解は，以下のようにまとめることができるだろう。

1．精神分析は，無意識的世界そのものとしての心的現実を探求することを試みてきた。その試みは，概念上および方法論上のヴァリエーションを含みつつも，Freud以来綿々と続けられている。

2．しかし，心的現実そのものが分析状況において析出して来る可能性には，一定の留保がつく。自我心理学的志向を持つ分析家たちは，分析の焦点の一部を，心的現実と外的現実を弁別する自我の機能の分析に置いた。

3．精神分析は患者と分析家という二人の人間の営むものであり，間主観的な営みである。現実の構築主義的理解は，精神分析の間主観的性質を考慮する一つの方法である。

4．精神分析臨床の間主観的性質から派生するもう一つの考え方は，現実とは複数存在するものであって，そのうち，分析家と患者の関係性の質が許容し得るものが臨床場面で現れるという考え方である。

5．分析作業によって到達したと思われた現実は，一つの構築物である可能性がある。その特定の構築が生まれた関係性の文脈を分析することが重要である。また，分析家と患者が現実の複数性に直面し，しかし相違点を許容するような交渉のプロセスは，それ自体が治療的である。

6．心的現実について，複数の視点から同時に眺めつつ，分析作業を続けることが重要である。

文　献

Arlow, J.（1969）Unconscious fantasy and disturbances of conscious experience Psychoanalytic Quarterly, 38: 1-27.
Bion, W. R.（1970）Attention and Interpretation: A Scientific Approach to Insight in Psychoanalysis and Groups. Tavistock, London.
Bromberg, P. M.（2011）The Shadow of the Tsunami: And the Growth of the

Relational Mind. Routledge, New York.（吾妻壮，岸本寛史，山愛美訳：関係するこころ――外傷，癒し，成長の交わるところ．誠信書房，2014.）
Freud, S.（1915）The Unconscious. The Standard Edition XIV, 159-215. Hogarth Press, London.
Freud, S.（1917）Introductory Lectures on Psycho-Analysis. The Standard Edition XV, XVI. Hogarth Press, London.
Freud, S.（1919）'A Child is Being Beaten': A Contribution to the Study of the Origin of Sexual Perversions. The Standard Edition. XVII, 175-204. Hogarth Press, London.
Greenberg, J.（1991）Oedipus and Beyond. Cambridge, Harvard University Press, MA.
Levenson, E. A.（1983）The Ambiguity of Change: An Inquiry into the Changing Structure of Psychoanalysis. Basic Books, New York.
Levenson, E. A.（1990）Reply to Hoffman. Contemporary Psychoanalysis, 26: 299-304.
Levenson, E. A.（1996）Aspects of self-revelation and self-disclosure. Contemporary Psychoanalysis, 32: 237.

第９章　精神分析における現実を再定義する

岡野 憲一郎

１．現実の主観的・客観的な性質

本章の要旨を述べるならば，精神分析とは分析家と患者が，「共同の現実」を扱う作業であるということだ。ここで「共同の現実」とは，「分析家と患者がその中で体験したこととして，**その違いを含めて**了解したもの」である。

客観的な現実というテーマは精神分析では大きな話題となっている。Freud の時代のように，患者の無意識を科学的に見出し解釈するという実証主義的 positivist な考え方に従う臨床家は少数であろう。Owen Renik が言うような，治療者の「減ずることのできない主観性 irreducible subjectivity」は広く認識されている。客観的に把握できるような外的な現実などないというのが，おそらく多くの間主観性論者や構築主義者の考えであろう。

しかしより相対主義的な考え方もあり，私はむしろそちらに与する。その立場は，自分たちの外に「何か」，ある種の刺激を与えてくるような源はあるのだ，と考える立場だ。それが現実に対する相対主義な立場なのである。Walter Ricci と Frances Broucek（1997）によれば，「客観性とは，自分の外に何かがあると確信できることである。それを治療者と患者が共同で conjointly 体験するのだ」という。分析家と治療者の一組は，それを二人だけの世界の外側に感じるというのだ。現実とは架空のものであり，客観的 objective なものではない，という見方はポストモダンの考え方としては常識に属すると思っていたが，この見解は少し異なる考え方を示しているのである。

Glenn Gabbard（1997）は，患者にとって治療者はいわば対象であり，その意味で「対象的 objective」な存在でもあるという。

英語で言う objective には，「客観的」，という以外に「対象的」という意味も，そして「目的語的」という意味もある。Object は文法の用語としては「目的語」だからだ（同じように，subjective は，「主観的」，「主体的」，「主語的」となる）。ちなみに「対象的」を辞書で調べても，「対象（目的）の形容詞」という以外には何も出てこないだろう。用いられるとしても大概は「対照的」の誤用，誤記である。

さかのぼって考えるならば，Freud はとても実証主義的な人だった。人の心は一つの真実や本質をめぐるものと考えた。それはなぜだろうか？　19 世紀終わりのヘルムホルツ学派の考えは，私たちとそれほど違っていたのだろうか？　それともそれほど大げさな話ではなく，心を理解するうえで人が素朴な形で持った発想なのだろうか？

私が精神科医になって病棟で任された最初の患者さんのことを思い出す。急に具合が悪くなり，口をきかなくなり，食事もしない状態で，家族に連れられてきた 30 歳代の男性。何しろ最初は担当する患者さんは一人だけだったから，いくらでも時間があった。彼のお兄さんによると，どうやら数日前に付き合っていた彼女からの電話を受けたあたりから調子が悪くなり，おとといからまったく口をきかず，ごはんも食べず，夜も眠れていない様子であるという。目はうつろで体全体がぶるぶる震えている。時々出てくる言葉の意味がつかめない。「誰かに追いかけられている……」という内容らしいが，それがだれかは教えてくれない。いまから思えば明らかな精神病性の昏迷状態である。そこで私は何を考えたかと言えば，その彼女からいわれた言葉が彼の心を理解する決め手だろうということだった。あるいは誰に追いかけられているのかを知ることが彼の心の中に入っていける手段だと思った。それを一緒に考えることで，彼はまた再び話し出すだろうと思った。そこでとにかく彼を説得して，話をしてもらおうとした。私は彼の横で数時間頑張ったのである。いまから思えばなんと大きな勘違いをしていたのだろう？　それから精神科の仕事を続ける中で，私のこのような試みがほとんどと言っていいほどに意味を持たないことを知った。その男性に必要なことは，必要な薬を出したうえでとにかくぐっすりと寝てもらうことだった。彼の「口を割って真実を聞き出す」という努力は意味がないだけでなく，かえって彼の病状を悪化させたはずなのだ。

この私の例にみられた思考が，実証主義的な思考だと思う。客観的な事実がそこに存在する，という前提であり，哲学的な議論というよりは，心が何か因果論的に説明できるという単純な思い込みと言える。その意味では私は精神科医になる前はしっかり19世紀の末の思考をしていたし，精神医学を知らなかったら，おそらくそのままだった可能性がある。

ここまでの主張をまとめると，結局現実は対象的 objective であり，主観的 subjective であるという二重の性質を持つ，ということだ。何かを感じるもととなるソースは外にあるという意味での対象性を有するので objective。しかしそれを切り取るのは主観であるという意味で subjective。ここで重要なのは，**主観的であることは対象的であるということを少しも減じない**ということといえるであろう。何しろ患者にとって主観的である治療者は自分の外にあるのであり，同じことは治療者にとっての主観的である患者についてもいえるからだ。

2．臨床例

シンディ（仮名）は私がかつて米国で精神分析的な治療を行った30歳代の女性（離婚，子どもはなし，接客業）の患者さんである。あるセッションで，彼女は元夫への怒りを語った。「彼が私にしたことを思うと，憎らしくてたまらなくなります。電話をして怒りをぶちまけたいわ」と言った。私は「それはどうかなあ……」という反応をした。私にはどうもシンディの反応に共感しきれないと感じた。というのも，彼女が怒っている元夫の言動というのは，私の観点からすれば，それほどひどいこととも思えなかったからだ（ここでその内容は省略しよう）。だからシンディがそれに対して怒りの電話をすることは，ちょっと衝動的すぎるし，配慮が足りないと考えたからだ。もちろんそう明言はしなかったが。

次の日のセッションで，シンディはこう言った。「昨日話していた通り，電話をしたわ。言いたいことを言ったの。」それを聞いて，「え，電話をしたのですか……？」私の反応を聞いたシンディは，「あれ，先生は私が電話をしたことはよくなかった，という口ぶりですねえ」と言った。シンディは私のことを，いつも自分を否定する母親のように「懲罰的」に感じたらしい。そこでセッションは終了になる。

3．精神分析における現実を再定義する

現実は外にあって，直接それを正確に知ることなどできない。しかし何らか

の感覚印象を与えるものだ。それは患者にとっても治療者にとっても同じである。それはカント哲学で言う「もの自体」，Bion のいう O に相当する。臨床例の中ではシンディが「元夫に怒りのこもった電話をした」と話したが，それは私（治療者）にとってはひとつの現実だった。それはそれなりのインパクトを持って私に伝わってきたからである。そしてその話を聞いた私の反応が，拒絶的な印象を与えたというのはシンディにとってのひとつの現実であった。ここで注意していただきたいのだが，私が用いる現実はその内容に対する言及というよりは，その情緒的なインパクトに注目したものである。そしてそれゆえに一方にとっての現実は，他方にとっての現実ともなる。私の失望はシンディにとっての現実となり，シンディが私に否定されたと感じたという現実は，そのような印象を与えてしまったという私の現実ともなった。そしてそのことについて話し合うことで，その間主観的な関係においてこれらの現実が共有されて「共同の現実」を構成するのである。

このような現実の捉え方は，精神分析的な関係の，転移的な側面と現実的な側面という二分法（Greenson, 1969）の重要性を減じることになる。この二分法は，分析家が優先的に把握することのできる現実を歪めた形での転移，という実証主義的な世界観に立ったものである。しかし私がここで論じている現実は，転移の内側でも外側でもありうる。というよりは**転移の中での歪められた治療者のイメージはそれ自体がもう一つの現実なのである**。私のことを母親のような懲罰的な人物と捉えたシンディの体験は，それが現実の私の歪曲されたイメージかどうかにかかわらず，重要な現実というわけだ。

このような現実の概念の有用なことは，新たな現実が体験された場合は，それがそれ以前の現実にとってかわるのではなく，それに追加される形で更新されるという点である。上の臨床例では，シンディが最初は私を懲罰的な人と体験したのが最初の現実である。次に彼女は私をそれほど懲罰的ではない優しい人と体験しなおしたとする。すると現実は，「シンディは最初は私を懲罰的と見なし，次にそれほどとは感じなくなった」となるわけである。

ここで私が強調しているのは，現実は無謬的 unfalsifiable であるということ，そして現実は新たな現実へと追加される，ということだ。現実は無謬的とは，現実にはどこにも「正確」で「正しい」ものがないだけに，間違いでありようがないということだ。そして主観的な現実はそれゆえにまさに現実になる。なぜならシンディが私を「懲罰的」と感じたという事実が重要だからだ。

4．「共同の現実」と間主観性

現実の無謬性は，両者の間に自由で対等なコミュニケーションが成立する素地を与える。なぜなら治療場面で何が「間違い」で何が「正しい」という制約から解放されるからである。治療者と患者の間の「共同の現実 conjoint reality」（以降 CR としよう）とは，二人の間で共通したもの，という誤解を招きやすい。しかし違いもまた「二人の間ではこういう風に違うのだ」という意味で CR に組み込まれていくのだ。（簡単に言えば，「意見の不一致を認め合う agree to disagree」というわけだ。）

「共同の現実」はさまざまな概念との類似性や関連性を持つ。たとえば Sullivan, H. S. の「合意による確認 consensual validation」との類似性が挙げられる。この概念はいわゆる一者心理学的な視点からは大きく踏み出した，その時代にとっては画期的な概念であったと言える。ただしこの概念は患者の持つ病理性に関する両者の合意に重きを置く傾向にある。他方 CR はむしろ共通性と相違性の認識に向けられる。

また Kohut の共感の概念はどうであろうか？　共感とは，Kohut によれば「身代わりの内省 vicarious introspection」ということになる。すなわち治療者が患者の主観世界に入り込んで患者の代わりに内省をするという営みを意味する。これは CR の構成における活動の一部を表していると言えよう。しかしこれは治療者から患者への一方向的な働きかけというニュアンスがあり，またそこで目指されるのは治療者の側からの患者への合意，ないしは同一の現実の体験ということになる。ところが CR では相互性が重要であり，そこでの両者の差異が重んじられる。いわば患者の側もまた治療者へ共感を行い，互いにその共感を照合し，そこでの合意形成を行う。また共感によっては理解しえなかった，ないしは誤って理解したような他者の心の内容は，CR では依然として話し合われ，その共感の限界も含めて合意形成がなされる点が大きな特徴と言える。

分析の間主観的な文脈における「第三主体 the third」（Ogden, 1994）と現実との関係はどうだろうか？　Ogden によれば，この第三主体は，両者の間主観性により形成されるものの，手に取ることができるような対象 tangible object を意味しないという。ところが CR は両者のコミュニケーションにおいて直接的に感じ取れるものについての議論なのである。また第三主体は二人がいるところに，すでにある，というニュアンスがあるが，CRは二人で創造し，確認していくというニュアンスがあるのだ。

この直接感じ取ることができるという性質は，CRが意識レベルの現象であることを意味する。しかしそれは無意識レベルの関与を軽視することでは決してない。事実分析的なカップルに課せられた課題の一つは，その共同の現実の背後にある無意識的，ないしは象徴的な意味合いを探求することでもあるのだ。

CRにおいて，どうして両者の主観の相違がそれほど強調されなくてはならないのか。それは現代的な精神分析においては，その目標は患者個人の洞察を達成することにのみ限定されなくなったからである。それは患者が自分だけでなく他者や世界に目を開かれることであり，そこには他者の主観に彼がどう映るかの探索も含まれる（Gabbard, 1997）。

シンディは最初は私が彼女に対して懲罰的な姿勢を持つと感じた。その現実を受け取った私は，後ろめたさを感じるとともに，私自身の中に，彼女を「よくやった」という気持ちと「やり過ぎだったのではないか」という，肯定と否定の両方の気持ちへの気付きを促し，それを彼女に示すことになった。それを聞いたシンディは，私の中にさまざまな矛盾した気持ちを持つ人間を見出したのだろう。それはこれまで人に対して「自分を肯定してくるか，否定してくるか，どちらか」という二者択一的な見方をしていた彼女にとっては新しい体験になったに違いない。つまり他者を両側面を持った存在と見なすようになったのである。

5．中立性と自己開示，禁欲規則

CRの概念は必然的に，それが古典的な概念とどのように関連するのかという問題にもかかわってくる。たとえば中立性だ。古典的な中立性の概念は，おおむね批判の対象になっていることは無理もない（分析家の「減ずることのできない主観性」の概念，Renik, 1998）。しかし広義の中立性は柔軟性ともつながる。現代的な中立性の概念は，分析家の「最適な応答性 Optimal response」（Ricci, Broucek, Bacal, 1998）と事実上同等であるが，この概念は，分析家がその時々で患者が必要としているものに対して平等にかつ柔軟に対応するという意味である。これは分析家がCRを構築することに貢献する中で，自分の現実と患者の側の現実を平等に扱うという姿勢と関係する。言うまでもないことだが，分析家も患者もどちらが優位に立つというわけではなく，共同の作業を行うことでCRを作り上げていくのである。

中立性はまた，主観的，客観的な性質の側面の両方に平等に扱うということを意味する。それは自分たちの考え方がいかに自分たち独自の主観的な見方に左右されるかを考えることと同時に，自分たちの見方を相手にとっては外的な意味を持つものとして意識するということである。

症例について言えば，私が彼女の電話の話を聞いて示した反応も，それを見たシンディの反応も，ともに主観的なものであり，かつ相手にとっての客観的なものであった。そして一方が主観的なインパクトを持ったということが，他方にとっての客観性を帯びる重要な意味を持っていたのである。治療者としての私が努めなくてはならなかったのは，両者がまぎれもない現実であり，どちらに優先順位をつけるべきものでもないということの認識であり，それが広義の中立性であることを理解し，そのような役割を発揮することであった。

CRの概念はそれこそ分析家の匿名性には抵触すると考えられるかもしれない。しかしCRは分析家の個人的な情報やファンタジーを語ることを必ずしも要請しない。分析家は治療場面において物事が彼の目に客観的にどう映るかを提供することで，治療に貢献する。Ricciも述べているように，重要なのは治療者の自己開示self-disclosureというよりは，自己提示self-presence（Ricci, 1998）なのである。シンディとのかかわりでも，私は自分の個人的な成育歴やファンタジーを披歴するつもりはなく，ただその場での主観的な感じ取り方を治療場面に貸与したという感覚を持っていたのだ。

禁欲規則との関係はどうであろう？　患者に禁欲を迫るかどうかという問題は決して全か無かという問題ではないものの，多くの臨床家が現実の日常臨床において直面するジレンマであると見てよい。古典的な精神分析家の関心はもっぱら，患者を過剰に満足させてはいないであろうか，という点に向けられるであろう。つまりはこの規則を破ってしまうことへの懸念が先行するのである。他方ではより支持的なアプローチを選ぶ傾向にあったり，いわゆる「Kohut的」なアプローチに親和性を持つ療法家は，むしろそれとは逆の方針を選ぶ傾向にあるかもしれない。ともかく臨床家の関心はもっぱら，Freudが述べたような「禁欲に従った」治療方針か否かということにある。

しかしCRの概念は，この患者を満足させるかフラストレーションを与えるかという問題に頭を悩ますことから臨床家を解放してくれる。あるいはその問題をやり過ごしてくれると言った方がいいかもしれない。現実は患者に満足体験を与えもするし，失望も与える。それはまさに現実の性質そのものなのだ。分析家の役割は，CRが患者を満足させるか失望させるかではなく，いかに私が「良質の現実 good reality」と呼ぶところのものを提供するかという問題である。

では「良質の現実」とは何か。それはそれを患者に提供することが，**外傷的とはなることなく患者の自己理解を促進し，それまで彼が見ようとしなかったことへの洞察を深めるようなもの**だ。その意味では分析家の提供する解釈もその「良質の現実」の一つとなりうる。

伝統的な分析過程はストレスと苦痛に満ちたものだった。それは子どものような願望を捨て去ることを強いるものだったからである。Freudの禁欲規則はまさにそのようなものだった。

たとえばFreudは「精神分析療法の一連の進歩」(1919, p.164) で次のような指摘を行っている。「心の温かさや人を助けたい気持ちのために，他人から望みうる限りのことを患者に与える分析家は，神経症のための非分析的な施設が陥るような過ちをおかす。彼らの目標の一つは，すべてをできるだけ心地よくすることで，人が人生の試練から退避することである。そうすることで患者に人生に直面する力や，人生の上での実際の課題をこなす能力を与えるための努力を奪いかねない。精神分析的な治療においては，そのような甘やかし spoilingは回避しなくてはならない (p. 164)」という。ここでFreudの言う「人生の試練」は，私のいう「良質の現実」と事実上同義であると言いたい。

しかしこの現実の試練は，「良質の現実」が提供する主要なもののひとつなのである。おそらく患者にとって一番つらい現実とは，治療者が主観を持った存在であるということだろう。治療者は患者といて陽性の感情も陰性の感情も体験する可能性がある。時にはそれらの感情の一部は「良質の現実」として患者に伝えられることの意味があるかもしれない。なぜならそれは逆転移感情とは別の由来を持ち，患者が人生で出会う人々も同じ感情を持ちつつ，患者に伝えることができないものであったかもしれないからだ。

この文脈で重要なのは，Winnicottの客観的な嫌悪 objective hateという概念であろう。彼は患者が嫌いでなくなったときに「実はあなたが嫌いでした」と伝えたという。そして書いている。「これは彼にとって重要な日であり，現実への適応の意味を持っていた」(Winnicott, 1947)。

もちろんすべての現実を患者にいきなり伝えていいというわけではない。過剰な現実はトラウマとなりうるからだ。ただしどの現実が患者にとって発達促進的となり，何がトラウマ的になるかについては，正確には知りようがないところがある。ことごとく状況依存的だからだ。

Freud に関するエピソードであるが，彼が癌であるということを知った時，その事実を知らされなかった場合のほうがより外傷的であったと述べたと言われる（Kohut, 1977, p. 65）。しかし無論 Freud 以外の誰かにとっては，癌の宣告は外傷的で自殺を引き起こす可能性があるため，その現実をいかに伝えるかには十分な配慮が必要となろう。もちろん現実はつらいばかりではなく，充足的な，満足を与えてくれるものでもありうる。治療者が温かく共感的な態度を示したとしたら，これは Freud の「禁欲規則」には反しているかもしれない。しかしもし患者が「他者はみな自分に対して敵対的で冷たい」という確信を抱いている場合には，治療者のそのような温かい態度は，その確信を打ち崩すような新たな現実を提供することになるだろう。Alexander（1956）の，非常に批判を浴びている概念である「修正感情体験」も，ここで新たな意味を持ち始めるといえよう。ただしそれは操作的な意味で用いられた場合に，より臨床的な力をそがれるというのが私の理解である。

先に示した臨床例では，シンディが私を最初は懲罰的で，のちにはそれよりも優しい他者として体験したことは，その全体が意味のある現実として役に立ったことを望む。

6．エナクトメントと現実の表現

エナクトメントの概念についてはさまざまな理解のされ方があるが，私自身は「良質の現実」が提供される非常によい機会だと考える。Theodore Jacobs（1986）らにより導入されたこのエナクトメントの概念は，しばしば精神分析的な議論において語られるようになってきている。Jacobs はこれを，計画や予想をしていなかった「思考やファンタジーが行動に形を変えたもの（Jacobs, 1993）」としているが，それこそが恰好の現実の提供を意味するからである。Friedman もいうように，エナクトメントという概念は実はトートロジカルで，必要がないかもしれない。というのも治療者や患者の示す言動は，ことごとくエナクトメントというニュアンスがあるからだ。ただし私はもう少し狭義のエナクトメントは臨床的に役に立つと考える。それは当人にとって予想していなかった，思いがけない，あるいはうっかりした行動や感情表現である。この意味でのエナクトメントは「良質の現実」となる候補としての意味がある。なぜならそれは明示的なものの背後にある無意識的な，あるいは気が付いていないプロセスを示唆しているからである。エナクトメントの無意識的な意味はその全体が明らかにされることはないであろうが，何の理由にせよそこで生じた情緒的なインパクトがさらなる分析的な探索を招くという意味では，「良質の現実」の有力な候補なのである。

エナクトメントが生じたということが後にわかった際に，それが起きるべきだったか否かという議論はさほど有用ではなく，むしろそれから何を学ぶことがあったかについての語らいの方が生産的である。しかしだからと言って人はエナクトメントが起きたことを後悔することに意味がない，というわけではない。むしろ**あるエナクトメントに対する後悔，恥の感情などは優れて現実として算入されるべき**なのである。臨床例では，シンディの電話の話を聞いたときは，私は不意を突かれ，彼女に振り返られた時は動揺した。私が失望の色を表現したのはエナクトメントであり，しかし意味のある現実だった。それが彼女の側の失望へと連鎖し，私がその彼女の心の変化を察知して話題にした。それはいずれも重要な現実だったのである。

7．最後に――現実はどのように臨床的に役立つのか?

結局最大の問いは，どのようにして現実が臨床的に役に立つか，ということだ。それは「治癒的」な力を有するのだろうか？　精神分析は医学モデルには当てはまらない部分が多いが，やはりその効果や治癒機序について無縁であるわけにはいかないため，この問いが最後に問われなくてはならない。筆者はCRを求めることは，患者が自らと世界についてのより広い考え方を獲得する上で欠かせないものであろうと思う。治療者が患者が十分に把握していない（気が付いていない，否認している，抑圧している，など）現実について提供することで，CRが生まれる。それを患者が取り入れ，統合を目指す。人の無意識には，新たなる情報を獲得してそれを統合していく力があるのであろう。Freud（1919）は「精神分析の目標は，この統合synthesisであるが，精神統合psychosynthesisという概念が必要がないのは，人の心は抵抗を取り除くことで自らを統合する力を備えているからだ」と述べている。

このCRの成立ということと伝統的な分析のモデルに従った概念，たとえば抑圧や洞察などとも照合しておきたい。筆者の考えでは，現実の提供は解釈とは異なるが，その解釈のための豊かな源を提供するものと考える。患者と治療者の現実の違いを見出し，それの由来について検討することは，すでにそこに解釈的な要素を含むことになるだろう。しかしそれは古典的な意味での解釈とは異なる。古典的な意味での解釈は，分析家がそれを正確にし，最終的な宣告として伝えるというニュアンスがあった。しかしCRの文脈で生まれる解釈は，基本的に主観的・客体的な性質を持ち，それ自体の正確さを問われることはない。それは最初は治療者により，彼自身の現実から生まれたものとして試みに提案されるものであり，分析家はいかなる形でもその正確さを知る由はないのである。

CRを通して統合できるのは，この解釈的な側面だけではない。CRの情緒的，知覚的な側面は，実際に目の前に他者がいるときに，よりよく患者の自己に統合される。それを通して患者は，自分のすべてについて治療者が同意できるわけではないことを体験するが，それはどの他者との関係についてもいえることなのである。

この情緒的で知覚的な体験を通して，患者はいかなる思考も永続的であったり「正しく」あったりはしないことを体験する。患者の現実は分析家の現実に常に影響を受けて，その現実が更新される（同様に分析家の現実も患者のそれの影響を常に受けている)。何事も一定ではなく，すべてが移り変わっていく。このCRの持つ刹那的transientな性質については，精神分析の文献ではほとんど扱われていないという現状がある（北山，1998)。

文　献

Alexander, F.（1956）Psychoanalysis and Psychotherapy: Developments in Theory, Technique and Training. Norton, New York.

Aron, L（1996）A Meeting of Minds: Mutuality in Psychoanalysis. Hillsdale, Analytic Press, NJ.

Bacal, H.(Ed.)（1998）Optimal Responsiveness. How Therapists Heal Their Patients. Jason Aronson, Northvale.

Bion, W. R.（1970）Attention and Interpretation. Tavistock, London.

Broucek, F, Ricci, W.（1998）Self-disclosure or self presence? Bulletin of the Menninger

Clinic, 62: 427-438.
Cavell, M.（1998a）Triangulation, one's own mind and objectivity. Int. J. Psychoanal., 79: 449-467.
Cavell, M.（1998b）Brief communication in response to Owen Renik's 'the analyst's subjectivity and the analyst's objectivity.' Int. J. Psycho-Anal., 79: 1195-1202.
Chapman, A. H.（1978）The Treatment Techniques of Harry Stack Sullivan. Brunner/Mazel, New York.
Chused, J. F.（1997）Patient's perception of analyst's self-disclosure: commentary. Psychoanal. Dialogues, 7 :243-256.
Cooper, S. H.（1998）Analyst subjectivity, analyst disclosure and aims of psychoanalysis. Psychoanal. Quarterly, 67: 379-406.
Freud, S.（1919）Lines of advance in psycho-analytic therapy. S.E. 17.
Friedman, R. & Natterson, J.（1999）Enactments: an intersubjective perspective. Psychoanal. Quarterly, 68: 221-247.
Gabbard, G.（1997）A reconsideration of objectivity in the analyst. Int. J. Psychoanal., 78: 15-26.
Gerson, S.（1996）Self-disclosure, personal proclivity or principle of technique? Neutrality, resistance and self-disclosure in an intersubjective psychoanalysis. Psychoanal. Dialogues, 6: 671-675.
Greenson, J. R.（1969）The Technique and Practice in Psychoanalytic Theory. Harvard University Press, Cambridge, MA.
Hoffman, I.（1998）Ritual and Spontaneity in Analytic Press: A Dialectical-Constructivist View. Analytic Press, Hillsdale, NJ.
Jacobs, T.（1986）On countertransference enactments. J. Amer. Psychoanal. Assn. 34: 289-307.
Jacobs, T.（1999）On the question of self-disclosure by the analyst: error or advance in technique? Psychoanal. Quarterly, 68: 159-183.
Kitayama, O.（1998）Transience: Its beauty and danger. Int. J. Psychoanal. 79: 937-950.
Kohut, H.（1971）The Analysis of the Self. Int. Univ. Press, Madison.
Kohut, H.（1977）The Restoration of the Self. Int. Univ. Press, Madison.
Lindon, J.（1994）Gratification and provision in psychoanalysis. Should we get rid of "the rule of abstinence"? Psychoanal. Dialogues, 4: 549-582.
Meissner, W. W.（1998）Neutrality, abstinence, and the therapeutic alliance. J. Amer. Psychoanal. Assn. 46: 1089-1127.
Mitchell, S.（1997）Influence and Autonomy in Psychoanalysis. Hillsdale, Analytic Press, NJ.
Novey, R.（1991）The abstinence of the psychoanalyst. Bulletin of the Menninger Clinic, 55: 344-362.
Ogden, T.（1994）Subject of Analysis, Jason Aronson, Northvale.
Panel（1992）Enactments in psychoanalysis. M. Johan, Reporter. J. Amer. Psychoanal, Assn., 40: 827-841.

Renik, O.（1993）Analytic interaction: conceptualizing technique in light of the analyst's irreducible subjectivity. Psychoanal. Quarterly, 62: 553-571.

Renik, O.（1995）Ideal of anonymous analyst and the problem of self-disclosure. Psychoanal. Quarterly, 64: 466-495.

Renik, O.（1996）The peril of neutrality. Psychoanal. Quarterly, 65: 495-517.

Renik, O.（1998）The analyst's subjectivity and the analyst's objectivity. Int. J. Psychoanal., 79: 487-497.

Ricci, W., Broucek, F.（1998）Optimal responsiveness and neutrality, abstinence and anonymity. In Optimal Responsiveness, ed. By Howard Bacal. 1998.

Rothstein, A., Chused, J., Renik, O. & Ellman S.（1999）Four aspects of the enactment concept: definitions, therapeutic effects, dangers, history. In J. Clin. Psychoanalysis, 8: 9-76.

Roughton, R. E.（1993）Useful aspects of acting out: repetition, enactment, and actualization. J. Amer. Psychoanal. Assn., 41: 443-472.

Stolorow, R., Atwood, G.（1997）Deconstructing the myth of the neutral analyst: an alternative from intersubjective systems theory. Psychoanal. Quarterly, 66: 431-449.

Sullivan, H. S.（1958）The Psychiatric Interview. W.W. Norton, New York.

Winnicott, D. W.（1947）Hate in the countertransference. In Collected Papers of D. W. Winnicott. Tavistock, London, 1958.

Winnicott, D.（1971）The location of cultural experience. In Playing and Reality. pp. 95-103. Basic Books, New York.

参考図書

The Creation of Reality in Psychoanalysis: A View of the Contributions of Donald Spence, Roy Schafer, Robert Stolorow, Irwin Z. Hoffman, and Beyond. Routledge, 2013

第 4 部　精神分析における倫理

第10章　精神分析における倫理

横井　公一

１．倫理とは

精神分析の倫理について考えてみるとき，私は倫理という言葉について，あまりはっきりとした定義を持たずにこれまで用いてきていたように思う。そこでまずは広辞苑を開いて，倫理という言葉の意味について調べてみた。そこには次のように記述されている。

倫理とは，「①人倫のみち。実際道徳の規範となる原理。道徳。②倫理学の略」であり，そして倫理学（ethics）とは，「社会的存在としての人間の間での共存の規範・原理を考究する学問。倫理の原理に関しては大きく二つの立場がある。一つは，これをア・プリオリな永遠不変のものとみる立場で，プラトンやカントがその代表。他は，これを社会的合意による歴史的発展的なものと見る立場で，アリストテレスや近現代の英米系の倫理思想の多くがこれに属する」とある。

どうやら倫理とは社会的存在として共存するために人として守り行うべき道のことで，善悪・正邪の判断において基準となるもののようである。しかし，それはあらかじめ与えられた普遍的なものとしてあるという考え方と，その時々における社会的な合意によって形成されるという考え方があるようである。

善悪・正邪の判断において基準になるものというと，たとえば「法」という言葉も思い浮かぶ。それでは「法」と「倫理」はどのように違うのだろうか。「法」は「倫理」の一部に含まれるという考え方もあるようだが，一般的には別のものとして考えられており，「法」は，社会秩序維持のための規範で，一般に国家権力による強制を伴うものであり，「倫理」は，人として守り行うべき道であるとされている。すなわち，「法」と「倫理」の違いは，「法」は外的強制力によって作られており，「どのような行為が正しくないか」を示すものであり，「倫理」は内的な自律から生じるものであり，「どのような行為が正しいか」を示すもののようである。

このように「法」と「倫理」はまったく対蹠的なもののようでありながら，しかし密接に関係しているものでもある。ある意味では，「法」は「倫理」の外在化であり，「倫理」は「法」の内在化であるといえるのかもしれない。あるいは，「法」と「倫理」は互いに弁証法的な関係にあり，お互いがお互いによって作り上げられているものであると言えるのかもしれない。

それでは，精神分析における倫理とは，いったいどのようなものなのだろうか。近年は「職業倫理」という言葉がよく聞かれる。「職業倫理」とは，特定の職業に要請される倫理，または職業人に求められる倫理などのことを幅広く指す表現のようである。そうすると，精神分析における倫理とは，精神分析という特定の「職業」に要請される倫理として考えられるかもしれない。そして現代では，職能団体（医療や法律などの専門的資格を持つ専門職従事者の団体）は，それ独自の倫理規定（いわばその集団の中での「法」）を持つことが多いようである。実際に，米国精神分析学会はそれ独自の「倫理綱領」を持っており，「倫理」は法文化した形で示されている。

２．精神分析における倫理

しかし精神分析という職業における倫理は，どこか捉えがたいところがあるように思える。それは精神分析という職業が取り扱うものが（事物や，あるいは行動ではなく）患者の心であり，そしてそれを取り扱う道具となるものもまた分析者の心であるからである。私たちはそのきわめて不確かな作業のなかで，いったいどのように倫理を捉えていけばよいのであろうか。

ここで，精神分析における倫理を扱った論文を２つ，取り上げたいと思う。

ひとつは「精神分析的に倫理を考える」という狩野力八郎の2006年の論文である。この緻密にしてかつ（私にとっては）難解な論文のなかで，狩野は，倫理に関して「境界侵犯 boundary violation」の問題をめぐって考察を行っている。「境界侵犯」が境界を超えることで患者に危害を加えることであるならば，これは医療倫理の無危害原則（来談者に害悪や危害を及ぼすべきではない）に関する倫理違反として捉えることもできる問題である。この論文で狩野は「関わることの倫理違反」について警告している。精神分析において関わることは大切な要素であるが，しかし関わることが時として，境界を越境する侵犯として倫理違反となる危険性があると狩野は指摘する。そして「さらに付け加えて言うならば」と，狩野はきわめて重要な視点を提供するのであるが，「私たちの精神分析の関心は文字通りに関わることにではなく，『関わること』と『関わらないこと』との間や，あるいは創造を導きうるという意味においての関係の喪失や破壊に向けられている」のである。そして，そのことに無自覚になるときに，「関わることの倫理違反」が起こりえることになると論じている。

狩野はここで「関わることの危険」について警鐘を鳴らしているのであるが，しかしそれと同時に，Gabbard, G.（1995）を援用して「関わらないことの倫理違反」についても目を向けている。精神分析状況では，共感や投影同一視といった過程が，分析的二人組によって作られる半透過性をもった膜を通過していったり来たりする状況が生じることになる。それは精神分析という作業において必修不可欠な状況である。そして，このような「境界横断（boundary crossing）」を関係性の間で閉ざしてしまうことは，精神分析の作業の遂行を怠ってしまうことになる。すなわち，「境界横断」の遮断が行われるならば，これは医療倫理の善行原則（来談者にとって医学的に最も適切で利益が多いと思われる治療行為を行うように勧める）を違反してしまうことになるのである。そしてGabbardは，精神分析の作業を倫理的に進めるためには，このような「境界横断」と「境界侵犯」とを区別することが重要であると述べている。

しかし，この「境界横断」と「境界侵犯」とを，私たちはどのようにして区別をして，そしてどのようにして精神分析の仕事を大過なく営むことができるのであろうか。そこには何か絶妙なバランスが（精神分析という作業の対象でもあり道具でもある心というもののなかに内在して）存在しているとしか，言い表せないように思えるのである。「多くの治療者は，多くの場合，学派の如何を問わず，無事に仕事を成し遂げています。これは，不思議な現象であります。……私は，このミラクルとでもいうべき現象には，精神分析の本質的な何かが関係しているように思います」と，狩野はこの論文の中で述べている。

私が取り上げたいもう一つの論文は，「精神分析のスキルとは（2）――現代的な精神分析の立場からみた治療技法」という岡野憲一郎の2012年の論文である。この論文のなかで，岡野は，倫理を「技法」との関連で考察している。

その論点を私なりにまとめると，岡野の論点は次のようなものである。①精神分析の技法は時代とともに変化してきている。②それは精神分析の治療実践のなかから生まれてきた「経験則」によって変化してきた。③本来の精神分析の「基本原則」とは違った「経験則」が生まれてきた背景には，精神分析が治療対象とする病態の広がりや，精神分析治療が目指すものの変化があり，それに伴う精神分析理論の変遷がある。④そのような「経験則」による理論と技法の変化は，実は，現代の倫理規則に沿う形で発展してきている。すなわち，ここでの岡野は，「倫理」に関しては，それを「社会的合意による歴史的発展的なもの」と見る立場に立っており，「技法」はその倫理に連動して変遷するものであると考えているようである。

倫理を技法との関連に結びつけて，歴史的発展的なものと見るならば，この論文で岡野も触れているのだが，実のところ「基本原則」とは，古典的な精神分析理論と技法に結びついた一種の倫理規定でもあったのではないかという考え方も成り立つ。それは，ある理論仮説に基づいてその職務を達成するために要請される対人的態度であり，ある一定の治療契約に基づいて治療者が患者にある一定の治療成果をもたらすことができるための技法でもあったと思われるのである。しかし精神分析理論の変遷に伴って，また治療対象の拡大，治療の目指すものの変化に伴って，技法もまた変化してきている。「経験則」とは「このように考え，あるいは進めることでより効果的な治療を行うことができる」という臨床経験の蓄積から得られた教えであり，それはときには本来の「基本原則」との齟齬すら生じるというのが岡野のこの論文の論旨である。

それではこの齟齬は，いったいいかにして乗り越えられるのであろうか。ここで岡野はHoffman, I. Z.（1998）の考えをひいて次のように論じている。「Hoffmanによれば，技法について論じることは，治療における弁証法的な両面の一方に目を注ぐことに過ぎないことになる。彼によれば精神分析家の活動には，『技法的な熟練』という『儀式的』な側面と，『特殊な種類の愛情や肯定』」いう『自発的』な側面との弁証法が成立しているという」。すなわち，分析者の活動は「儀式的な」技法と「自発的な」関わりの弁証法によって構成されており，その時代に応じて，また治療のその時々に即して，私たちは外部から規定されている技法と内発的に生じてくる自発性の交渉のもとに，治療実践を行っているのである。たしかに，よい治療経過をたどった治療には，技法を超えた何かがそこにあったような印象を，私たちは皆，経験上きっと持っていることだろう。そしてよい精神分析の営みは，私たちの内なるものと技法との絶え間ない弁証法によって成立しているように思えるのである。

3．プロセスに内在するものとしての倫理

それでは精神分析における倫理が関係性と関連しつつ，また技法とも関連しつつ，しかしそれそのもののなかにあるのではないとしたら，それはいったいどこにあるのだろうか。それは精神分析のプロセスそれ自体のなかに，何か内在的にあるものであって，それが関わることと関わらないことの間での，あるいは，技法と自発性との間での，繊細な均衡を導いているように私には思えるのである。

私たちは日々の精神分析的な臨床のなかで，確かに倫理を意識しながら仕事をしている。それは外部から規定されている倫理綱領のようなものではなく，何か人と人ととして，他者としての患者と相対しているときに，守り行うべきこととしての感覚のようである。それはただ単にソーシャルな場のなかでの人として守るべき倫理ということではなく，精神分析というプロセスの内部にいる私たちのもとに訪れてくる倫理の感覚である。この人とのこの関係のなかで，この精神分析的なプロセスのなかで，いま私たちが行うべきことといった，プロセスの中から内発的に湧いてくるような倫理の感覚である。それはあたかも，岡野のいう「直観」のように，私たちが「提供」すべきこと，あるいは私たちが守り行うべきことを，啓示してくれるかのようである。それはいったいどこから来るものなのだろうか。

私はここで，Bollas, C.（1999）の「形象（figure）とその機能」という考え方を導入して，それについて考えてみたいと思う。Bollasはこの論文のなかで，精神分析における知ることのプロセスには，3つの異なった秩序が寄与していると述べている。それは「子の秩序」，「母の秩序」，そして「父の秩序」である。そして精神分析のプロセスに参与する患者と分析者は，そのプロセスの内部でこの3つの秩序をさまざまなやり方で体験しているとBollasは考えている。

以下，私は，『精神分析という経験――事物のミステリー』というBollasの著書を参照して，分析過程に内在する倫理の起源について論じてみたいと思う。

まず患者は，精神分析のプロセスの中に招き入れられ，分析者のいるところで，自由連想の基本規則のもとに，夢見る子どものように語り始めることを要

請される。しかしその精神分析のプロセスが行われる場所は，通常の社会活動が行われる場所とはどこか違った場所のようなのである。すなわち「分析が行われる場所は，しばしば分析家の自宅であったり，オフィスビルの中に設定された応接室の一室であったりする。そこは企業活動や，科学的な活動や，宗教活動や，学術的な活動が行われる場所には似つかわしくない。……これはむしろ，カウンターカルチャーの世界のものである。それは，おそらくは女性の，とりわけ母親たちの，世界や仕事を拠り所にしているものである」とBollasは述べている。

分析者のオフィスの中で，そのカウチの上で，そして分析者のいるところで，患者は，子どものように語り始める。そのとき患者は，Winnicott, D. W.が「抱える環境」と呼んだ乳児を含み込む「人間的なプロセス」の内部にいることをすでに知っている。それはかつて子宮のなかで，自分がある知性の内部に存在しているという感覚を患者が経験しているからである。患者は，その内部で，精神分析のプロセスに参入することになり，そのプロセスに導かれて，患者は分析者と治療同盟を結ぶのであるが，それは「精神分析のプロセス」との同盟でもある。患者は分析者その人と同盟を結ぶだけではなく，分析のプロセスとも同盟を結ぶことになるのである。

一方で，分析者は，明けても暮れても自分の作業と理論を事とする物言わぬ状況としての「Freudの椅子（Freudian chair）」に位置している。分析者は，新しい印象をもたらしてくれる「受容的な沈黙（receptive silence）」を維持することを習慣としているが，それは，時として分析の作業は，この関わることに伴う苦闘の孤独（母の秩序）のうちに達成されることを知っているからである。そして「分析可能な患者たちは，分析家の解釈（父の秩序）は，分析家が相手に聞き入りわかろうとするときの基本的な精神的没頭状態（母の秩序）から発せられることを，しばしばよくわかっているものである」とBollasは述べている。

つまりそこには，乳児のように夢見る患者と，受容的な沈黙のなかで連想を働かせる母親の形象と，外部からの解釈を導入する道筋となる父親の形象と，そして3つの形象のそれぞれの間での関係性が存在するのである。そしてこのような，ひとつの家族としての3つの形象の果たす役割について，Bollasは次のように言う。「これら3つの知を裏づける形態，これら3つの真実を享受する方法は，母親と父親と子どもの存在がエディプス家族の真の実現にとって欠かすことのできないものであるのと同様に，完全な分析にとって欠かすことのできないものである」と。

さて，私たちは，ひとつには子どものように語る患者と母親のようにそれを受容する分析者，次には受容しそして連想する母親のような沈黙の中から解釈を導き出す父親としての分析者，そしてさらには父親の解釈を通して内的世界を知る子どもの，その３つの形象の機能が３辺として作り上げる間主観性のスペースを分析の作業の場としている。そして，私たちは，これらの３つの形象の機能が，調和のとれたやり方で精神分析のプロセスの中を生き抜くことを，精神分析に内在する倫理であると感じ取っているのではないだろうか。

たとえば，ある患者との精神分析プロセスのある一局面で，母の秩序が機能すべきところで，儀式的な技法に拘泥するあまり，機械的な解釈を用いて乳児の語りと母親の受容の作業を外傷的に阻害したとしたならば，そのとき私たちはそれを，倫理を侵犯したと感じるのではないだろうか。

また，ある患者との精神分析プロセスのある一局面で，父の秩序が機能すべきところで，乳児と母親の共生の感覚を保ちたいという自己愛的な欲求に流されて，解釈を通して得られるはずの利益を患者にもたらさなかったとしたら，そのとき私たちはそれを倫理にもとる行為を行ったと感じるのではないだろうか。

私たちは患者との間での精神分析的作業のなかで，精神分析プロセスから内発するこのような倫理の感覚に基づいて，日々の仕事を行っているのではないかと私は感じているのである。

４．Ferencziケース

さて，このような倫理をめぐる問題について，実際の臨床例をあげて説明することもできると思われるが，しかし，議論をより分かりやすくするために，よく知られているFreud, S.とFerenczi. S.との間での倫理をめぐる論争を素材として，もう少し考察を進めてみたいと思う。

御存じのようにFreudの古くからの弟子であったFerencziは，Freudの基本規則・禁欲原則・中立性を放棄して逸脱し，倫理違反を行ったとして，当時の精神分析のサークルから批判を受けた。

Jones, E.（1961）による『フロイトの生涯』の記述によると，「彼は精神分析学界で一般に受け入れられている傾向から本質的に逸脱した傾向を示し始めた。……つまり，神経症の原因は明確な外傷に，特に両親の不親切さ，または残酷さにある。そして，これは分析者が患者に対して，たとえばFreudが適切と考えているより以上に，たとえば考え方に関して愛情を示すことによって，治療する必要があるというのである」と，批判的に記述されている。

Ferencziは，なぜこのような技法を選択するに至ったのだろうか。この点に関するFerencziの見解は次のようなものであった。（以下，『Freud・Ferenczi往復書簡』および森茂起らの訳による『精神分析への最後の貢献――フェレンツィ後期著作集』と『臨床日記』を適宜引用しながら論を進めたい。）FerencziからFreudへ送られた1929年12月25日の書簡で，Ferencziは以下のように述べている。

(1)（Ferencziの患者との間で）探求の手が十分深くまで届いたときには，すべての症例で，病の外傷的 - ヒステリー的基盤を発見した。
(2)（そのことによる）治療効果ははるかに意味深いものとなった。
(3)（そこからの批判的見解として）精神分析は，病因論において幻想の役割を過大評価し，心的外傷の現実性を過小評価している。
(4) 新しく得られた経験は，技法的な問題にも自ずと影響する。それゆえ，教育的な二次的な意図を完全に見失うことがないようにしながらも，あまりにも厳しすぎるやり方は緩和されなければならない。

Ferencziは，そのような技法上の変更を「許容原則 the principle of indulgence」と呼び，それは「禁欲原則 the principle of frustration」と並んで認めなければならない原則であると主張した。そして「禁欲原則」と「許容原則」の両方を働かせるというやり方を言い表すものとして，「苦しみの経済学 economy of suffering」という表現を選んだのである。（『リラクセイション原理と新カタルシス』(1929)）

Ferencziは，他の分析家たちが分析困難であった患者たちを引き受けるようになっており，やがてそのような患者たちとの精神分析の作業に没頭するようになっていた。そのようなとの作業では，「苦しみの経済学」は「許容原則」に傾かざるを得ず，そこではBollasのいう「母の秩序」の再建が計られなければならず，子どものように語る患者と母親のようにそれを受容する分析者の次元が再建されることが分析のプロセスを成立させるためには必要とされていたのであろう。

『大人との子ども分析』(1931年5月のFreudの75歳の誕生日の祝賀会での

Ferencziの講演）で，Ferencziは，「子どものくつろいだ表現活動は……基本的に優しい母子関係にさかのぼるものであり，……際限ないほどの忍耐，理解，善意，親切でもってできる限り患者に接することに分析家が成功すれば，分析にとって有利となります。……そうすれば患者は，あえて不快に満ちた過去の再生産に沈潜します」と述べる。許容原則によって，患者は初めて外傷的な体験を再演することが可能になる。そしてそのとき，分析家は「患者を一人にしません。……まるで心が休まるような意味で解決するまでは夜も眠らない優しい母親のように振舞うのです」とFerencziは主張したのである。

しかしFerencziのこのような分析態度は，Freudの警戒を喚起するところとなり，1931年12月13日にFreudはFerencziに対して書簡を送り警告する。いわゆる，キス・スキャンダルである。「さてあなたの技術を公表したらどういう結果になるかを想像して下さい。……革命論者はひとり残らず，さらに一段と過激な人々のために，正常な場から駆り立てられて逸脱するでしょう。……『どうしてキスまででやめるのか？』という疑問をもつでしょう。……われわれの同僚のうちの若い人々は，本来，意図されていた限界でとどまることをむつかしく感じるでしょう。……私はあなたに影響を与えようとは少しも思っていません。そのために必要な基盤はわれわれの関係には欠けています。……しかし，私は，少なくとも，父親としての役割において，私にできることはいたしました。」（『Freud・Ferenczi往復書簡』）

Ferencziは，ついにFreudからの承認を得られなかった。そして1932年，Ferencziは失意のなかで病を得て倒れる。致死性の「悪性貧血」と闘いながらFerencziが記載していた『臨床日記』の最後の日付（1932年10月2日）の記述は次のようなものである。「私の場合，血液危機が起こったのは，『上位の力』からの保護を当てにできないどころか，反対に，――彼の道ではなく――私自身の道を踏み出したとたんにこの冷淡な力に踏みつぶされることに気づいたそのときであった。……上位の力との『同一化』，一瞬のあいだの『超自我形成』が，最終的な解体からかつて私をまもってくれたよりどころだったのか？　存在形成の可能性は，その上位の力の意志を最後まで実現するために私自身の自己の大部分を放棄することにしかないのか？？　そしてもし従来の人格はすべて偽りで頼りにできないと考えて放棄しなければならないとすれば，新たな赤血球を今形成しなければならないのと同じように，（可能ならばだが）新たな人格の基盤を創造しなければならないのか。私に残されているのは，死かそれとも『自らの再調整』かという選択なのか。――それにしても59歳になってそれをするのか。」

往復書簡という形態をとって継続されていたFreudとFerencziとの間での分析のプロセスは，Freudの警告によって崩壊した。Ferencziにとって，Freudからの解釈は，受容しそして連想する母親のような沈黙の中から導きだされた父親の解釈としては受け止められず，分析のプロセスの外部から導入された外傷的な「父の秩序」として作用した。そして，FerencziとFreudとの間でかろうじて保たれていた子どものように語る患者と母親のようにそれを受容する分析者という形象の機能は瓦解し，生き生きと夢を生みだす乳児のFerencziは解体したのである。

翌年5月にFerencziはその生涯を終える。その後長い間，Ferencziは精神分析技法の道を誤った，倫理違反violationをした，晩年は病のために精神病状態であったなどとされ，Ferencziの考えや臨床は精神分析のサークルから否定され抹殺されることになったのである。

Ferencziの悲劇は，いったい何だったのだろうか。FreudとFerencziの往復書簡，あるいはFerencziの『臨床日記』を検討してみると，そこにはFreudとFerencziの間の「言葉の混乱」があったように思われる。それはFerencziの論文のタイトルにもあるように『大人と子どもの間の言葉の混乱――やさしさの言葉と情熱の言葉』（1933）の混乱であったように思われる。

『臨床日記』の冒頭で，FerencziはFreudの技法を「分析家の感情欠如」として批判している。Ferencziは次のように述べる。「型にはまった挨拶の仕方，『なんでも話してください』といういつもの依頼，いわゆる平等に漂う注意，こういうことをしても結局のところ何にもならないし，アナリザンドがやっとのことで口にする感情のこもった報告にこれらで応じることはどう見ても不適切で，その効果といえば次のようなものである。……『私を信じてくれない！』『私の言うことを真剣に受け取ってくれない！』『私が子ども時代のつらい出来事を必死で思い出そうとしているときに，あなたが何も感じないで，どうでもいいというふうにそこに座っているなんて我慢ならない！』」(1932年1月7日)

Ferencziは，自らのFreudとの教育分析での体験も含めて，「父の秩序」の過剰な行使は「母の秩序」への倫理違反であると感じていたように思える。Ferencziがみていた患者たちとの精神分析プロセスの中では，『上位の力』の介入は，母の秩序を破壊するものとしてFerencziには捉えられていたのであろう。なぜならばFerencziがみていた重篤な患者たちの内部においては，母の秩序は外傷的な体験のなかで脆弱な機能しか持たない状態にあったからである。そしてFerenczi自身も，母親からは，ほとんど愛情を受けず，ひたすら厳格に扱われたために，Ferencziの内部においても，母の秩序はやはり脆弱であったからなのであろう。

一方で，Freudは，Ferencziが精神分析プロセスのなかで「母の秩序」を過剰に重視することを「父の秩序」への倫理違反であると考えていた。1932年5月19日の書簡の中で，FreudはFerencziに次のように書き送っている。「あなたがこの数年のあいだ，孤立のなかに引きこもってしまったのは，間違いありません。……しかしあなたは幻想の子どもと暮らすその夢の島から旅立ち，人間の苦闘にふたたび加わらねばなりません。」（『Freud・Ferenczi往復書簡』）

なぜならば，Freudにとって，母の秩序は父の秩序が持つ力の背景に静かに存在するものにすぎなかったからである。実際に，Freud自身の母親は，Freudの知的達成の背景に，常に静かに存在していた。そしてFreudの「古典的な」技法において，母の秩序は，カウチやあるいは自由連想という，解釈（父の秩序）の背景にあるものの中に静かに存在していたのである。そしてFreudの患者たちもまた，母の秩序をその心的構造のなかに暗黙のうちに保持することのできている患者たちだったからである。

FreudとFerencziの間に起こった悲劇は，父の秩序と母の秩序の間の「倫理の混乱」であったのではないだろうか。Freudの父の秩序はFerencziの母の秩序の過剰を父の秩序への倫理違反だととらえて，Ferencziを「関わることの倫理違反」から救い出そうとした。しかしFerencziの母の秩序はFreudの父の秩序の介入を母の秩序への倫理違反と感じとって，分析家の「儀式的」な活動を「分析家の感情欠如」と体験した。そこにはFreudとFerencziの間での「倫理の混乱」があり，二人の分析のプロセスの中では，子と父と母がともに暮らすことのできる間主観的なスペースは危機にさらされて，そしてついに分析のプロセスは，Benjamin, J.（2004）が描き出すような“Doer and Done to”（加害と被害）の二次元的な関係性へと崩落していったのである。

5．おわりに

私たちは精神分析のプロセスに内在する倫理に（治療者としてというより

も）人として，本能的に直観的に導かれて精神分析を営んでいるように思われる。その倫理は，精神分析という作業が破壊的にならないように私たちに針路を指示してくれているように思われる。それはある種の倫理要綱として明文化されて外在化されることもあるが，それが私たちの内側から内発的に生じてくるものであるように思えるのは，おそらく人倫（人の道）を規定する普遍的で先験的な倫理を精神分析プロセスが共有しているからであるように思われる。

それは「生き生きとしてある生命としてのエネルギー」を生みだす子の秩序と，それと「かかわり受容する」母の秩序と，「判断を導き入れる」父の秩序との，機能の調和としての倫理である。そして精神分析プロセスの中では，そのどれもが，真実を探し求める三組の重要な一部となる要素であり，それらは関係性の基盤の中で，母の秩序の倫理と父の秩序の倫理の「倫理の経済学」のもとに，ともに働かなければならないといえるのではないだろうか。

文　献

Benjamin, J.（2004）Beyond Doer and Done to: An Intersubjective View of Thirdness. Psychoanalytic Quartely, 73: 5-46

Bollas, C.（1999）The Mystery of Things. Routledge. London.（館直彦，横井公一訳：精神分析という経験――事物のミステリー．岩崎学術出版社，2004.）

Falzeder, E. and Brabant, E.（ed.）（2000）The Correspondence of SIGMUND FREUD and SANDOR FERENCZI volume 3, 1920-1933. Harvard University Press, Massachusetts.

Ferenczi, S.（1985）The Clinical Diary of Sandor Ferenczi. Harvard University Press, Massachusetts.（森茂起訳：臨床日記．みすず書房，2000.）

Ferenczi, S.（1994）Final Contributions to the Problems and Methods of Psycho-Analysis. Karnac Books, London.（森茂起，大塚紳一郎，長野真奈訳：精神分析への最後の貢献――フェレンツィ後期著作集．岩崎学術出版社，2007.）

Gabbard, G. and Lester, E.（1995）Boundaries and Boundary Violations in Psychoanalysis. Basic Books, New York.

Hoffman, I. Z.（1998）Ritual and Spontaneity in the Psychoanalytic Process. The Analytic Press, New Jersey.

Jones, E.（1961）The Life and Work of Sigmund Freud. Basic Books, New York.（竹友安彦，藤井治彦訳：フロイトの生涯．紀伊国屋書店，1969.）

狩野力八郎（2006）精神分析的に倫理を考える．精神分析研究，50(3): 191-203.

新村出編（1998）広辞苑 第五版．岩波書店.

岡野憲一郎（2012）精神分析のスキルとは（2）――現代的な精神分析の立場からみた治療技法．精神科 21(3): 296-301.

第11章　精神分析技法という観点から倫理問題を考える

岡野 憲一郎

1．はじめに

本章のテーマは，精神分析療法の技法という視点から，倫理の問題を検討することである。一般に精神療法家が備えるべき能力に関しては，そこに技法的な要素が存在することは間違いない。精神分析の歴史においても，しばしば治療技法が論じられてきた。しかし近年になり，精神分析の理論にはさまざまな発展や変遷が生じた。そしてそこに倫理的な問題が重要な要素として絡むようになり，分析的な治療技法を論じることは多くの複雑な議論を生むようになってきている。それは端的に言えば，技法を重んじることと，倫理的な原則を守ることとの間に整合性があるか，という問題をめぐっての議論である。

2．Freud の精神分析における治療技法

精神分析においては，その創始者であるFreud 自身がいくつかの技法を提案した。そしてそのことが精神分析における技法の重要性への認識を決定的なものとしたと言える。精神分析の主たる目的は，患者の持つ無意識的な幻想や願望を解釈を通して明らかにすることとされた。そしてそれを目的とした患者とのかかわりは，通常の面接とは異なる特殊性とそれに伴う技法を必要としたのである。

Freud は精神分析の基本原則として，まず患者の側の「自由連想」および「禁欲規則」を挙げた。それらは後に匿名性，禁欲規則，中立性の三原則として論じられることが多い（Treurniet, N. 1997）。これらのFreud による技法論

は，歴史的に見ればその重要性が徐々に失われつつあるが，現在でも臨床家の一部には依然として受け継がれているといっていい。

Freudによる技法論の展開について，もう少し細かく見ていこう。Freudは，13の技法論を書いたことが知られる。それらは“Zur Technik der Psychoanalyse und zur Metapsychologie”（Freud, 1924）という一冊に収められ，邦語訳でも一書（フロイト著作集第9巻（小此木訳，人文書院，1983））にまとめられている。それらを読むとフロイトが精神分析を確立する過程のさまざまなプロセスも合わせてたどることができる。小此木はFreudの技法論を手短に知るために特に3つの論文を挙げている。それらは「分析医に対する分析治療上の注意」（1912）と「分析治療の開始について」（1913）そして最も重要なものとして「想起，反復，徹底操作」（1914）である（小此木他，1983）。

初期のFreudの治療技法は，無意識内容の意識化という最も基本的な路線に沿ったものであり，また「夢判断」の段階では，夢内容の解釈を与えるのみで十分だと考えていたようである。しかしFreudはやがて，それだけでは十分ではないという認識を得るようになった。それが患者の側の反復強迫などの抵抗の発見であり，そのために徹底操作や抵抗の分析といった介入を考えるようになったのである。それが最も重視する論文「想起，反復，徹底操作」により一定の完成を見たことになる。

Freudの展開した技法論は，その後何人かの分析家によりより詳細にまとめられた。Fenichel, O.による技法論（1941）や，わが国でもよく知られたMenninger, K.の治療技法論（1959）は，そのような路線に従って書かれたものである。これらにおいては精神分析が治療法としてすぐれているという確信と，技法論の発展とは深く関係していたと言えよう。

3．Freud以後の技法――「基本原則」と「経験則」

Freud以降の技法論において生じた変化とはどのようなものだったのだろうか？　それは匿名性，禁欲規則，中立性という原則に沿ったFreudの技法をいかに遵守するかという立場から，実際の精神分析の臨床をどのように進めていくのか，その中でFreudの技法をどのような形で運用していくのか，というテーマへの移行である。Freud自身はこれらの治療原則を唱えた一方では，実際にはそれとはかなり外れた臨床を行っていたという数多くの報告がなされている（Lynn, 1998 など）。**この事情は端的に治療原則をそのまま臨床場面に当てはめることがいかに難しいかを表しているといえるであろう。実際の分析療法では，これらの原則が実際にはどのように運用され，臨床に応用されるのか，という議論への移行はある意味では必然であったともいえる。**

1960 年代の半ばに出版された Greenson のテキスト（1967）は最も広く読まれた精神分析のテキストのひとつといえるが，そこに収められた技法には，現在においても臨床場面に応用できるものが多く含まれている。それらの中からたとえば抵抗の扱い方に限定していえば，「抵抗は，その内容に入る前に表層から扱う」とか「転移の解釈は，それが抵抗となっているときに扱う」などの記載がある。ただしこれらは，技法というよりもむしろ分析療法を進める上での経験則ないしは教訓ととらえるべきかもしれない。

一般に精神分析的な技法と呼ばれるものには，Freud の述べた技法論およびそれを敷衍したものと，実際に分析療法を進める上での経験則ないし教訓といったものに分けられよう。そこで本章ではこれらを「基本原則」と「経験則」という呼び方を用いて分けて論じることにする。

「基本原則」とは Freud が技法論の中で述べたものであり，本来の精神分析が行われる上で守られるべきルール，という意味である。それに比べて「経験則」としての技法とは，「このように考え，あるいは進めることでより効果的な治療を行うことができる」という臨床経験の蓄積から得られた教え，「それを守ることが効果的であることが知られている」ものという意味を持つ。この「経験則」は時には「基本原則」との齟齬すら生じる。すなわちそれはいかに「基本原則」に乗っ取って精神分析を正しく行うかというよりも，いかに関係性を重視し，ラポールの継続を見据えつつ分析作業を行うかという，より患者の側に立った原則ということができる。先ほどの Greenson の技法論にはこの意味での「経験則」としてのそれが多く論じられている。

Freud 以降時代が下るにつれ，精神分析における技法の発展には，この「経験則」が徐々に重要な位置を占めるようになったが，そこにはまた精神分析的精神療法の広がりも影響していた。米国では 20 世紀半ばより，境界性パーソナリティ障害の治療に有効な治療技法の必要性が生じ，精神分析より頻度を少なくし，対面法を用いた精神分析的精神療法がより広く用いられるようになった。そしてそれをさらに洞察的療法と支持療法に分けて論じるという流れが生まれた。そこには，古典的な精神分析的な技法に，どのような場合にどのような変更を加えるかという豊富な議論が含まれていた。それに伴い分析的な精神療法に関するさまざまなテキストが著されることになった。Langs, R. の上下巻に及ぶ技法論の大著（1977）は，その流れに沿ってかかれたものの代表的なものと言える。

4．治療技法と倫理との関係

精神分析の理論の発展とは別に進行しているのが，倫理に関する議論の流れである。そして最近の精神分析においては，精神分析的な治療技法を考える際に，倫理との係わり合いを無視することはできなくなっている。精神分析に限らず，あらゆる種類の精神療法的アプローチについて言えるのは，その治療原則と考えられる事柄が倫理的な配慮に裏づけされていなくてはならないということである。考えてもみよう。さまざまな精神療法を熟知し，トレーニングを積んだ治療者が，実は信用するに足らない人物であるとしたら，いったいどのようなことが起きるだろうか？　あるいは治療者があらゆる技法を駆使して治療を行うものの，それが結局は治療者の自己満足のための治療であったら？

「治療者が患者の利益を差し置いて自分のために治療をすることなどありえない」，と考える方もいるかもしれない。しかし基本的には治療的な行為は容易に「利益相反」の問題を生むということを意識しなくてはならない。「あなたは治療が必要ですよ。だから私のところに治療に通うことをお勧めします」という言葉は一見自然に聞こえるかもしれない。しかしそこには，すでに利益相反の要素が忍び込んでいるのである。

ここで少し私の私的な経験について書いておこう。私が米国のメニンガー・クリニックに留学していた時，最後のスーパーバイザーは少し変わった人だった。彼は若い頃はかなり厳格なフロイディアンだったが，ある時偶然が重なってシカゴにコフート理論のセミナーを受けに行くことになった。しかしその時からすっかり考え方が変わってしまい，後にメニンガーで随一のコフート派の論客になってしまった。彼はそれまでの分析の常識を覆すようなことを語るようになっていたが，ある時バイジーの私に明言した。「ある意味では，分析家は倫理的に問題ないのであれば，何をやってもいいということになるんだよ。」

私は一瞬「あれ？」と思い，「いくらなんでもそれはないだろう」と思い，一生懸命それを反駁しようとした。しかしそれから20年くらいになるが，結局彼の言ったことは正しかったと考えるようになってきている。そして彼の言葉は実に重要なテーマを投げかけてくれたとも考えている。「常に自分がやっていることの倫理的な意味を考えよ。」「非倫理的なことであれば，たとえ分析の教科書に載っていてもやるべきではない。」

これを実践することは実は何らかの精神療法のマニュアルに書かれている治療原則にのっとって治療を行うよりもはるかに込み入っていると考えている。

近年医療に関しても，サービス産業にしても，消費者ないしは受益者，英語ではconsumerと呼ばれる側の人たちをいかに守るかということが重要な課題となってきている。精神療法においても，患者の利益が最優先されるべきであることは論を待たない。治療の原則がいかにあるべきかは，医療の倫理性の追求と歩調を合わせなくてはならない。

いったいこの受益者優先の考えはどこから来たのだろうか？　それはあまりに明らかなことだろう。それはサービスを受ける側である受益者たちが声を上げるようになったからだ。時代は明らかに一つのベクトルを持っている。それはあらゆる意味での差別や格差を撤廃するという方向性であり，平等主義である。もちろん局所的に見れば，差別やそれに基づく虐待が増加したり悪化している共同体もあるだろう。女性を奴隷扱いするISISなどはその一例かも知れない。しかし全体的な流れとしては明らかにこの平等主義に向かっているし，もちろんわが国も含めていわゆる先進諸国においてはそうである。そしてそれは精神分析の分野についてもいえることだ。私たちが本書で紹介している関係精神分析においても，そこにあらゆる学派に属し，異なる資格を有している人たちが集合している以上，そして多くの人権論者やフェミニストたちが属している以上，その傾向は特に強いといえるかもしれない。患者にとってフェアであることはその最も基本的な精神としてあるべきなのだ。

他方これを体験する患者の側を考えたらどうだろう？　私の考えでは，実は治療者の倫理性は，患者が最も敏感に感じ取るものであると思う。治療者が搾取的でないということは，治療者の用いる技法やその表向きの表情を通して患者が感じるものである。「この治療者はいつも黙っていて能面のようだけれど，私の話を真剣に聞いてくれている」「この分析家はポーカーフェイスだけれど，それは分析治療とはそういうものであって，本当は良心的で誠実な人だ」という体験であろう。もしそれがなかったとしたら，患者はどうやって治療を続けることができるだろうか？　唯一の可能性があるとしたら，それをどこかで心地よく思っている患者自身のマゾヒズムが関係しているのではないか。

5．倫理の問題と訴訟との関係

精神分析において倫理の問題が問われるようになる流れの推進力となったのが，訴訟問題である。権力を持つ側が，それに伴う力の濫用を自ら反省し，襟を正すことは通常はほぼありえない。力の濫用は被害をこうむった人々からの声により正されていく。ただし被害者は人類が始まって以来つねに存在していた。その声を無視しないだけの社会の成熟が必要だったと言える。

精神分析に関する訴訟の中でも特に象徴的な出来事が，米国でのオシェロフ vs. チェストナットロッジという訴訟（1980 年）であった。

42 歳の医師オシェロフ氏は深刻な抑うつ状態に悩んでいた。そしてメリーランド州のチェストナットロッジという精神病院に入院した。しかしそこでは精神分析的な精神療法しか行われず，同氏のうつ病が改善することはなかった。彼は別の病院に転院し，そこで薬物療法を受けて症状は改善した。そこでオシェロフ氏は，妥当な治療を施さなかったとしてチェストナットロッジを訴えたのである。

この訴訟は最終的には示談となったが，これを一つの切っかけにして精神医学の世界でインフォームド・コンセントの問題がますます重視されるようになった。そしてこの事件が精神分析の世界に与えた衝撃は大きかった。それまで自らの治療の効果に関して比較的楽観的であった分析家たちは，その治療法の有効性を説明し，それを薬物療法やそのほかの精神療法に優先して，あるいはそれと平行して行われるべきことを示す必要に迫られることになったのである。また他方では，それは精神分析の立場からの倫理綱領の作成が促されるきっかけとなった。

現在米国の精神分析協会では，その倫理綱領を定めているが，その中には技法とのかかわりが重要になるものが少なくない。

6．身近に出会う倫理性の問題の例

その倫理的な配慮の中でも基本的なものとして，二つ挙げておこう。

1）インフォームド・コンセント

治療者の側の倫理としてまず関わってくるのが，昨今議論になることの多いインフォームド・コンセントであり，それと密接な関係にある心理教育の問題である。インフォームド・コンセントが何を意味するかは読者は皆ご存知だろう。患者に治療の選択肢としてどのようなものがあるのか，それぞれについてどのような効果が期待され，それに伴うリスクはどのようなものか，などを説明した上で，特に勧める治療に合意してもらうことである。そしてその前提となるのが，患者の病気や障害についての見立てを行い，その情報を開示し，必要に応じて心理教育を行なうことだ。これらのことをきちんと行なうためには，かなりの時間と精神的なエネルギーを要するし，そのための治療者側の勉強も必要となる。

しかしこのインフォームド・コンセントの考えは，伝統的な精神分析の技法という見地からは，かなり異質なものであった。すくなくとも精神分析の歴史の初期においては，分析的な技法を守ることと倫理的な問題との齟齬が生じる余地は考えられなかったといってよいだろう。精神分析的な技法に従うことは，より正しく精神分析を行うことであり，それは治癒に導く最短距離という前提があったからである。従ってそれをとりたてて患者に説明して承諾を得る必要はなく，またそれは治療者の受身性にもそぐわず，また患者に治療に対する余計なバイアスを与える原因と考えられることもあった。

2）症例発表の承諾

もう一つの例が，症例発表の承諾に関する問題である。学会や症例検討会などで症例の報告及び検討は欠かせないものであるが，実はその際に得るべき承諾の問題は，決して単純ではない。症例報告にはことごとく患者の承諾が必要なのか，それとも個人情報を十分な程度に変更したり一般化した場合には，承諾の必要はなくなるのか？　これは決して単純に答えを出すことができない実に錯綜した問題である。その根底にある一つの大きな問題は，はたして承諾するか否かを尋ねられた患者の側に，どの程度それを断るという選択肢が自由に与えられているかという問題だ。これについてはGabbardが以下のように述べている。

> このアプローチの主要な欠点には，治療を行なう二者のプライバシーが侵害

> されるということやそのような環境では機密性が犯されていると患者が感じてしまう危険があるということがある。そのような状況で行なわれるインフォームド・コンセントが本当に自由意志によるものであるのかどうかには疑問符が付く。なぜなら，転移が強力すぎて嫌とはいえないのかもしれないからである。 (Gabbard, G., 2010, p. 228)

このことはおそらく治療が終わった際の承諾にもある程度言えることであろう。さりとて症例報告を失くすことは，分析家としてのトレーニングや学術交流のためにありえないことを考えると，これは私たちが語るまいとする力が一番強く働く問題なのかもしれない。

７．米国精神分析学会における倫理綱領の抜粋

米国精神分析協会による倫理綱領（Dewald, Clark, 2001）を読むと，時代の流れを感じる。アメリカの精神分析協会といえば，最も保守的で伝統を重んじる機関のはずだが，そこで定められている倫理規定は決して「Freud の唱えた基本原則を守り，正しい精神分析療法を施しなさい」ということではない。ここで特に従来の「基本原則」に触れる可能性のある条項をいくつかピックアップして列挙してみる。

分析家としての能力

- 自分が訓練を受けた範囲内でのみ治療行為を行う。
- 理論や技法がどのように移り変わっているかを十分知っておかなくてはならない。
- 分析家は必要に応じて他の分野の専門家，たとえば薬物療法家等のコンサルテーションを受けなくてはならない。（以下略）

平等性とインフォームド・コンセント

- 精神分析はインフォームド・コンセントに基づき，互いの同意のもとに行われなくてはならない。
- 立場を利用して，患者や生徒やスーパーバイジーを執拗に治療に誘ったり，現在や過去の患者に自分を推薦するよううながしてはならない。（以下略）

正直であること

- キャンディデート（候補生）は，患者に自分がトレーニング中であること，スーパービジョンを受けていることを伝えることが強く望まれる。
- 分析の利点とそれによる負担について話さなくてはならない。
- 嘘をついてはならない。（以下略）

患者を利用してはならない

- 現在及び過去の患者，その両親や保護者，その他の家族とのあらゆる性的な関係は非倫理的であり，それは分析家からの誘いによるものもその逆も同じである。身体的な接触は通常は分析的な治療の有効な技法とは見なされない。
- 現在および過去の患者やその両親ないし保護者との結婚は許されない。（以下略）

患者や治療者としての専門職を守ること

- 難しい症例についてはコンサルテーションを受けなくてはならない。
- 病気になったら同僚や医者に相談しなくてはならない。
- 患者の側からスーパービジョンを受けることを請われた場合は，その要求を真摯に受け止めなくてはならない。（以下略）

8．医療倫理の四原則

ちなみにこの精神分析的な倫理綱領は，特に精神分析や精神医学に限定されない医療全般に関する倫理原則を背景としているといえる。そこでいわゆる医療倫理の4原則についても紹介しておきたい。それらは「無危害」，「善行」，「正義」，「自律尊重」と呼ばれるものだ。もう少し詳しくこれらを説明すると以下のようになる（Lo, B., 2005）。

1．無危害原則……「来談者に害悪や危害を及ぼすべきではない」。
2．善行原則……「来談者にとって医学的に最も適切で利益が多いと思われる治療行為を行うように努める」。
3．正義原則……「社会的な利益と負担は正義の要求と一致するように配分されなければならない」。すなわち医療現場では，医療資源の公正な分配が必要であり，不正行為や不公平が生じてはならない。

4．自律尊重原則……「来談者が自分で考えて判断する自律性を尊重しなければならない」。来談者の主体性を尊重せよということである。

従来の医療においてはこのうち善行原則が重んじられたが，最近では自律尊重原則が重視されるようになり，そこではインフォームド・コンセントが特に重要であるとされている。

以上に示した精神分析学会の倫理綱領（抜粋）や，その背後にある医療倫理の４原則は，精神分析における技法にどのような影響を与えるのであろうか？

一ついえるのは，これらの倫理的な規定はどれも，技法の内部に踏み込んでそのあり方を具体的に規定するわけではないということである。しかしそれらが「基本原則」としての技法を用いる際のさまざまな制限や条件付けとなっているのも事実である。

倫理綱領の中でも特に「基本原則」に影響を与える項目が，分析家としての能力のひとつとして挙げられた「理論や技法がどのように移り変わっているかを十分知っておかなくてはならない」である。これは従来から存在した技法にただ盲目的に従うことを戒めていることになる。特に匿名性の原則については，それがある程度制限されることは，倫理綱領から要請されることになる。すなわち「キャンディデートは，患者に自分がトレーニング中であること，スーパービジョンを受けていることを伝えることが強く望まれる」という項目に従った場合，分析家は自分が修行中の身であり，ケースが上級の分析家により監督されていることを告げることになるであろう。このようなことは，従来の精神分析療法においては想定されなかったことであり，現在でもそのような方針は分析家の匿名性を犯すものとして，抵抗を示す分析家も少なくないであろう。

同様のことは中立性や受身性についても当てはまる。分析家が沈黙を守ってもっぱら患者の話を聞くという姿勢は，それが患者にとって有益となる場合も，そうでない場合もあろう。それは患者によっても，またその置かれた治療状況によっても異なる。そうである以上，中立性や受身性は，それにどの程度従うかは個々の治療者がその時々で判断すべき問題となる。すなわち「基本原則」の中でも匿名性や中立性は，「それらは必要に応じて用いられる」という形に修正され，相対化されざるを得ない。

ただし「基本原則」の中で禁欲規則については，少し事情が異なる。なぜならこの原則は倫理原則にある意味では合致した原則と考えられるからである。Freudの「治療は禁欲的に行われなくてはならない」というこの原則については，禁欲する主体が治療者か患者かという問題について曖昧さが残るが（小此木他，1983），通常はそれは治療者側のそれと患者側のそれとに分けて議論される（Renik, O., 2006）。このうち「治療者側は治療により自分の願望を満たすことについては禁欲的でなくてはならない」とするならば，それはまさに倫理原則そのものといっても過言ではない。また逆に「治療者は患者の願望を満たさすことには禁欲的でなくてはならない」とするのであれば，これは上述の意味で相対化されるべきものであろう。なぜなら患者の願望の中にはかなえられるべきものとそうでないものがあるであろうし，一律に患者の願望をかなえないという原則を設けることは，非倫理的との批判に甘んじなくてはならないであろうからだ。

他方治療技法の中で「経験則」のほうはどうであろうか？　先ほど「経験則」は関係性を重視し，ラポールの継続を目的としたもの，患者の立場を重視するもの，と述べたが，それはある意味では倫理的な方向性とほぼ歩調を合わせているといえる。倫理が患者の利益の最大の保全にかかっているとすれば，「経験則」はいかに患者の立場に立ちながら分析を進めるか，ということに向けられているといってよい。たとえば表層から，というのはそれにより患者のショックや侵入されたという感覚を和らげるという意味では倫理的な姿勢と方向性が一致するのである。

9．関係性精神分析における技法と倫理性

以上の議論を踏まえたうえで，現代的な精神分析理論，特に関係精神分析における技法論について論じてみよう。

精神分析はこの半世紀の間に実にさまざまな技法論を生み，多種多様な理論的立場が提唱されている。このことは，技法論の一元的なテキストを編むことをますます難しくしているといっていいだろう。また立場によっては技法の持つ意義に対する根本的な疑問すら唱えられている。たとえばいわゆる間主観性理論の立場や関係精神分析においては，技法を越えた治療者と患者の関係性の持つ治療的な意義に重点が置かれる傾向にある。そのような空気の中で，精神分析的な技法論という大上段に構えた著作は影を潜め，精神分析的なかかわり

の持つ技法以外の側面が強調されるようになったのである。

現在の精神分析においては，一般に分析状況における技法を超えた治療者と患者のかかわりや出会いの重要性がますます強調されるようになってきている。ボストングループではそれを，暗黙の関係性の了解 implicit relational knowing，出会いのモーメント moment of meeting などと称している（Stern, D. N., 2004）。Renik（2006）は，治療関係はいつも，目隠しをして飛行をしているようなもので，何が有益だったかは，あとになってわかるようなものであるとする。

これらの議論によれば，精神分析は技法を学ぶことによりマスターされるものではなく，より臨床経験を積み，また自らの教育分析の経験を役立てることが重視されるべきものといえるだろう。それは先ほどの分類で言えば「基本原則」からのますますの乖離であり，またそれぞれの立場からの経験値の蓄積，すなわち「経験則」の積み重ねということもできる。

倫理性の問題は，関係精神分析における基本概念ともつながる。関係精神分析の立場にある Hoffman, I.（1998）によれば，技法について論じることは，治療における弁証法的な両面の一方に目を注ぐことにすぎないことになる。彼によれば精神分析家の活動には，「技法的な熟練」という儀式的な側面と，「特殊な種類の愛情や肯定」という自発的な側面との弁証法が成立しているという。この理論に従えば，技法は，分析家の行う患者とのかかわりの一部を占めるに過ぎないことになる。

彼の主張によれば，分析家が技法を用いることに伴う権威主義は，もう一つの側面，すなわち分析家もまた患者と同じく死すべき運命にあり，患者と同じ人間である，という側面を併せ持つことにより意味があるという。その意味で，分析家のかかわりは，結局は患者が幼少時に持つことができなかった母親との関係の代用に過ぎないという側面を持つことになる。彼の文章を引用しよう。

> しかし私たちは分析家が限られた予定時間内の料金による関係の中で，早期の情緒的な剝奪を補ってくれることをどの程度期待できるのであろうか？それは実際に，現実の世界における誰かとの良好で親密な関係の，まさに不出来な代用でしかないようであり，ましてや神との信頼すべき関係のようなものではないのは言うまでもない。そして確かに精神分析には，支払う側の方が支払われる側よりも援助を必要としかつ傷つきやすいという側面があり，それは最適とは言えず，有害で搾取的でさえあるという言い表し方も無理か

> らぬ側面がある（中略）。しかしその不満で頭がいっぱいになっている患者は，おそらく分析の外で親密な関係を築く上でも同様の不満を持つことで，ハンディキャップを負っているであろう。結局それらの親密な関係も，両親像との早期の理想的な結びつきの空想にはかなわない限りにおいて，不出来な代用として経験されるであろう。こうして分析的な関係の持つ目を覆うべき限界にもかかわらず，その価値を評価して高めていく方法を見つけられる患者は，他の関係性についても，それを受け入れて最大限に活用したりするためのモデルを作り出していくであろう。
>
> （Hoffman, 1998「儀式と自発性」第1章，岡野訳）

つまり精神分析における治療者患者関係は，それ自体が，分析家の権威主義に抗する形での平等主義を内在化したものとして説明される。分析家の態度が権威により引っ張られる傾向にある分だけ，分析家自身の持つ倫理性はより大きな意味を持つということになる。ただしこのことは，分析家の技法を用いる態度を否定するものではない。分析家という専門技能を有し，それを用いることに伴う権威は，むしろ分析家の人間としての側面が治療的な意味を持つためには必要な要素と言えるだろう。

10．最後に

精神分析技法という観点から倫理問題を考え，最後に関係精神分析の立場を論じた。技法という点からは，それを便宜的に「基本原則」と「経験則」にわけて論じた。そして最近の流れの中で尊重されるようになった倫理原則に鑑みながらこれらの原則について考えた場合，少なくとも「基本原則」に関しては，それを相対化したものを考え直す必要があるという点について述べた。他方の「経験則」についてはむしろ倫理原則に沿う形で今後の発展が考えられるであろう。そしてそれは関係精神分析の趣旨とおおむね一致していると考えることができるのだ。

文　献

Fenichel, O.（1941）Problems of Psychoanalytic Technique. Psychoanalytic Quarterly,

Albany.
Freud, S.（1912）Recommendations to Physicians practicing psycho-analysis. S.E. 12.（小此木啓吾訳：分析医に対する分析治療上の注意．フロイト著作集 9．人文書院，1983.）
Freud, S.（1913）On Beginning The Treatment. S.E. 12.（小此木啓吾訳：分析治療の開始について．フロイト著作集 9．人文書院，1983.）
Freud, S.（1914）Remembering, repeating and working-through. S.E. 12.（小此木啓吾訳：想起，反復，徹底操作．フロイト著作集 6．1970.）
Freud, S.（1924）Zur Technik der Psychoanalyse und zur Metapsychologie. Internationaler Psychoanalytischer.
Gabbard, G. O.（2010）Long-Term Psychodynamic Psychotherapy: A Basic Text, Second Edition. American Psychiatric Association Publishing.（狩野力八郎監訳：精神力動的精神療法――基本テキスト．岩崎学術出版社，2012.）
Greenson, R.（1967）The Technique and Practice of Psychoanalysis. Vol. 1. International Universities Press, New York.
Hoffman, I. Z.（1998）Ritual and Spontaneity in the Psychoanalytic Process. The Analytic Press, Hillsdale, London.
Langs, R.（1977, 1989）The technique of psychoanalytic psychotherapy: volume I, II. Jason Aronson.
Lo, B.（2005）Resolving Ethical Dilemmas: A Guide for Clinicians. Lippincott Williams & Wilkins; Third edition.（北野喜良，中澤英之，小宮良輔監訳：医療の倫理ジレンマ．西村書店，2003.）
Menninger, K.（1959）Theory of Psychoanalytic Technique. Basic Books, New York.
小此木啓吾他編（1983）精神分析セミナーⅢ フロイトの治療技法論．岩崎学術出版社，1983.
Renick, O.（2006）Practical Psychoanalysis for Therapists and Patients. Other press.
Stern, D. N.（2004）The Present Moment in Psychotherapy and Everyday Life. W. Norton & Company.（奥寺崇監訳／津島豊美訳：プレゼントモーメント――精神療法と日常生活における現在の瞬間．岩崎学術出版社，2007.）

第12章　精神分析の倫理的転回
――間主観性理論の発展

富樫　公一

1．はじめに

倫理とは，個人や集団の価値観や道徳について考えることである。言いかえればそれは，個人が他者や社会とどのようにかかわると善いのかをテーマとして考えることである。精神分析臨床でいえばそれは，何が真実なのか，何が問題なのかを明らかにするということではなく，分析家や患者がどのように考え，行為すべきなのかを考える作業になるだろう。

精神分析における倫理の問題は，さまざまな次元や水準にわたっている。一般的にそれは，分析家として専門技能を提供することに関する倫理（APA, 2008），患者の社会的に逸脱した行動をどのように考えるかという問題，倫理意識の精神発達プロセスと治療プロセスの関係，といった三つのテーマで論じられることが多いだろう。一番目の「分析家として専門技能を提供することに関する倫理」では，本書では第11章で岡野が詳述しているように，専門家が患者（たち）に対してどのようにふるまうべきなのか，ということがテーマとして扱われる。二番目の「患者の社会的に逸脱した行動をどのように考えるのかという問題」では，そのグループや時代，文化では道徳的ではないとされる行動が分析の対象となったとき，分析家と患者はそれを臨床的にどう考え，扱うべきなのかということがテーマとされる。そして，三番目の「倫理意識の精神発達プロセスと治療プロセスの問題」では，個人における道徳や規範意識がどのように形成されるのか（あるいは阻害されるのか）というテーマとされる。

Freud（1920, 1923）の超自我の概念は，まさに三番目のテーマである。哲学者のTauber（2010）は，哲学者としてのFreudを検証し，彼を「経験に基づいた心理学と，道徳的自己責任の世界観を結び付けた人間哲学をもとに，人間の性質についての独自の哲学を発見した」(p. xiv) 人だと述べている。Freud はその意味で，「精神分析の究極の倫理的ミッション」を持っていた。精神分析は，道徳や価値観についての独自の考え方を含んだ倫理学としての側面も持っているのである。

しかし近年，ここに挙げた三つのテーマと関係しながらも，異なる次元での倫理の問題が注目されるようになってきた。それは，「精神分析の倫理的転回 Ethical Turn in Psychoanalysis」と呼ばれ（Baraitser, 2008; Corp, 2013; Brothers, 2014; Orange, 2013, 2014a, 2014b, 2016; Sucharov, 2014; Weisel-Barth, 2015），間主観性理論や現代自己心理学において特に議論されるようになった。倫理的転回は，一体どんなことを意味しているのだろうか。本章の目的は，これを理解することである。

倫理的転回を理解するためには，まず時代の価値観の変化を理解しなければならない。分析家も患者も，時代や文化という文脈の中のあることは間違いなく，集団や他者との善い関係を考える倫理の問題は，これを抜きに論じることができないからである。そこで本章では，まずは，Kohut の記述をもとに時代の価値観の変化と精神分析との関係について述べ，そののち，なぜ，間主観性理論や現代自己心理学が倫理的テーマに取り組むようになったのかについて述べる。そして，間主観性理論や現代自己心理学が力を入れて議論を続ける倫理的転回というものについて考えてみたい。最後に，簡単な臨床事例を用いて，倫理的転回が私たちの臨床作業をどのように変えるのかを示してみよう。

2．時代の価値観の変化

筆者が他のところで繰り返し述べてきたように（富樫, 2015, 2016; Togashi, 2014c, 2014d, 2015），Kohut は時代の変化が精神分析に与える影響に敏感だった。Kohut は以下のように述べ，精神分析臨床は新しい価値観を常に取り込みながら進められなければならないと主張している。

> [Freud の] 理想の全体的な統合によって，新しい時代の分析家は，人間科学のすべての部分において，価値観のヒエラルキーの変化の先導者になることができる。それは，真実 - 現実の倫理観から共感の理想化へ，明確さと妥

協のない合理性の尊重から科学的に統制された自己の拡大の尊重へという，強調点の移動を通してなされるものである。　(Kohut, 1975, p.334)

Kohutは，Freudの時代を，たくさんの家族構成員に囲まれた濃厚な対人関係による葛藤の時代と見ていた。そして彼は，自分自身が生きた時代を，核家族化が進み，関係の希薄な中で自分の存在意義や価値を保つことが難しくなった時代ととらえた。彼は，その変化に呼応して，精神分析の価値観は，周りとうまくやるために抑え込んだ「真実」(Freud, 1916) を発見することによって得られる確定的な「私」を探索することから，理念の希薄な世界において理想化の対象を追及することへと移ったと述べている。前者は，構造化された自我を通して得られる無意識の合理的理解が第一の世界で，後者は，安定した大きなもののもとでの自己の拡大が第一の世界である。精神分析の仕事は，患者の心の中にある隠れた真実を暴き出すことではなく，患者が自分自身を豊かで，活力に満ち，肯定的存在だと感じられるようにすることだというわけである。

このKohutの記述からすでに40年近く経っている。2016年に生きる私たちにとって，注目すべき時代の価値観や対人関係状況は何だろうか。筆者の考えでは，これは，「価値観の不確かさ」である（富樫，2013, 2015, 2016; Togashi, 2014a, 2014b, 2014c, 2015; Togashi & Kottler, 2015）。それは，Kohutが述べた「理念の希薄な世界」よりずっと不確かな，きわめて安定性を欠いた世界のあり様である。筆者は以前，以下のように述べた（富樫, 2016）

（価値観が不確かな世界では，）理念があるといえばあり，ないといえばなく，対人関係が濃厚かといえば濃厚で，希薄かといえば希薄である。そうしたあり様は，状況と文脈に応じて刻々と変化し，個人や集団の体験と取り方によっていかようにもなるもので，その変化さえも操作不可能で予測不可能な世界である（Coburn, 2007; 富樫 , 2011, 2013; Togashi, 2014c)。何がきっかけになってメディアに攻撃されるかわからず，昨日加害者だと断じられ攻撃されていた人が，明日には犠牲者として祭り上げられることもある。地震は予知された場所とは異なる場所で起こり，人々が予知は不可能だと思っていると，実は別のところですでに予知されていたという情報が流れる。インターネットの普及によって多くの情報が飛び交い，却って，さまざまな現象が操作不可能性と予測不可能性の中に拡散していることは，現代の私たちの多くが体験していることだろう。

> コフートは，個人の精神病理を作り出すものとして，周りに他者がいない世界を描いたが，筆者がここで描いているのは，周りに人はいるかもしれないし，いないかもしれないし，人がいたとしても，その人が自己感を高めることに貢献しているかもしれないし，貢献していないかもしれないという，どちらなのかわからない世界である。インターネットだけでのヴァーチャルな対人関係は，そこに人がいると言えばいて，いないと言えばいない。そこで現れた他者が自分の価値を確認してくれたようにも感じられるが，その他者は何をもって私の価値を確認してくれたのかわからず，またその人がそこにいたのかもわからない。　（富樫，2016, pp. 11-12）

Freudに代表される精神分析の伝統的な倫理体系は，欲望の訓化や文明化である。Kohutが描いた倫理体系は，他者を自己愛的に操作しない形で自己の体験に利用する方法である。では，不確実性を含む世界に生きる精神分析家と患者にとって重要な倫理体系とは，何だろうか。

3．間主観性理論，現代自己心理学理論が新たに必要としたもの

不確実性を含む世界で生きる精神分析家が突き付けられるのは，精神分析理論自体の不確かさである。私たちが信奉する理論は，信じるに足る確かな枠組みだということになっているが，世界の不確かさに素直に向き合ってみると，その理論がいかに確かでないのかがわかる。精神分析で太刀打ちできない患者はいくらでもいる。Bacal（2011）は，精神分析には「公然の秘密があって，――それでも意外とまだ広く知られていないが――私たちの公式的な理論は，治療で何が起こっているのかについていつも説明できるわけではない――ものによっては全く説明できないものもある」（pp.7-8）と述べている。精神分析の理論では，精神病理は，そのもとになる明確な構造体や組織から生じると仮定されているが（Kernberg, 1975; Kohut, 1977），そのような構造体や組織が実体としてあることを証明できる人はいない。多くの分析家が精神病理の安定性に疑問を唱え，精神病理は文脈に依存して変わることを明らかにしている（Kohut, 1971, 1980; Stolorow, Brandchaft & Atwood, 1987; Mitchell, 1988）。転移や反復強迫，抵抗，解釈といった概念もまた同様である。精神分析的二者関係や行為は，その場そのときの文脈で共創造されるもので（Bacal, 2006; Bacal & Carlton, 2010），それがゆるぎないパターンとしてそこにあるわけでもなけ

れば，その原因を患者の心の中の問題だけに還元できるわけでもない。精神分析を実践する私たちは，「このようにすれば治る」という考えを信じながら仕事をしているが，精神分析状況は偶然の要素さえ含んでいる（Togashi, 2014a, 2014b）。精神分析の教科書を紐解けば，転移の展開や解釈が患者を治すことになっているが，実際のところ，患者が良くなっているのは偶然かもしれないのである。

精神分析家は，不確かさの中で仕事をしている。何が精神分析なのか，何を治しているのか，何が治すのか，どこで治すのか，どのように治すのか，私たちは本当のところはよくわかっていないのかもしれない。私たちは，その不可知性，操作不可能性の中で臨床を続ける不確かさを生き抜かなければならない。精神分析は，学派によらず，患者の中に生じる怒りや悲しみを分析家が生き抜くことの重要性を強調してきたが，筆者がここで言っているのは，精神分析家が，不確かさに耐えられない患者と共に，その人生の不確かさを生き抜くことの重要性である。

では，私たち分析家は，どのようにしてそれを生きるべきなのだろうか。間主観性理論や現代自己心理学も，この問いに十分答えているわけではない。間主観性システム理論は，患者と分析家が互いの主観性が互いに影響を与えあう中に，関係のフィールドが組織されるプロセスを明らかにした。現代自己心理学のシステム理論は，人間関係のプロセスは瞬間瞬間に影響を与えあい，それぞれの文脈の中で不可知性や予測不可能性（Hoffman, 1998; Harris, 2009），偶然性（Togashi, 2014a, 2014b），複雑性（Coburn, 2007）を含みながら展開していくことを明らかにした。その理論は，精神分析に，それまでの一者心理学とは異なり，二者心理学的プロセスそのものを分析の対象とする広い視座を提供したのである。そのような視座は，その理論自体も含めて，精神分析家が拠って立つ理論や技法に確かなものはないということを明らかにしたが，そこに，分析家が患者とともに人生の不確かさをどうやって生き抜くべきなのかという問いへの明確な答えを含んでいるわけではなかった。

ここで私たちが認識しておかなければならないのは，間主観性システム理論も現代自己心理学のシステム理論も，精神分析作業がどのようなプロセスによって成り立っているのかを明らかにするモデルだったことである。自我心理学や対象関係論，自己心理学のモデルがそうであるように，それもまた「そこに生じていること」を分析する対象としていた。つまり，それも分析家が明らかにしたり，解釈したりすべき内容について記述した理論だったのである。そこには，「分析家は，あるいは，患者はどうすべきか」という行動基準，価値基準が欠けていた。その中で彼らが始めた「倫理的転回」とはつまり，欠けているその部分を探求する作業である。Relational turnは精神分析の視座の転回だったが，Ethical turnは精神分析の行動規範や価値観の転回なのである。

4．倫理的転回

間主観性理論家や現代自己心理学者たちが追求する倫理的転回は，二つの方向性にわかれている。一つは不確実性を含む世界や社会との間で自分はどのように生きるべきなのかという問いに関するもので，もう一つは，目の前にいる患者という他者との間にどのような関係を持つべきなのかという問いに関するものである。

1）不確実性を含む世界や社会との間でどのように生きるべきかという問い

不確実性を含む世界や社会，他者との間で自分はどのように生きるべきなのかという問いは，世界や人間の不可知性，有限性，偶然性，不条理，無常に対して，分析家と患者がどのように向き合い，分析作業の中で何を探していくべきなのかという問いに置き換えられる。そこで探すものは，無意識の衝動性や空想，対象関係，自己体験，自己対象体験の失敗や修復，葛藤や防衛，間主観的プロセス，病理といったものではなく，「生き方」である。それはもちろん，分析家や患者が分析室の中でどのように互いに生きるべきなのかというテーマにもつながる。

Stolorow（2007）は，トラウマの実存的意味に注目した省察を行っている。彼はトラウマが「日常生活の絶対性」（Stolorow, 2007，邦訳p. 25）を破壊すると述べる。「日常生活の絶対性」とは一種の信念システムで，人は普段，それを通すことで世界を安定的で予測可能なものだと体験している。彼の見方では，「トラウマの体験は永遠の現在にストップモーション化されたものに」（邦訳p. 31）なり，サバイバーの時間的体験を壊してしまう。人はそこで，存在の脆弱性，人間的限界，有限性，無常に直面させられる。彼にとってトラウマは，修復されるべき病理ではなく，「闇の中の同朋」によってのみ共有される苦痛の体験そのものである。

Brothers (2008) は，トラウマは，心理的生活のスキーマを作っている確かさの感覚を破壊することによって，関係システムを無秩序にし，人に耐えがたい不確かさの感覚をもたらすと述べている。彼女にとってトラウマは，人がこの世に存在していることの確かさの破壊と，それを取り戻そうとする奮闘との間に広がる複雑な現象である。そこで彼女が強調するのは，分析家自身も自分がトラウマから自由になっている存在ではないことを認め，その体験と感覚を背負ったまま患者と向き合う正直さを持つことの大切さである。

日本の美意識である「もののあはれ」や，無常という言葉に込められた感覚に注目する筆者 (Togashi, 2010) は，精神分析の作業の一つは，患者が世界の不条理や偶然性を人生の中に組み込んでいくプロセスをともに見つめていくことだと考える。筆者にとって，人間の悲劇性のもとにもなり，人が生きる価値のもとになるのは，世界の偶然性である (Togashi, 2014a, 2014b, 2015; Togashi & Kottler, 2015; Togashi & Brothers, 2015)。人は偶然にこの世に生まれ，偶然の体験に対処しながら生きていく。人は，自分の生誕をあらかじめ知ることはできず，それに合意してこの世に生まれるわけでもない。どのような両親の間に生まれ，どのような生活があり，どのような出来事に曝され，どのような人生を送っていくのかということに，インフォームド・コンセントはない (Togashi, in press)。精神分析家は，患者や自分の苦悩は，自分たちがそのようなあり様の世界で生きることそのものであり，具体的な解決法も解釈も意味をなさない場合があることを知らなければならない。

こうした考えは，広い意味で Heidegger の存在論に立脚したものと言えるかもしれない。彼らが強調するのは，外傷的出来事の予測不可能性や不可知性，偶然性によって，人が世界の有限性に直面し，自分が存在することの本来性を見つめようとする意義である。彼らは，トラウマを治療すべき病理や修復すべき問題とは考えない。彼らにとって精神分析の目標は，そのようなあり様を持った世界で，人がどのように生きるべきなのかを探求することである。世界貿易センタービル爆破事件のサバイバーたちの体験を調査した同僚と筆者は，トラウマは世の中そのものであり，それと正直に向き合うことは人生の輪郭を描く作業そのものだと結論づけた (Togashi & Brothers, 2015)。

つまり，ここで描かれる精神分析の価値体系は，世界の有限性や無常，予測不可能性，偶然性，不確実性に正直に向き合おうとする生き方である。それは治療者と患者が互いの有限性に向きあおうとする生き方 (Stolorow, 2007) でもあり，患者と分析家が出会った偶然性を大切にし（Togashi, 2014a, 2014b），今そこにいる相手に正直にかかわろうとする生き方（Togashi, 2014c, 2014d, 2015）でもある。分析室の中でそのよう生きるからこそ，患者と分析家は，さまざまな体験がどのような意味で患者の人生を作っているのかということに，言葉を与えることができるようになる。

2）患者という他者との間にどのような関係を持つべきかという問い

精神分析家として不確かさに向き合ってみると，見えてくるのは世界の不確実性だけではない。そもそも目の前にいる患者を，自分は本当にわかっているのだろうかという問いに直面する。それは，分析家が，患者という他者との間にどのような関係を持つべきなのかという問いであり，患者という人間への責任のテーマだと言いかえることもできる。これは，自分とは異なる他者の人間的問いかけに対して，分析家であるという立場に先立ち，相手に対して無限の敬意を示す態度のことである。それは，患者は（患者にとっては分析家も），決して完全には了解することができない超越的な他者であるということを認める他者性の問題や，患者の人間的な呼びかけに訓練された分析的態度を超えて応答してしまうようなエナクトメントの問題など，関係論が扱ってきたテーマの倫理版とも言える（Orange, 2016）。

Baraitser（2008）は，関係論の立場からBenjamin（1990, 2010）の相互承認の問題点を指摘する。彼女は，Benjaminの考え方は，母親の主体性を強調しすぎていると批判する。Benjaminは，母親や子どもを「対象」としてのみ扱ってきた従来の精神分析を脱却し，それぞれが主体性を持った他者として，相手にも自分と同じ主体があるという認識をともに発達させることの重要性を理論化したが，Baraitserからすればそれは，母親の主体性がまずあって，対象として生き残ることを通して初めて相互承認に到達するようなモデルで，母親の子どもに対する倫理的かかわりが十分に検討されていない。彼女は，母親は自分の主体性を自覚する前に，子どもの顔を見るだけで子どもに呼応してしまうものだと考えた。彼女の考えでは，母親が母親の「私」に目覚めることが，子どもからの問いかけの認識に先立つことはない。Baraitser（2008）は，こう述べる。

何をおいてもまず他者なのである。主体性は，根源的他性，あるいは他者性

> との関係を通して生じてくるものとされる。私の考えでは，母性とは，子どもである「他者」との関係を通して「呼び覚まされる」主体性の象徴的まとまり・了解不能なまとまりのことと見ることができる。私は，邪魔をしたり，癇癪を起したり，泣きわめいたり，要求がましかったり，ころころ変わったり，質問ばかりぶつけてきたり，愛してきたり，予測できなかったり，さっぱりわけがわからなったりする他者は，つまり子どもは，その反応に対して母性的主体を呼び覚ますような種類の他者だと主張したい。
>
> (Baraitser, 2008, p.90)

こうした考え方の哲学的基盤は，Lévinas[注1]にある。彼は，他者と本来的に生きる可能性を探求したHeideggerの存在論も，結局のところ「私」ありきになっていて，他者が，人が死の自覚を通して得られる実存の自覚ののちにはじめて現れるものとされていることを批判する。彼の考えでは，自分の自覚の前に，自分とは絶対に交わらない永遠に了解できない他者がある。了解不可能であるがゆえに，人は，他者の苦悩や訴えに無限に応えるしかない存在だというわけである。

「永遠に了解できない他者」を前提とした無限の敬意と責任を感覚的に理解することは，決して簡単なことではないだろう。「永遠に了解できない他者」というと，まるで自分とは接点のない他者と取り違えられやすく，「無限の敬意と責任」というと，相手とはいつか完全理解しあえるのではないかという無限の期待を前提とした，有限の義務と取り違えられることが多いかもしれない。ここで強調されているのは，そのどちらでもない。分析家にとっても，患者にとっても，相手が絶対的他者であるからこそ，相手との倫理的つながりができるという思想である。

Orange（2013）は裕福な家庭出身ではない治療者が，裕福ではない患者に対して低料金で治療を提供する際に，双方の恥がどのような機能を持っているのかということを考察したCorpt（2013）の論文へコメントをしている。彼女はその中で，低料金での治療の提供は，分析家自身の生まれもっての恥の感覚による防衛というよりも，困っている患者の顔を見れば助けたくなるし，何とかしてあげたくなるという分析家の自然な倫理的態度を含んでいるのではない

注1）Lévinasの思想の理解は，港道隆（1997）『レビィナス――その法 - 外な思想』講談社を参考にもした。恩師でもあり，同僚でもあった故港道教授にこの場を借りて哀悼の意を表したい。

かと論じている。彼女にとって治療的作業は，分析家や患者が倫理的に生きる能力，他者のために生きる能力，思いやりを持つ能力を取り戻すことでもある（Orange, 2016）。

Sucharov（2014）は，イラク戦争の最中にある米国（NY）で，アラブ人の患者に対して政治の話はしないと約束をし，やがてその約束を治療の中で変えていったユダヤ人分析家が提供した治療プロセス（Brothers, 2014）へのコメントにおいて，Lévinasの「言うこと」と「言われること」を引用し，「約束をしようとすること」は約束に先行して他者（患者）の不安や訴えに応じて自然に提供される倫理的応答の一つだと論じている。それは，相手の不安や状況に対する精神分析的共感のプロセスとか，解釈のプロセスといわれるものではなく，自分が呼び覚まされる前に生じるような応答で，人としての相手への責任を果たそうとする行為だというわけである。分析家は治療契約に始まり，患者と多くの約束を交わすが，その約束が他者として現れる患者に呼応して果たされる責任なのか，分析家が分析家としての自覚において患者の主体的意思と交渉するために行う約束なのかは，常に自らに問わなければならない。

このような倫理的転回をけん引する理論家たちは，精神分析理論や技法の確かさが失われた世界では，分析家は，どのような倫理観を持って自分が人間としての患者に応えるのか，ということにより敏感でなければならないと考える。分析家は，中立性や禁欲，抵抗分析や転移分析といった考え方において学んだ行動規範を超えた規範に意識を向けらなければならない。しかしそれは，Baraitser（2008）が，母親倫理が女性の主体性からかけ離れたものではないと言っているのと同様に，分析家の主体性からかけ離れたものであってはならない。同時にそれは，必ずしも，分析家の従来の行動規範と対立したり，破壊したりするものであってもいけない。

患者が邪魔をしたり，癇癪を起したり，泣いたり，要求がましかったり，ころころ変わったり，質問ばかりぶつけてきたり，愛してきたり，予測できなかったり，さっぱりわけがわからなったりする他者であるからこそ，それに何とか応えなければならないとする態度が呼び覚まされるのであり，それがあるからこそ，自分は「ああ，分析家だったんだ」と改めて認識し，同時に自分という人間がそこにいることを思い出すわけである。言い換えれば，患者を患者としてのみとらえ，自分に訴えかける患者を分析対象としてのみとらえていたら，かえって自分が分析家であることを忘れてしまうということである。患者の苦悩に人間的に対応してあげたいという本来的な思いは，精神分析の倫理的枠組みを超えるわけではない。

5．臨床的示唆

倫理的転回は，実際の臨床場面ではどのような形で意味を持つのだろうか。筆者がみていた30代後半の女性患者「みずほ」（仮名）を通して見てみよう。事例の発表については本人の承諾を得ているが，その内容には匿名性を維持するための必要な改編が加えられている。

みずほは，希死念慮，自傷，摂食障害，性的乱脈を訴えて精神分析的精神療法を求めた。彼女は非常に知的に高く，優秀な大学の大学院を修了し，きわめて高度な専門職に就いていた。彼女には兄のように慕っていた4歳年上の同居の従兄がいたが，彼女は彼と児童期から性的な関係を持っていた。その従兄は，彼女が精神療法を希望する一年前に自殺した。その後主訴にあるような症状が出てきて，彼女は職場をやめざるをえなくなる。彼女との精神療法は週2回の対面で行われたが，彼女がしばしば記憶を失ったり，希死念慮を高めたりするので，臨時のセッションを持つことも少なくなかった。精神療法は7年間続いて終了し，現在は元気に働いている。

みずほとの出会いで治療者がまず体験させられたのは，圧倒的な現実の前の無力感だった。彼女の父親もまた高度な専門職業人だったが，躁うつ病で何度も入退院を繰り返していた。父親から家族への暴言，暴力は，彼女が物心ついたときから当たり前のように展開されていた。テレビのブラウン管や窓ガラスは，父親がふりまわす金属バットで粉々にされていた。母親はそんな父親の前になすすべもなく，ただ世の中を嘆き，子どもが暴力にさらされているときに家から逃げ出した。彼女と従兄が性的に結びついたのも，二人からすればある意味で当然のことで，それ以外に生きるすべがなかったからだとも言える。しかし，その関係はさらなる苦悩を生み，そして苦悩の対象でもあり，彼女にとって唯一の愛情の対象でもある従兄は亡くなった。首を吊った従兄を発見したのは彼女で，彼女は一人で従兄の身体を床におろした。彼女は「生体としての力を失って異常に重くなった兄（彼女は従兄をこう呼んでいた）の身体をどうやっておろせたのか，今考えると，自分でも不思議なくらいです」と，淡々と表情を変えることもなく治療者に語った。

セッションでのみずほは，表情も抑揚もなく，時折文脈に関係なく涙を流すだけだった。治療者は何とかして彼女にアクセスしたいと思い，彼女に自分の気持ちを言葉にするように促したが，そんなことで語られる感情は何もなかった。促されるとかえって，彼女は自傷行為をしたり，希死念慮を余計に高めたりするだけだった。

治療者は，みずほがいつ死ぬかわからないという感覚をずっと持っていた。彼女は実際に従兄を自殺で亡くしており，その部屋で寝て暮らしている。彼女は，「兄が首を吊った柱を見ると吸い込まれるように感じる」とも表現していた。しかし彼女は，他の部屋に移ることもできないようだった。彼女にとって，そこが，唯一生きられる場所だったようである。

この状況の中で，治療者は自分なりにできる限りの手を打った。精神科医とも連携を取り，いざというときには即時に入院できる体制を整え，母親とも連絡を取って協力を求めた。治療者と「死なない」という約束を交わすことは彼女に拒否されたが，希死念慮が高まった時には必ず精神科病院か治療者に連絡する約束も取り付けた。彼女が用意していた自殺用のロープは，治療者が預かった。治療者は，彼女がセッションに来るたびに，希死念慮の変化と程度を確認した。実際彼女は，7年間の間に4回入院している。

しかし，さまざまな手を打ってもなお，筆者の中に残ったのは，みずほが本気で自殺を試みたらもう終わりだということだった。治療者がどれだけのことをしても，彼女が最終的にどうするかは絶対にわからないのである。彼女が誰にも何も言わず突然自殺したら，なすすべもない。彼女には，究極の部分で絶対に治療者にはわからないし，把握できない部分があったのである。それは何故だろうか。それは，彼女が治療者ではないからである。治療者は，その当たり前の事実に凍りついた。

セッションに現れるみずほは，自分の中に生じる希死念慮に自分でも困っていた。無表情だったが，その顔は何かを訴えていた。治療者はそれを見ると，彼女に対して何かしなければならないとも感じた。治療者は，分析家の職業倫理として，自分の能力を超えた仕事はしないといつも自分に言い聞かせていたため，彼女との作業がそれにあたらないか，いつも自分でモニターしていた。こうした重いケースは同時期に二つみないというのも，治療者が自らに課している基準である。治療者は彼女に対して何かをしなければならないという思いと，自分にはもう無理なのではないかという思いとの間で揺れ動いた。

最終的に治療者は，みずほに対し，毎日定時のEメール連絡をしてもらうことを提案した。毎晩夜10時にEメールを一本送ってもらうようにしたのである。それは，治療者にとっては，自分には絶対了解できない衝動性を持つ彼女が生きているかどうかの確認であり，彼女にとっては，彼女には絶対にわからない底知れぬ不安を持つ治療者に，彼女が何らかの責任を果たせるようにする方法だった。

このアイディアは提案されてからも，すぐに導入されたわけではなかった。二人は導入前，数か月にわたり，導入のメリットとリスクについて何度も話し合った。それは，主体性の乏しいみずほに対して不用意な侵入にならないようにという配慮だったともいえるが，要するに，治療者には彼女がわからなかったからである。無表情な彼女は，治療者から見ると，彼女がこのアイディアを喜んでいるのか，嫌がっているのか，良いと思っているのか，悪いと思っているのか，期待できるものなのか，そうでないのか，さっぱりわからなかったのである。おそらくみずほ本人も，よくわからなかったのだろう。それでも他に方法がない治療者は，ただ真剣に，どんな方法であっても，彼女につながり続けるしかなかったのである。

そして，Eメールの定時連絡の導入が決まっても，二人は，その方法について話し合った。彼女が不必要な罪悪感を覚えたり，過重な責任を感じたりしないように，彼女がはっきりと希望を表明しない限り，筆者からの返信はしないことにした。――3年間である。治療者らは文字通り毎日定時連絡を続けた。治療者はこの件に関して，負担に感じたことは全くなかった。彼女の状況はあまりにも切実で，そうすることが二人にとって当然だったのである。そこには甘えが全くなかった。治療者は彼女が全然わからなかったし，彼女も治療者の恐怖がわからなかっだろう。彼女は，治療者に本当にわかってもらえるという期待はもっていなかった。彼女は「私，先生が私のこと理解できると思っていないんです。だって，兄が好きで，その死体を私は処理したんですよ。小さいころから父親には殴るけるの暴行を受けて，何度も死にかけました。誰かにわかってもらうとか，わかってもらわないとか，そんな思いは全くないんです。無理でしょ」と言っていた。

その感覚についてみずほは「私，結局は兄とも分かり合えたと感じたわけではないんです。『ただ結びついていた』ということのほうが正しいと思います」と言う。治療者らが理解できたのは，彼女もどうしようもないし，治療者もどうしようもないということだった。誰もがそうであるように，彼女は両親を選べたわけではない。彼女は，従兄が自分の意思で死ぬことを防ぐことはできなかった。彼女とのその後の作業のテーマは，彼女が従兄を失ったことを乗り越えたり，修正していったりすることではなく，そのような体験を持った彼女がどのように生きていくことができるのかということだった。それは，彼女が世の中の無常に向き合い，一番自分らしい形を探しだして生きようとする倫理である。彼女は最終的に学術の道を選ぶことにし，男性との関係をすべて捨てて研究者になった。

みずほと治療者がEメールで毎日のやり取りを3年間続けたことを，精神分析と呼ぶことができるのかどうかはわからない。しかし，精神分析や臨床心理学，精神医学の理論的・技法的基準に基づく判断においてさまざまなことをしてなお，決して到達できない他者性を持った彼女に呼びかけられたとき，治療者がしなければならなかったのはこういうことだった。それは，こうやれば通じ合えるとか，自分がこうしてあげれば何とかなる，という類のものとは全く異なるものである。治療者にとってこれは，彼女への倫理的責任だったのである。

繰り返しになるが，強調しておきたいのは，「無限の責任」とは，甘えを含む自他の境界のあいまいな関係の中で，期待されたり，応答したりするようなものではないことである。ここで述べている他者は，どこまで行っても他者なのである。それは，どの瞬間にも交わることのない絶対的な他者で，決して理解することができない相手であり，だからこそ，そこに果たすべき責任とつながりが生じるのである。そこで発動されるのは，この患者に対して私は，どのような倫理観を持って応えるのかという内省である。それは，今自分が分析する対象は何か，という内省ではない。

文　献

American Psychoanalytic Association (2008) Ethics Case Book of the American Psychoanalytic Association. 2nd Edition. Author, New York.

Bacal, H. A. (2006) Specificity theory: Conceptualizing a personal and professional quest for therapeutic possibility. International Journal of Psychoanalytic Self Psychology, 1(2): 133-155.

Bacal, A. H. (2011) The Power of Specificity in Psychotherapy: When Therapy Works—And When It Doesn't. Jason Aronson, Northvale, NJ.

Bacal, H. A. & Carlton, L.（2010）Kohut's last words on analytic cure and how we hear them now: A view from specificity theory. International Journal of Psychoanalytic Self Psychology, 5(2): 132-143.

Baraitser, L.（2008）Mum's the Word: Intersubjectivity, Alterity, and the Maternal Subject. Studies in Gender and Sexuality, 9: 86-110.

Benjamin, J.（1990）An Outline of Intersubjectivity: The Development of Recognition. Psychoanalytic Psychology, 7S: 33-46.

Benjamin, J.（2010）Can we recognize each other? Response to Donna Orange. International Journal of Psychoanalytic Self Psychology, 5(3): 244-256.

Brothers, D.（2008）Toward a Psychology of Uncertainty: Trauma-Centered Psychoanalysis. Routledge, New York.

Brothers, D.（2014）War, Peace, and Promise-Making: Becoming a Late-Life Activist. Psychoanalytic Inquiry, 34: 766-775.

Coburn, W. J.（2007）Psychoanalytic complexity: Pouring new wine directly into one's mouth. In P. Buirski & W. J. Coburn (eds.), New Developments in Self Psychology Practice(pp.3-22), Jason Aronson, New York.

Corpt, E. A.（2013）Peasant in the Analyst's Chair: Reflections, Personal and Otherwise, on Class and the Forming of an Analytic Identity. International Journal of Psychoanalytic Self Psychology, 8: 52-69.

Freud, S.（1916）Introductory lectures on psycho-analysis. The Standard Edition of the Complete Psychological Works of Sigmund Freud (vol. 15-16). Hogarth Press, London.

Freud, S.（1920）Beyond the pleasure principle. The Standard Edition of the Complete Psychological Works of Sigmund Freud (vol. 18, pp. 7-64). Hogarth Press, London.

Freud, S.（1923）The ego and the id. The Standard Edition of the Complete Psychological Works of Sigmund Freud (vol. 19, 12-68). Hogarth Press, London.

Harris, A.（2009）"You Must Remember This". Psychoanalytic Dialogues, 19: 2-21.

Hoffman, I. Z.（1998）Ritual and Spontaneity in the Psychoanalytic Process: A Dialectical-Constructivist View. Analytic Press, New York.

Kernberg, O.（1975）Borderline Conditions and Pathological Narcissism. Jason Aronson, New York.

Kohut, H.（1971）Analysis of the Self: A Systematic Approach to the Psychoanalytic Treatment of Narcissistic Personality Disorders. International Universities Press, New York.（水野信義，笠原嘉監訳：自己の分析．みすず書房，1994.）

Kohut, H.（1975）The future of psychoanalysis. Annual of Psychoanalysis, 3, 325-340.

Kohut, H.（1977）The Restoration of the Self. International Universities Press, Connecticut.（本城秀次，笠原嘉監訳：自己の修復．みすず書房，1995.）

Kohut, H.（1980）Letter January 8, 1980. In P. H. Ornstein (ed.), The Search for the Self (Vol. 4, pp. 447-470). International Universities Press, Connecticut.

港道隆（1997）レヴィナス――法-外な思想．講談社

Mitchell, S. A.（1988）Relational Concepts in Psychoanalysis. An Integration. Harvard

University Press, Cambridge MA.
Orange, D. M. (2013) Unsuspected Shame: Responding to Corpt's "Peasant in the Analyst's Chair: Reflections, Personal and Otherwise, on Class and the Forming of an Analytic Identity" International Journal of Psychoanalytic Self Psychology, 8: 70-76.
Orange, D. M. (2014a) What Kind of Ethics?: Loewald on Responsibility and Atonement. Psychoanalytic Psychology, 31: 560-569.
Orange, D. M. (2014b) "A Psychotherapy for the People: Toward a Progressive Psychoanalysis," by Lewis Aron and Karen Starr: A Book Review Essay. International Journal of Psychoanalytic Self Psychology, 9: 54-66.
Orange, D. M. (2016) Nourishing the Inner Life of Clinicians and Humanitarians: The Ethical Turn in Psychoanalysis. Routledge, New York.
Stolorow, R. D. (2007) Trauma and Human Existence: Autobiographical, Psychoanalytic, and Philosophical Reflections. Routledge, New York.
Stolorow, R. D., Brandchaft, B. & Atwood, G. E. (1987) Psychoanalytic Treatment: An Intersubjective Approach. Analytic Press, Hillsdale, NJ.
Sucharov, M. (2014) Returning to the Infinite—Kohut's Empathy, Levinas's Other, and the Ethical Imperative: Discussion of Articles by Doris Brothers and Joseph Lichtenberg. Psychoanalytic Inquiry, 34: 780-787.
Tauber, A. I. (2010) Freud, the Reluctant Philosopher. Princeton University Press.
Togashi, K. (2010) An effort to find self psychological concepts in an Asian culture. International Journal of Psychoanalytic Self Psychology, 5(1): 113-115.
Togashi, K. (2014a) Is it a problem for us to say, "It is a coincidence that the patient does well"? International Journal of Psychoanalytic Self Psychology, 9(2): 87-100.
Togashi, K. (2014b) From search for a reason to search for a meaning: Response to Margy Sperry. International Journal of Psychoanalytic Self Psychology, 9(2): 108-114.
Togashi, K. (2014c) A sense of "being human" and twinship experience. International Journal of Psychoanalytic Self Psychology, 9(4): 265-281.
Togashi, K. (2014d) Certain and Uncertain Aspects of a Trauma: Response to Doris Brothers. International Journal of Psychoanalytic Self Psychology, 9(4), 289-296.
Togashi, K. (2015) The Value of Living with Uncertainty and Its Relevance for Analytic Work: The Future of Psychoanalysis. 精神分析講台自體心理學等（之十二～之十三合訂本, pp. 279-294）學富文化有限公司
Togashi, K. (in press) Trauma: Being thrown into the world without informed consent. International Journal of Psychoanalytic Self Psychology.
富樫公一（2011）関係精神分析と複雑系の理論．関係精神分析入門．岩崎学術出版社．
富樫公一（2013）現代自己心理学におけるエナクとメント：システム理論と文脈主義．精神分析的精神療法フォーラム，2: 62-78.
富樫公一（2015）リアリティ，操作不可能性，トラウマ．小寺精神分析記念財団関係精神療法発表原稿．
富樫公一（2016）不確かさの精神分析：リアリティ，トラウマ，他者をめぐって．誠信書房．

Togashi, K. & Brothers, D. (2015) Trauma Research and Self Psychology: How 9/11 Survivors Integrate the Irrationality of Wide-Scale Trauma. Paper Presented for the 38th Annual IAPSP Conference, Los Angeles, California, October 17, 2015.

Togashi, K. & Kottler, A. (2015) Kohut's Twinship across Cultures: The Psychology of Being Human. Routledge, London & New York.

Weisel-Barth, J. (2015) An ethical vision: Response Drozek's "The Dignity in Multiplicity." Psychoanalytic Dialogues, 25: 463-471.

第５部　将来の関係精神分析に向けて

第13章　関係精神分析の新しい流れ

岡野 憲一郎

1．はじめに

本稿では関係精神分析の最近の動向について論じてみたい。

関係精神分析（relational psychoanalysis，以下 RP と記す）の動きは，確実に拡大を続けているという印象を受ける。RP は特に北米圏でその勢いを増している。RP の事実上の学会誌といえる「Psychoanalytic Dialogues」は，今年ですでに創刊 25 周年を迎える。1991 年の 1 月に Stephen Mitchell が創始したこのジャーナルは，最初は彼の率いる小さなグループの手によるものであった。しかし今では数百の著者，70 人の編集協力者を数えるという。最初は年に 4 回だったのが，1996 年にはすでに年に 6 回の刊行に変更されている。この紙面を毎号飾る斬新な特集のテーマは，まさに RP の動きをそのまま表していると言っていい。

そもそも PR とはどのような動きか？　RP はそれ自体が明確に定義されることなく，常に新しい流れを取り入れつつ形を変えていく動きの総体ということができる。RP をめぐる議論がどのように動いていくかは，予測不可能なところがある。私は個人的には，Irwin Hoffman の理論（Hoffman, 1998）により，その総体をすでに示されていると感じているが，それはあくまでも総論的な全体の見取り図である。各論が今後どのように展開され，論じられていくかは予想が難しく，その時代の流れに大きく影響を受けるであろうという理解をしている。

とはいえ RP の今後の行方をある程度占うことはできるだろう。世界が全体としてはさまざまな紆余曲折を経ながらも平等主義や平和主義に向かうのと同様，精神分析の流れる方向も基本的には平等主義であり，倫理的な配慮がその基本的な方向付けを行っている。精神分析におけるこれまでの因習や慣習は，それが臨床的に役立つ根拠が示されない限りは再検討や棄却の対象となるだろう。

RPの繁栄の要因についてMills, J.（2005）はいくつかを挙げている。それらは分析的なトレーニングを積んだ心理士が増え，彼らは伝統的な精神分析インスティテュートによる教育ではなく，より新しいトレンドを大学で学んでいること，最近の精神分析に関する新しい著作の多くは関係性理論に関連するものであること，そしてRPになじみ深い分析家が主要な精神分析の学術誌の編集に広く携わるようになっていることなどである。

このMillsの指摘に付け加えて筆者が強調したいのは，RPが非常に学際色が強く，そこにさまざまな学派や考えを貪欲に取り込み，枝葉を広げていく傾向や，臨床に応用可能なら何とでも手を結ぼうという開放性が一種の熱気や興奮を生み，それがひとつのモメンタムを形成しているという事情である。そしてそこにはそれらの熱狂を支える幾人かのキーパーソンがいる。具体的には故Stephen Mitchellをはじめとして，Peter Fonagy，Allan Schore，Jessica Benjaminといった面々の顔が浮かぶ。

このようなRPの流れは，全体として臨床上の，ないしは学問上の自由や独創性を追求する流れ，Hoffmanの言う治療者の「自発性」の側面に重きを置いたものと言えよう。しかしそれは必然的に伝統的な精神分析の持つさまざまな慣習や伝統を守る立場（Hoffmanの言う「儀式性」の側面）からの抵抗を当然のごとく受ける。本稿ではその事情についても触れたい。

２．「関係論的転回」およびそれへの批判

RPの歴史を簡単に振り返ろう。RPの動きはいわゆる「関係論的転回 relational turn」と呼ばれ，1980年代にJay GreenbergとMitchellによるある著書により，事実上先鞭をつけられた（Greenberg and Mitchell, 1983）。その「転回」の特徴として前出のMillsは幾つかを挙げている（Mills, 2005）。それらは第一に，従来の匿名性や受身性，禁欲規則への批判であり，第二に治療者が患者と出会う仕方についての考えを大きく変えたことであり，第三にRPの持つポストモダニズムという性質である。

これらのうちの第一については，ある意味では当然と言えよう。従来の精神分析で一般に非治療的とみなされていた介入，たとえば自己開示などは，これが治療可能性を含んでいる以上はRPにおいてはその可能性がさらに追及され

ることになろう。また第二については，RP は臨床家が患者と出会う仕方についての考えを大きく変えたと言える。RP の分析家たちは，学会でも自分自身の心についてより多くを語り，また臨床場面でも自分たちをどう感じているかについて患者に尋ねるという傾向にある。つまり彼らは治療者としてよりオープンな雰囲気を醸しているということだろう。そしてそれは患者の洞察を促進するための解釈，という単一のゴールを求める立場からは明らかに距離を置くことになる。第三に関しては，RP における治療者のスタンスは紛れもなく解釈学的でポストモダンなそれであり，そこでは真実や客観性，実証主義などに関して明らかに従来とは異なる態度が取られている。

さてこれらの関係論の動きにどのような批判の目が向けられているのだろうか？　まず非常に明白な事柄から指摘しなくてはならない。それは関係論においては患者と治療者双方の意識的な主観的体験がどうしても主たるテーマとなる。しかしそれはそもそもの精神分析の理念とは明白に齟齬をきたしている。Freud が精神分析において目指したのは無意識の探求であり，それこそが精神分析とは何たるかを定義するようなものであった。

Freud は次のように言った。「無意識こそが真の心的現実である the unconscious is the true psychical reality」（Freud, 1900, p. 613）。あるいは「［精神分析は］無意識的な心のプロセスについての科学である the science of unconscious mental processes」（Freud, 1925, p. 70）とも言っている。意識的な体験を重んじる関係性の理論は，そもそも精神分析なのか？という問いに対しては，関係精神分析家たちは反論できないことになろう。この問題はあまりにも根本的で，そもそも関係精神分析を精神分析の議論の俎上で扱うことの適切さにさえ議論が及びかねないので，この問題は一時棚上げにし，RP に対する批判の幾つかを挙げたい。

RP に対する批判は，ほとんどは「外部」から来ていると言っていいだろう。つまり従来の精神分析的な立場を守ろうとする分析家や学派からのものである。しかし例外として初期の段階での批判がまさに「身内」から生じていたことは特筆に値する。RP の火付け役となった『精神分析理論の展開』の共著者の一人である Greenberg は，1993 年にその著書「Oedipus and Beyond エディプスとそれを超えて」（Harvard University Press, 1993）で，関係論が欲動の問題を十分に否定してはいないと主張した。そして「果たして『欲動なき精神分析 drive-free psychoanalysis』は可能なのか？」という根源的な問題を提起している。

これは欲動と関係性という，ある意味では明確に分けることのできない問題についてRPが対立構造を持ち込んだ以上，必然的に起きてくる議論であり，このGreenbergの著書はそれに先手を打ったと見ることもできるかもしれない。

また欧州の精神分析においては，「関係論的転回」が分析理論における著しい退行を意味するという激越な批判もある（Carmeli, Blass, 2010）。それによれば関係論的な転回は伝統への挑戦であり，これまでの精神分析における技法や慣習を蔑ろにし，分析家の持つ権威を奪うとともに，かえってある種のパターナリズムに陥っているという。英国のクライン派やフランスのラカン派を生んだ伝統を重んじる欧州の風土からすれば，RPに対してこのようなほとんどアレルギーに近い反応が見られるのもわからないではない。

しかしより微妙な文脈で行われる批判には，それだけ注意が必要と思われる。ここではRPに対して詳細な批判を行っているMills（2005）の論文を手引きにして論じたい。このMillsのRPに対する批判の中で筆者が妥当と思われる論点をひとつ選ぶならば，それはいわゆる「間主観性」の概念に関するものである。それは「精神の構造は，少なくとも精神療法の場面で扱う限りにおいては，他者との関係に由来する」（The International Association for Psychoanalysis and Psychotherapyのホームページ（http://iarpp.net/who-we-are）による）とするRPの方針そのものに向けられたものとも言えるだろう。

間主観性の概念は，RPにおいてはRobert Stolorow，Thomas Ogden, Jessica Benjaminらにより精力的に論じられている。論者によりそれぞれニュアンスは異なるが，概してその論調は存在論的であり，「体験は常に間主観的な文脈にはめ込まれている」（Stolorow & Atwood, 1992, p. 24）という理解に代表されよう。そしてこの意味での間主観性は心が生じる一種の場としてとらえられる。

Millsはこのような間主観性の概念は，それが個を埋没させる傾向にあるという点で問題であるという。そしてたとえばOgden（1994）の次のような主張を引き合いに出す。「分析過程は三つの主体の間の交流を反映する。一つは分析家，もう一つは被分析者，そしてもう一つは第三主体 the analytic third である（p. 483）。」Millsはこれについて，「そもそも関係性が主体に影響するとしたら，一人一人の行為主体性 agencyの存在はどうなるのだろうか」と問うのだ。Millsはここで随伴現象 epiphenomenonという概念を引き合いに出す。随伴現象とは前世紀初頭にWilliam Jamesにより提唱された概念で，心は脳という物体に随伴するものあり，物質にたいしては何の因果的作用ももたらさないという説である。「間主観性も結局は随伴現象であるが，それに対してなぜそこまでに決定的な影響力を持たせてしまうのだろうか，個人の自由，独立，アイデンティティはどうなるのだろうか？」（p. 162）というのがMillsの批判の骨子であるが，これは本質的な問題提起ともいえる。Giovacchini（1999）は，間主観性論者によれば，「個というのは関係性の中にいったん入りこむと，陽炎のごとく消え去ってしまうかのようだ」といういい方すらしている。

ちなみにここで私の考えを差し挟めば，このRPへの批判は，「無意識が人間を支配する」というFreudの考えに対する異議に通じるという印象を受ける。無意識の重要性を前提とする精神分析を外側から批判する人々の多くは，人間の持つ主体性が無意識という装置やリビドーの影に埋没することに不安や疑義を持つであろうし，精神分析の内部にあるRPの立場もそこに発している。ところが今度はRPにおける関係性や第三主体は単なる随伴現象であるにもかかわらず，その「装置」的な何かを感じる，というのではないだろうか。

このRP批判とFreud批判がパラレルに考えられるという事情は，関係性のマトリックスないしは第三主体もFreudの無意識も，結局はあまりに複合的で不可知的であるという問題に帰着されるのであろう。人間は一方では脳や中枢神経ないしは生理学的な基盤に既定され，他方では他者との関係性や社会の中に埋め込まれている。両者はきわめて複雑で予想しがたい動きを示す。これらのいずれのみに焦点を合わせることは人間を総合的に理解することにはつながらない。RPがリビドー論を棄却しえているのかを問うたGreenbergと，上述の間主観性批判は，あたかもその二つの視点からRPを牽制していると考えられるのではないだろうか。

3．RPにおける最近のトピック

以下にRPにおいて特に最近取り上げられているトピックをいくつか挙げたい。それらはFerenczi理論の再評価，脳科学，トラウマ理論，解離理論，フェミニズム，などである。こう挙げただけでもRPの学際性は，それ自体が一つの大きな特徴といってもいいであろう。先にRPは無意識の探求という本来の精神分析の在り方から逸脱していると述べたが，その意味ではRPは「精神分析的であれ」という縛りを自らから解き放ち，あらゆる関連分野における知見を貪欲に取り込むという動きがみられる。

1）Ferenczi の再評価

近年においてSandor Ferenczi の再評価が進んでいる。Freud と同時代人とも言えるFerenczi は，驚くべきイノベーターであり，RP を事実上先取りしていたという意見すらある（Aron, L. & Harris, A., 1993）。実際RP においては，Ferenczi 理論の再考は盛んにおこなわれ，2008 年にはニューヨークにフェレンツィセンターも立ち上がっている。そしてこのセンターの代表はLewis Aron，Adrienne Harris といったRP のリーダー格ともいえる人たちである。ちなみにわが国でも森茂起の翻訳により，Ferenczi の業績が再評価される機会が与えられている（森, 2000, 2007）。

Ferenczi といえば，かのH. S. Sullivan が米国でその講演を聞いて深く共感し，自らの考えに最も近い精神分析家と感じ，弟子のClara Thompson をブダペストまで送って分析を受けさせたという逸話が思い出される。RP とFerenczi とのつながりは実はその時代にまでさかのぼって作り上げられていたとみることもできる。

Psychoanalytic Dialogues 誌上でFerenczi の概念の再評価に大きく貢献した人としてJay Frankel（2002）の名があげられる（Frankel, 2002）。Frankel はFerenczi が1932 年に発表した論文「大人と子どもの言葉の混乱」を取り上げ，そこで提案されている「攻撃者との同一化」という概念が，トラウマ状況において被害者である子どもの心に生じる現象をとらえている点で，よく知られるAnna Freud の同概念に勝るとする。Frenkel は最近のトラウマ理論を援用しつつ，Ferenczi の同論文の解読を行い，そこに同一化のプロセスと解離のプロセスが同時に生じているという点を指摘する。すなわち解離とは攻撃者に対面した現在の恐怖を無きものにするが，それは攻撃者を内側に取り込むことによりコントロールが可能となると考えられるのだ。このようにFerenczi の概念の先駆性は，解離の概念の分析的な理解という文脈においても論じられる傾向にある。

2）脳科学

Psychoanalytic Dialogues 誌に2011 年に掲載されたAllan Schore（2011）の論文は，RP が脳科学的な知見との整合性を求めている事実を示している。

脳科学者であり，精神分析にも造詣の深いSchoreは，精神分析的な知見がどのように脳科学的な素地を有しているかという問題を追及し，そこで右脳がフロイト的な無意識におおむね相当するという大胆な仮説を提出する。Schoreが強調するのは黙示的な情動調節の重要性であり，その不調は第一に早期の関係性のトラウマ，すなわち愛着の問題に由来し，それが精神療法における主要なテーマになるであろうということである。

このようなSchoreの主張は脳科学と愛着の問題，そしてトラウマの問題を一挙に関連付けるとともに，右脳の機能との関連で，Freudにより提示された無意識の概念の重要性を，ほかのどの関係論者よりも強調する。Schoreの研究は，脳科学という文脈を通して，現代的な精神分析はもっともFreudに近づく可能性を示しているともいえるであろう。

3）愛着理論

愛着理論は関係精神分析において今後の議論の発展が最も期待される分野のひとつである。2007年には“Attachment: New Directions in Psychotherapy and Relational Psychoanalysis”（愛着：精神療法と関係精神分析における新しい方向性）という学術誌の第一号が発刊となった。まさにRPと愛着理論との融合を象徴するような学術誌であるが，その第一号に登場したPeter Fonagyが熱く語っているのは，愛着に関する研究の分野の進展であり，それの臨床への応用可能性である（White, K., Schwartz, J., 2007）。Fonagyは最近は特徴的な愛着を示す幼児とその母親を画像診断技術を用いて研究をしているという。かのJohn Bowlbyの生誕100年に発刊したこの学術誌は，彼の研究と臨床とをつなぐ強い意思を現代において体現しているといえる。

現在愛着理論に関する研究は華々しい進展を遂げているが，その出発点としてのBowlby（1988）はかなり明確に分析批判を行っている。

「精神分析の伝統の中には，ファンタジーに焦点を当て，子どもの現実の生活体験からは焦点をはずすという傾向がある」（Bowlby, 1988, p. 100）。この批判は現在のRP論者の言葉とも重なるといえよう。

4）メンタライゼーション

メンタライゼーションの研究および臨床への応用は，上に述べた愛着理論の研究と密接な関係がある。メンタライゼーションの理論的な根拠は，従来の精神分析理論，愛着理論のみならず最新の神経生理学をも含みこむものの，原則的にはそれが発達途上の情緒的なコミュニケーションの失敗ないしはトラウマ（いわゆる「愛着トラウマ」）の産物であるという視点が貫かれているという点である。この理論の提唱者である Peter Fonagy や Anthony Bateman は，養育者から統合的なミラーリングを提供されなかった子どもがメンタライゼーションの機能に支障をきたすプロセスをいくつもの図式を用いて詳しく論じる（Bateman, Fonagy, 2006）。彼らはともすると漠然として治療方針が見えにくいという RP に対する批判が当てはまらないような，極めて具体的な治療指針をそのプロトコールで示しているのだ。

5）解離理論，トラウマ理論

Donnel Stern は，RP の野心的なリーダーの一人であり，2014 年の日本精神分析学会年次大会にも招かれ，基調講演を行っている。彼によれば，精神分析のテーマは，従来の分析家による解釈やそれによる洞察の獲得ということから，真正さ authenticity，体験の自由度 freedom to experience そして関係性 relatedness に推移しつつある（Stern, 2004）。その Stern は特にエナクトメントに着目し，それを解離の理論を用いて概念化する。エナクトメントとは，事後的に「ああ，やってしまった」「あの時は～だった」と振り返る形で，そこに表現されていた自分の無意識的な葛藤を理解するというプロセスを意味するが，そのようなエナクトメントが起きる際に表現されるのが，自己から解離されていたもの，として説明されるのだ。

RP の世界で Stern とともに解離の問題を非常に精力的に扱っているのが Phillip Bromberg であり，わが国でも彼の近著が邦訳されている（Bromberg, 2012）。Bromberg の解離理論は，基本的にはすでに紹介した Stern と同様の路線にあるが，それをさらにトラウマ理論と結び付けて論じる。トラウマ理論とは，人間の精神病理に関連する要因として過去のトラウマ，特に幼少時のそれを重視する立場であるが，Bromberg はトラウマを発達過程で繰り返し生じるものとして，つまり一つの「連続体」として捉える。そして自分の存在の継続自体にとって脅威となるトラウマの影響を tsunami（津波）と表現し，それが彼の解離理論と深く関わるのだ。

以上現在の関係精神分析のあり方や将来の発展性について概説したが，もちろん本稿で触れられていないテーマは膨大である。私の概説はRPという大きく複雑な流れの一つのラフスケッチに過ぎないことを最後に付け加えておきたい。

文　献

Aron, L. & Harris, A. (Eds.) (1993) The Legacy Of Sandor Ferenczi. Routledge.

Bateman, A., Fonagy, P. (2006) Mentalization-based Treatment for Borderline Personality Disorder: A Practical Guide, 1st Edition. Oxford University Press. (狩野力八郎，白波瀬丈一郎監訳：メンタライゼーションと境界パーソナリティ障害——MBT が拓く精神分析的精神療法の新たな展開．岩崎学術出版社，2008.)

Bowlby, J. (1988) A Secure Base: Patient-child attacment and healthy human development. Basic Books, New York.

Bromberg, P. (2012) The Shadow of the Tsunami. Routledge. (吾妻壮ほか訳：関係するこころ．誠信書房，2014.)

Carmeli, Z., Blass, R. B. (2010) The relational turn in psychoanalysis: revolution or regression? European Journal of Psychotherapy & Counselling, 12: 217-224.

Ferenczi, S. (1955) Final Contributions to the Problems and Methods of Psycho-analysis. Hogarth Press, London. (森茂起，大塚紳一郎，長野真奈訳：精神分析への最後の貢献——フェレンツィ後期著作集．岩崎学術出版社，2007.)

Ferenczi, S. (1995) The Clinical Diary of Sándor Ferenczi. Reprint Edition. Harvard Universities Press. (森茂起訳：臨床日記．みすず書房，2000.)

Frankel, J. (2002) Exploring Ferenczi's Concept of Identification with the Aggressors: Its Role in Trauma, Everyday Life, and the Therapeutic Relationship. Psychoanalytic Dialogues, 12: 101-139.

Greenberg, J. R. and Mitchell, S. A. (1983) Object Relations in Psychoanalytic Theory. Harvard University Press. (横井公一訳：精神分析理論の展開——欲動から関係へ．ミネルヴァ書房，2001.)

Giovacchini, P. (1999) Impact of Narcissism: The Errant Therapist on a Chaotic Quest. Northvale. Jason Aronson, NJ.

Hoffman, I. Z. (1998) Ritual and Spontaneity in the Psychoanalytic Process. The Analytic Press, Hillsdale, London.

Mills, J. (2005) A Critique of Relational Psychoanalysis. Psychoanalytic Psychology, 22(2): 155-188.

Schore, A. N. (2011) The Right Brain Implicit Self Lies at the Core of Psychoanalysis. Psychoanal. Dial., 21: 75-100.

Stern, D. B. (2009) Partners in Thoughts; Working with Unformulated Experience, Dissociation, and Enactment, Routledge. (一丸藤太郎監訳，小松貴弘訳：精神分析における解離とエナクトメント．創元社，2014.)

White, K., Schwartz, J. (2007) Attachment Here and Now: An Interview with Peter Fonagy. Att: New Dir. in Psychother. Relat. Psychoanal. J., 1: 57-61.

第14章　四者会談——私たちにとっての「関係論的転回」

出席者（50音順）　吾妻壮，岡野憲一郎，富樫公一，横井公一

私は関係論的転回をいかに体験したか

岡野：今日はお忙しいところ，皆様にお集まりいただき，ありがとうございました。本書の著者四名がそろって，ご自分の考えを述べていただき，自由に意見を交えよう，と考えます。

最初に私が口火を切らせていただきます。皆さんは関係論的な見方にそれぞれ親和性をお持ちだと思うんですが，精神分析を勉強し始めていきなりこの流れに入ったということではないと思います。最初はやはり古典的な，オーソドックスな分析的考えを学んだ。でもそのうち関係論が示すような考えに変わっていったのだと想像します。それはどのような機会だったのか？「関係論的転回 relational turn」，という言葉がありますが，それは精神分析の歴史の中で生じたものとして用いられていると思いますが，皆さんの個人史としてはいつだったのか。そこで言いだしっぺですので，まずは私にとっての関係論的転回ということをお話しします。

と言っても実はあまりそう意識したとか，この瞬間に変わったということはなくて，自然とそうなっていたというか。気が付いたら，一番しっくりする理論かな，と思いました。私は隠れコフート派ですから，コフーシャンでもいいのですけれど，ウィニコット派のような気もします。ここは私にとっての事実上のメンターである北山修先生の影響が大きいところです。私にとっての関係論というのは，とにかく「臨床とは，生きていて感情や感覚を備え，それまでの人生経験により経験値を持った人間同士が触れ合うという現象だ」という当たり前の前提から出発しているという感覚があります。私は精神分析とはこれだ，人を治療することはこんなことだ，というその道を究めるという大きな気負いがあったことは事実です。アメリカに渡ったことの一つの理由はそれだったわけです。そこには

岡　野

分析的なメソッドらしいものがあり，トレーニングシステムがあった。まさにそれを歩めばその道を究められる，という幻想を与えてくれたわけです。だからその意味では精神分析に感謝しているというところがあります。でもおそらく私はすごくナイーブ，というのは英語的な意味で，つまり無知だったということだと思うのですが，こんなはずじゃない，というのは分析を学び始めた時からとたんに起きてきたのです。そのたびに分析の道はいかに遠いか，と思いました。

まだ分析を知り始めて２年くらいのことです。日本で精神科医としてのトレーニングを受けていました。その時，ある先輩の提示したケースで，患者さんがセッションに遅れて来た時に，それを抵抗と見なすか，という話になったんですね。その頃Ｉ先生という先輩が，分析研で指導してくださった。彼は前回のセッションの終わり方を考えましょう。きっと次の回になぜ患者さんが遅れてきたのかのヒントがあるでしょう，などとおっしゃる。私はその時の印象を覚えています。「精神分析って，なんてすごいんだろう！」でも同時に「本当だろうか？」そこで先輩は前回のセッションの終わりの部分を引っ張り出してきたのですが，それがビミョーなんです。患者さんはその終わり方に抵抗を覚えたのかどうか，どちらとも取れる。いろいろ悩んだ挙句，私はこんなことを思いました。「分析ではこういう時，前回の終わり方とか，転移関係とかと結び付けて理解するという方針を貫くんだ。それが分析というメソッドなんだ。」私はこのことを確かめようと，何人かの慶応の分析セミナーの先生方に聞いてみました。その頃私が最も鋭く物事を見通していらっしゃると思っていたＭ先生に尋ねると「ケースバイケースじゃないの。いつも転移と関係しているとは限らないし。そこは自分で判断するでしょ」。私は「エーッ」となりました。そして「どうしたらそれがわかるんでしょう？」と尋ねると，「それが分析的な臨床経験というものですよ」という答えでした。私はではその分析の経験をますます究めなくてはと一方では思い，他方では「そんなに人の心を読めるようになるものだろうか？」という疑いも生じました。当時ははるかに前者が強かったので，アメリカにわたって本格的なトレーニングを積みたいと思ったのです。

それからの話は長くなりますが，結局私が至ったのは，よほどのことがない限り，人の心は読めないし，読めないどうしが交流し，相手の心で，自分の心で何が起きているのかを少しずつ分かっていくのが分析だ，ということに落ち着いています。現代的な言い方だと主観どうしの関わりという関係論的な枠組みということになります。なんだかこれが答えになっているかわかりませんが。

横　井

横井：私にとっての関係論的転回についてですね……。私に関係論的な転回があったのかどうか。あったようにも思えるし，なかったようにも思えるし……。なかったようにも思えるというのは，つまり，私はもともと関係論的であったようにも思えるんですよ，つまり生得的にというか，あるいは生育歴の中で育まれたものかもしれませんけど。なんとなくもともと関係論的だったんですね。関係論に惹かれるかどうかというのは，自分自身のトレーニングや学派への忠誠心，きずなの強さみたいなものもあるのかもしれないですけど，もともとに持って生まれた性質の持つ特性みたいなものもあるんじゃないかと思うんですよ。そういう意味で，私自身の「生きる上での困難」は関係論的だったし，患者さんと相対するときにも，自分自身の「生きる上での困難」をそこに見てしまうようなことがあったんだろうなと思います。

もちろん，精神分析の勉強を始めたころは，関係論的ではなかったと思います。その頃の私のアイドルは小此木啓吾先生だったですし，精神分析の教えてくれる中立性ですとか，精神病理に欲動の果たす役割ですとか，解釈の重要性ですとか，そんなようなことを一生懸命に身につけようとしていました。もちろん，いまでもそれは大事だと思っているのですが。なんか，なかなか身の丈に合わないような感じがしていました。

それからある程度たってから，たまたまというか，無謀にもというか（笑），アメリカに勉強しに行くことになったんですが，そこで行った先が対人関係学派の研究所だったんですね。ビザを出してくれたアルバート・アインシュタイン医科大学の竹友安彦先生が，せっかくニューヨークに来るんだから精神分析をきちんと勉強しなさいと言って，ウィリアム・アランソン・ホワイト研究所の卒業生の鑪幹八郎先生を紹介してくださって，それでホワイト研究所に勉強しに行ったわけです。それで堀史朗先生にミッチェルを紹介してもらって。ですから関係論の勉強をしたわけですけど……。

でもそれで私に関係論的転回があったわけではないような気がするんですね。もしも私に関係論的な転回があったとしたら，むしろアメリカから帰ってきて，7年間ほど仕事をした児童青年精神科での体験が大きかったようにも思うんです。思春期の患者さんを相手に，泥臭い治療をやって。とにかく中立性だとか，解釈だとか，そんなことばかり言っていられなくて。摂食障害の患者さんや解離性障害の患者さんが多かったわけですけど。とにかく使えるものは何でも使って治療しなければならなかった。

あとから気が付いたんですけど，あの頃見ていた思春期患者さんたちは過酷な成育環境の中で育っていた人たちだったんですね。その苛酷な成育環境のつけを，患者さんたちや治療者が支払っていた……。関係論的って，何なんでしょう。私の中での視点としては，病因に環境の側が及ぼす影響を考慮に入れる視点であったり，治療状況に治療者の側が及ぼす影響を考慮に入れたりする精神分析的アプローチみたいな感じなんですが。

吾妻：関係論的転回ですよねえ。私の場合，転回点というものがあるのかないのか，よく分からない感じです。精神分析の入り口が関係論的転回とほぼ重なっていたというか。私は医学部に入る前から，精神分析の本を手当たり次第にというか，一貫性もなくランダムに読んでいたのですが，医学部に入ってもそんな感じで読み続けていました。そんな中で医学の勉強をしているうちに，アメリカの医学教育はシステマティックでいいらしい，メディカル・スクール卒業後はレジデンシーというものがあって臨床を系統的にびっしり叩き込むらしい，と伝え聞き，それならばアメリカでレジデンシーをしよう，と思い立ったんです。もう少し調べてみると，もともと関心のあった精神分析がアメリカでは進んでいて，レジデンシー教育も精神分析志向のものが受けられる，と知ったんです。それで，アメリカの精神科レジデンシー・プログラムに入り込もうと思ったんです。その後，メイヨ・クリニックの教授をされていた丸田俊彦先生のお取り計らいで，１カ月ほどメイヨ・クリニックに研修に行かせていただくことができたんですが，その時本屋でたまたま手にしたのがグリーンバーグとミッチェルの小豆色のあの有名な本（注：『精神分析理論の展開――欲動から関係へ』）だったんです。当時はまだその本の評価のことも何も知らなかったのですが，それまで対象関係論や自我心理学なんかがごちゃ混ぜになって頭に入っていたのが，整然と整理されていて，「これはいい」と思ってすぐ購入して，帰りの飛行機の中で読みながら帰りました。

日本に戻って来たら，当時インターンをしていた沖縄の米国海軍病院の私の先生が同じ本を持っていて，「この本は，アメリカの臨床家は皆持っているんだ」と言うんで，びっくりしました。そのあとミッチェルの他の本を日本語で読んだのですが，その訳者はここにおられる横井先生なんですよね。そんな感じですから，私は最初から関係論に足を入れていたんです。

そのあと，ニューヨークのアルバート・アインシュタイン医科大学のレジデンシ

吾　妻

ー・プログラムに無事入ることができて訓練が始まったんですが，そこのスタッフにはニューヨーク精神分析研究所の卒業生が多かったんです。このプログラムは，昔は「ニューヨーク精神分析研究所の予備校」って言われていたくらい精神分析的なプログラムだったんです。私がレジデンシーをしていた頃には，もう精神分析一辺倒という感じではなかったんですが，それでも精神分析の影響がまだまだ強かったですね。授業で突然，「自我とは何だ？」とか質問されたり（笑）。あと，コロンビア大の精神分析センターのカーンバーグがわれわれレジデントを教えに来ていて，彼からも強い影響を受けました。臨床的な理解の一つ一つがもの凄く明快なんですよね。その頃は私はすっかりカーンバーギアンになっていました。実際，精神分析訓練を最初に受けたのもコロンビア大精神分析センターで，私の最初の訓練分析家は極めて古典的な訓練を受けた方だったんです。

でも私の頭の中の片隅には，ずっとグリーンバーグやミッチェルの精神分析が残っていたんですね。理論的なことだけが理由というわけではないのですが，そのあと，あのミッチェルの研究所に行きたいと思って，ホワイト研究所で訓練を続けて，そこを卒業しました。私が訓練を受けた頃のホワイト研究所は，理論的に大分おおらかになってきていて，対象関係論でも自己心理学でも，選り好みせず勉強するという雰囲気でしたね。とにかく，先入観を持たずに，自分の頭で考えなさい，という感じでした。

富樫：次は私ですね。改めて言葉にしようと思うと，なかなか難しいものですね。先生方のお話を聞いていると，同じ感じを持つところもあれば，違うところもあります。ただまあ，以前から言っているのですが，私自身は自分が関係論本流ではないとずっと思ってるんですね。本流という考え方自体が関係論に合わないことはわかっているんですけども。でもやっぱりそう感じている。だからこうして，先生方と長い間ご一緒させていただき，一緒にいろんな議論をさせてもらっていますけど，どこか自分を脇役に見ているところはあります。それに対して，先生方はいつも，「いや，富樫さんはばりばりの関係論者でしょ」と言ってくれるので，うれしいような，戸惑うような，不思議な感じはあります。

本流じゃないというのは，やっぱり，自己心理学をベースにして自分の訓練を作ってきたからだと思います。ニューヨークでは，最初はNPAPという研究所でトレーニングを受けて，そこでは精神分析の基本をしっかり学ばせてもらいま

富　樫

したが，私の場合は，最初から自己心理学のことを考えていました。その後研究者ビザを取ることができて，別のこともしながらしばらくアメリカに自由に滞在できるようになったので，前々から行きたかったTRISPという研究所にトランスファーしました。小さなところなんですけどね。自己心理学に特化した研究所という意味では，一番古いところでしたので。

しかし，この自己心理学というのが曲者なんです。伝統的な自己心理学というのは，誤解も含めて，その「本流」の人によく批判されてますから。本流っていうのは，ここでは，ホワイト研究所やその周辺の関係論の人たちのことですけど。でも，今の自己心理学は極めて関係性に敏感で，というか，間主観的，システム理論的で，考え方によっては，本流よりもずっと斬新なことを言ってると思うんですね。ニューヨークにいたので，やっぱりミッチェルの影響は強くて，同僚には関係論的自己心理学と自らを称する人もいますしね。関係論の学会で私も発表したことがありますけど，自己の人はたくさんいますし，自己心理学の同僚の中には自分は関係論だと明言している人もいますし。関係論本流はまた，それはそれで，そういったものを全部包み込むようなところもあって，基本的には「私たちに明確な本流なんてない」というのがアイデンティティみたいなところがありますから，まあ，じゃあ，自分も関係論か，みたいな感じ。よくわかりません。

最近はなんだか，結局ものの見方というか，本の読み方ではないかと思ったりもするんです。横井先生が，ご自身は生まれつき関係論だったとおっしゃっていましたよね。私も，渡米前から先生方と同じようにさまざまな本を読んできましたが，自我心理学とか自己心理学とか，対象関係論にしても，クライン派にしても，今考えると，結構関係論的に理解しちゃってるんですよね。その読み方は，結局間違っていたんです。勝手に，関係論的に読んでいるんですよね。そう読めてしまうと言った方がよいかもしれない。要するにちゃんと読んでいなかったんだと思います（笑）。だから，アメリカに行って，厳密に著者が主張するところを学んでいくと，「ああ，逆転移って，そこまでイントラサイキックな概念だったんだ。もっと文脈に敏感な相互交流的なプロセスそのものを意味しているのだと思った」みたいに，一者心理学的逆転回，みたいなことがしばしばあったりして。「ちゃんともう一度，理論として厳密に読まないとなあ」と改めて思ったりもしました。だから私にとっては関係論的というのは，世の中や関係，理論の読み方そのものを意味しているようなところもあります。ちゃんと理解する力がなかったというだけの話かもしれないですが。

岡野：はい。皆さんにひと通り，ご自身の関係論的転回について語っていただきました。そもそもこのテーマについてお話をしていただきたかった理由ですが，精神療法家として育っていく，自分を形成していく，あるいは精神分析が発展していく段階で，どこかで考え方が大きく変わり，それまでの伝統的で型にはまったやり方からもう少し流動的で二者関係的なものに変わるということがいろんな人に起きるだろうと思うわけです。たとえばマートン・ギルなどもそうだし，たくさんの分析家がそうでした。川畑直人先生も留学中にそのような感じでスタイルや考え方が変わったみたいなことをおっしゃっていました。ロバート・ストロロウ先生などは，奥さんを亡くしたことで随分変わっただろうと思います。そういうような展開は，最初から素地としてあったかもしれないし，途中から起きてきたかもしれません。

横井：私が言いたかったのは，一つは関係論的っていう意味合いが，みんなそれぞれに違うんだろうと思いますけれども。なんかその関係論というものに惹かれるというのは，トレーニングとか学派とかそういうふうなことばかりじゃなくて，その人のパーソナリティっていうか，そういうものも関係してるんじゃないかなっていうことを思うんです。それは生得的なものであるのか，生育歴の中でそういうものが育まれたのか，なんかそういうことがあるような気がするんですというところが一つと。あとは，私のアイドルは小此木先生だという。大概，精神分析をやろうと思った，私たちの世代はそうだと思うんです。最初，やっぱり小此木先生の本とか読んで面白いなとか思って。

岡野：そこから入るのもいいですね。

横井：それでしばらく勉強していて，たまたま機会があって竹友先生の所に勉強に行くことになって，そこでたまたまウィリアム・アランソン・ホワイト研究所に行くことになってっていうことで，そこで勉強して。そこで学んだんだけれども，じゃあ自分の臨床実践の上で関係論的だなっていうふうになっていったのは，むしろその後日本に帰って，分析とはちょっと距離を置いてたんだけれども，児童青年精神科の病棟でずっと診てて，そこでの治療の中で自分の思う意味での関係論的な臨床スタイルというか，それがそこで身に付いたような気がします。

吾妻：私の場合は，関係論的転回というよりも，そこから精神分析に入っていったっていう感覚があるんです。

岡野：すでにそうだったんですね。転回したという自覚はお持ちではなかったんだ。

吾妻：そうですね。転回してはいるんですけど，要するにフロイトでも，小此木先生でも，実体験として直接経験したわけではなかった。私が臨床を始めたときにはすでにアメリカで関係論的転回が十分起こっていたところで，そこから入っていったと思うんです。

岡野：そこから入ったと。

吾妻：そうですね。私が精神分析の勉強を本格的に始めたのは2000年の前くらいでしたから，もうアメリカでは関係論的転回がかなり行き渡った状態でした。メイヨ・クリニックに行ったときにグリーンバーグとミッチェルの本に出会って，それで頭の中が整理される思いがあって，ストロロウとかミッチェルとかをそのときに知って，それでそれまで頭の中が，フロイトとか，フェアバーンとか，クラインとかの理論でごちゃごちゃになっていたのが整理される思いがあって，これだ，っていうふうに思ったところがあった。

岡野：そうすると留学中に当たり前のように学んで接してきた精神分析が，実は日本に帰ってみるとかなり新しい考えだったということがわかったということですね。

吾妻：それは，知識としては知ってたんです，常に。だけど，体験としては，実は日本に帰ってきて初めてだったんで，びっくりしました，そういう意味では。アメリカでは，古典的なアプローチがやはりベースにあって重要だ，というのはもちろんそうなんですけど，古典的なアプローチだけが重要だ，とは，もはや言いにくい状況になっていたと思うんです。必ずしも古典的な考え方の通りじゃないのは分かってるんだけど，でもこういう伝統的な考え方はやっぱり大切だよね，みたいな言い方をしないといけないという，ある種の遠慮というのがあった状況で。ただし，関係論の人も，温故知新じゃないんですけど，昔の伝統的なものも大切だよね，というように，お互いに尊重し合うみたいな，やや遠慮もしたりとか，そういう感じで。そういう中で日本に帰ってきたら大分違う感じで。転回前のところに入ってきたみたいな，そんな感じがあった。

岡野：なるほど，じゃあ，富樫先生お願いします。

富樫：今までのを聞いてるといろいろ連想が膨らみますが，一応最初の話に戻ってみますね。何ていったらいいかな，最初にお話ししたように，私はちゃんと本読んでなかったというか，自分勝手に読んでしまっていたところがあるんです。たとえば，「投げ込まれた」という話が出てくると，治療者が何かを投げ込まることを予測していて，それを受け入れるつもりがあって，それを患者も知っているから投げ込むわけだよな，みたいな感じで，勝手に理解していたんです。それをちゃんとアメリカに行って学んでいくと，それぞれの理論はかなりリジットなしっかりとした見方をしているのだと，つまり，随分心っていうのが区切られてるものとして捉えられているのだと，そんなことを後から知ったような感じがありました。自分の読み方が間違ってたことを，あとで知ってびっくりしたんですよね。

ただ，だからといって私が，渡米するまで働いていた精神科での臨床実践で，自分がそう理解していたように関係の中に患者さんをとらえていたかというと，やっぱりそうはできていなかったと思うんです。私の場合，理論で理解していたことと，実際に臨床場面で患者さんに関わる方法とには結構乖離があって，何か臨床上にややこしいことが起これば，それをすぐ患者さんに還元していました。

たぶんそれは，当時自分が受けていた分析も影響していると思います。その時の体験では，すべてのことが私の問題にされてましたから（笑）。なんとかサバイブした感じなんですけど，自分の体験として一つ大きなことを学んだとは思います。つまり，治療者が一つのことを信じてものを見ちゃうと，どうしようもないくらい，そのようにその場が見えてしまって，他の部分が全然見えなくなるんだとか，治療者が何を感じているかは患者さんからは丸見えなんだなとか。そもそも患者さんって，治療者との関係の中だけで生きているわけじゃないし，家族や学校，コミュニティでの人間関係まで，いろんな集団の中で生きていて，何でもかんでも，患者さんの心の中で病理が生まれるわけじゃない。人間は人間関係や社会や時代の中に組み込まれているものなのに，ちゃんと見てもらえないと，誤解されてしまう現象は多いんだな，と思ったりしました。自分も同じことを患者さんにやっていたことに気付いたときもあります。

岡野：それはアメリカに渡る前の話ですか？

富樫：そうです，どっちかっていうと。その混乱の中で渡米したみたいな感じです。

岡野：アメリカに渡ったのは何年でしたっけ。

富樫：2001 年です。

岡野：2001 年ですよね。そのときにすでにもうコフート派をやろうという感じだった。

富樫：そうですね。もうずっとコフートに興味がありました。

岡野：そうすると，転回というのはあまり自覚なかったっていうことですか。

富樫：あまりないですね。着いたらいきなりインターサブジェクティビティーでしたから。

岡野：アメリカではそうだったんだ。

富樫：そうです。私の周辺は特に，ですけど。私は最初に NPAP に行ったんですけど，本当は最初から，あとでトランスファーする小さな研究所に行きたかったんですね。だから，渡米したときからそこの人たちと懇意にしていた。そこは元々ストロロウと一緒にやってた人が，徹底的に間主観性理論を突き詰めようとする彼が離れていった後に作った研究所なので，考え方は完全にインターサブジェクティブなんですよね。だから，インターサブジェクティビティーを学び始めたはいいけど，これって，コフートの理論とどう関係付けたらいいんだろうって，ずっと悩みながらアメリカ生活をしていた感じがあって。その途中でホワイトの関係論が頭に入ってきて，自己心理学は結構批判されてるので，なんでこんなに批判されるんだろうか，結構同じこと言ってるんだけどなとか，そこを統合するのにまた時間がかかって，本当の意味でそれらが自分の中で整理されてきたのは日本に帰ってきてからのような気がします。

岡野：最終的に自分の立ち位置としては自己心理学のほうに置かれてるわけですよね。

富樫：私は，そうですね，何者かと言われたら多分，コンテンポラリーなセルフサイコロジストというだろうと思いますが。

岡野：そうすると，それと関係論との関係というのは，またちょっとゆっくりお聞きしなくちゃいけない部分として，後に取っておくということにしましょう。一つ気が付いたのは，当たり前のことかもしれませんが，皆さんアメリカでの体験を持ったということで共通してるわけです。そして，吾妻先生，富樫先生の場合も，恐らく横井先生の場合もそうなんだけども，アメリカで接した精神分析っていうのはすでに関係論的だった。だから，比較的自然にその雰囲気に入って行かれた。私の場合は留学先はカンザス州トピカで，ある意味では自我心理学の伝統を持つところなんです。そして，かなりフロイディアンな考え方が優勢で，コフート派の人たちっていうのは，車で1時間ぐらいのカンサスシティのインスティチュートの先生方が出講していらしたときに，その雰囲気を味わう機会が持てたというところがあります。そしてメニンガーでは精神分析とは別に同時に催眠をやってるグループがあり，トラウマを持った患者さんを治療していました。他方分析のグループ，と言っても大半の人はこちらに属しますが，彼らにとってはトラウマの患者について考える際に古典的な考え方が大きく揺らされてるような感じで，そのような動きの中で私もいろいろ体験したという事情があります。

精神分析の世界でのヒーロー

さて，ここで皆さんに，ご自分にとっての精神分析の世界でのヒーローはどういう人かなっていうのをお聞きしてみたくなったのですが。私の場合はやっぱり小此木先生なんです。私が出会ったころ，つまり1980年代後半の小此木先生の中に，今から考えると対象関係論的な展開っていうのは恐らく起きていて，それを私も感じ取っていたような気がします。彼の中にすごくフロイト大好き人間っていうところがあって，精神分析を愛してしょうがないんだけども，同時にいろんなものを吸収してアメリカの動きにもすごく興味を持っていらした。そして，彼自身の臨床がすごくフェレンツィ的なところがあって，「僕自身はこういう立場だからいろいろ言ってるんだけども，実際はいろんなことやってるんだよ」って雰囲気を醸してたんです。そういうところがすごく居心地いいっていうことがありました。横井先生の場合は先ほど，アイドルは小此木先生っておっしゃったけど，このへんをもう少し教えていただいていいですか。

横井：精神分析学会っていうのが日本にあって，そこに顔を出し始めたらやっぱりそこの顔というか，精神分析学会は私ですみたいなのが小此木先生で。大体，小此木先生がおっしゃることが多分精神分析なんだろうなと思って。

岡野：年代的にそうなのは，吾妻，富樫両先生に比べてわれわれは十数年歳上。横井先生とは同年代，ほとんど同じですからね。

横井：そうです。

岡野：確かに私たちの若い頃の精神分析っていうのはもう小此木先生は理想の先生でしたからね。

横井：岡野先生ほど小此木先生の近くにいたわけでは全然なくて，遠くから眺めていて，たまにトイレなんかで会うと「おはよう，横井くん」とか言って声掛けてくれたり。

岡野：あれがうれしかったですよね，声掛けてくれるから。

横井：そう，ロビー外交じゃないけれど，トイレ外交がね。自分もそうやって，なんかここの一員になったなみたいな感じになって。やっぱり小此木先生の本を読んで，分かりやすいですから，フロイトのことを書いていて，そこから入ったのでヒーローは小此木先生で。フロイトはやっぱりヒーローでした。最初の入り口としてはそこでした。

岡野：ヒーローについては。

吾妻：私の場合，小此木先生の本っていうのはそれこそ『エロス的人間論』とかあの辺で……

岡野：『モラトリアム人間』とか。

吾妻：あとは『フロイト――その自我の軌跡』でフロイトの人間像の話とかいろいろ読んでて。ただやっぱり小此木先生はあまりにも本の中の人というイメージが強くて，実際にお会いして話すようなことも私はなかったし，そういう意味で言うとすごく遠い存在っていうんですか，そういうイメージがあって。そのままアメリカに行ったので，私の中でのヒーローといったらやっぱりカーンバーグとミッチェルです。カーンバーグはニューヨークで授業とかセミナーを受けたんですけど，私の中では，カーンバーグは古典的な理論と技術の集大成者みたいなイメージがあって，まずはそこから入るとフロイトのことも対象関係論のことも習うことになるんです。基本的にはここを押さえるのか，というところが分かるんです。ただ一方で，それをより広い視点から全部見渡して，カーンバーグのそういう視点がどんなものだったのか，というのを教えてくれるのがミッチェルでしたね。ミッチェルには直接は教わってないんですけど，私は講演会を1回聞いただけで。2000年に亡くなったんです。私が渡米した数カ月後だったんですけど，あれで大分へこみましたね。

岡野：でも，ライブで見てる。

吾妻：ライブで見ました。

岡野：うらやましいですね。

吾妻：遠くからだったんであまりよく理解できなかったんですけど。

岡野：オーラはありましたか。

吾妻：オーラはありました。後ろ姿を見ながら私は座っていて。そのあとステージの上にいて話しているのを見ながら，すごいなと思って。それでその後まもなくニューヨーク・タイムズで突然死を知ってたまげたという。

岡野：心筋梗塞か何かでしたっけ。

吾妻：そうです，運動してる間に。だから，やはりミッチェルのイメージっていうのは，分類がこんな風にできるのかという，欲動か関係かという問題でもそうなんですけども，関係性を重んじる理論でも，細かく分類していく議論が横井先生が訳された本の中でも紹介されてて，それがすごく面白くて，わくわくしながら読んだ，っていう経験があって。この2人が私のヒーローですね。

岡野：富樫先生の場合，やはりコフートかなと思いますが，いかがですか。

富樫：結構これいろいろあって，まず日本側から言うと，私はサイコロジストなので，東と西に両巨頭がいて，小此木啓吾，河合隼雄なんです。これはやっぱり流れとしてあるんです。でも，今言ったように，小此木啓吾，河合隼雄って言えちゃうんです，私は。「先生」を付けなくてもいけるんです。それぐらいの感じなんです。遠いんです。

岡野：遠いからですか。

富樫：要するに遠いんです。

吾妻：遠過ぎて。

富樫：遠過ぎて。もうだから，何ていうかスター過ぎて，歴史上の人物みたいになってる。怒られますけど。

吾妻：そんな感じ，分かります。

富樫：ですよね。もうちょっと下がってくるともっとリアルな感じになってきて，日本ですごいなと思ったのは，改めて発言するのは恥ずかしいんですが，岡野先生と丸田先生なんです，私。どうして気になったのかというと，お二人がお話をしていることを聞いていると私からすれば当たり前のことしか言っていないのに，随分周りの風当たりがきついことに気が付いて。なんでこんなことになってるんだろう，というのを感じたからですね。どうやら批判されるくらい新しい見方っていうのがあるらしい，というのを日本で感じていた状態です。ただ，私の場合はやっぱりアメリカを見ていましたから，アメリカでヒーローっていうと……あ，ちなみに，やっぱりコフートもハインツって言えないんです。当たり前ですけど。ハインツ・コフートなんです，私の中では。完全に歴史上の人物。ファーストネームで呼べるヒーロー，近いヒーローというのは，ボブ・ストロロウとフランク・ラックマンなんです。やっぱり彼らは，私にとっては，スーパースターなんです。理論的には，ボブ・ストロロウのシャープな，すべてをさっと解き明かしていくというか，そういう研ぎ澄まされた感じが非常に魅力的です。私は，彼の考え方や理論っていうのは，決して元々の精神分析から大きく逸脱しているとは思わないんです，実のところ。――そうなんだけど，非常にきれいに相互の交流のありようというか，私たちが気付かなかったものの見方を彼は解き明かしてしまう。オーガナイジング・プリンシプルとかそういう概念もそうですけど，彼独自の一種のメタサイコロジーで心のプロセスの話をきれいに説明してしまうところに，非常に憧れたんです。もう一つ，フランクのほうは……

岡野：フランク・ラックマン。

富樫：フランク・ラックマンです。理論ももちろんすごい人なんですけど，そんなことよりも，ケースを語る口調というか，それが何しろ美しいんです。こんなふうにきれいにケースが見れるものなんだ，と思って。こんな感じで患者さんをみれたらとても素晴らしいなと思って。たまらなく，彼に魅かれたんです。私は最初にNPAPにいたので，フランク・ラックマンにスーパービジョンを受けたいと思ったんです。スーパーバイザーのリストを見て，フランクが一番上に載っていたんですけど，料金順で載ってたんです。当時200ドルだったかな。多分今はもうそれどころではないと思うんですけど。あの値段も学生，キャンディデイト向けの下げた値段でそれくらいだったので，貧乏学生の私にはもう無理だなと思って。結局スーパービジョンを直接受けられる金銭的余裕はできなかった。でも，彼の本を翻訳したらきっと近づけるに違いないと思ってがんばったり，その後学会や研究会でのディスカッションやプレゼンテーションを通して個人的な交流が始まったりして，ようやく彼と直接議論したり，語り合ったりできるようになった。ウィーンに連れて行ってもらったりとか，直接学んだり議論したり機会をたくさんいただいてるんですけど，彼は私のヒーローですから，一緒にいるだけでもうもう幸せいっぱいみたいな感じです。ボブ・ストロロウのほうは，私がいろんなものを書くようになってから教えていただくっていう感じになったんですけど，そういう意味で私にとってのアメリカのヒーローはあの２人。ハインツ・コフートは歴史上のすごい人。

岡野：その上に立つ感じ。

富樫：そうですね，やっぱり。

コフート体験

岡野：ハインツ・コフートをどういうふうに経由していくかっていうのはすごく大事な問題と私は思うんですけども。富樫先生にとってコフートのここがすごいっていうのはどこらへんなんですか。

富樫：理論上でいえば，単純に言うと，患者さんが何かを求めているなら，それを求めさせておけばいいじゃないかというか，得られなかった体験をちゃんと臨床場面で一緒に体験してもいいんじゃないかというか，この当たり前のことをきれいにしゃべったというのがすごいところですね。まあ，実際の彼の説明は，そんなにきれいではないですけど。ただ，私からするとあたり前のようなその考えが，実は転移と呼んではいけないものなのだとか，認めてはいけないものなのだとか，本当はまずい考えらしいというのは，それもやっぱり後から知ったんです。あとは伝記を訳したり，彼の身近な人にインタビューをしたこともあるので……

岡野：例のチャールズ・ストロージャーの伝記『ハインツ・コフート――その生涯と自己心理学』ですね。

富樫：そうです。アンナ・オースティンとか，デビット・ターマンとかにインタビューさせてもらったんですね。彼らのコフート体験を。彼らから聞くコフート像は，非常に難しい人です。とにかく，ずっと接近してきてうるさい人だった。それから，冗談を言ったりとか，人を笑わせたりとか，ちょっとふざけたことをやったりする人だったみたいです。患者さんに対しても，普通じゃないことをしてますしね。冗談でお尻を蹴ったりとか。そういうのを見てると人なんだな，という感じはしました。

岡野：コフートに関しては。

吾妻：面白いですね，コフートをどう経由してるかっていう問い自体に興味をそそられたんですけども。

岡野：そうですか。

吾妻：私はストロロウを通してなんです。

岡野：ストロロウを通してのコフート。

吾妻：ストロロウを通して，というイメージが残ります。丸田先生が訳されたストロロウの本から入って，続けて丸田先生の『コフート理論とその周辺』なんかを読んで，という感じです。最初にグリーンバーグとミッチェルの本を読んで，それに衝撃を受けて，そこへ，ストロロウという人がいてすごいよ，と，当時私がいた米国海軍病院の若手の心理士の人が，ストロロウは次の世代の精神分析をやっている，と言うんです。もちろん，それは気になる，となって，それで丸田先生がストロロウを紹介されている本を読んで。コフートは，もちろんグリーンバーグとミッチェルの本の中にも入ってるんですけども，それまではそこまで注目してなかったんです。私はコフートに，誰かを経由して入る傾向があるんですかね，経由っていうか，コンテンポラリーな人を読んで，その後コフートを読むっていう傾向があるのかもしれないですけど。間主観性理論はリレーショナルな考え方とかなり近いところがあって，その間主観性理論っていうものにつながってるコフートっていうところです。それでさらに，カーンバーグとコフートの考え方の違いについてまた読んでいくという，そんな感じで見ていく。だから，コフートのインパクトっていうのはやはりむしろコフート以降の議論を読んだ上で，ってことですかね。常にそういう感じだったと思います。

コフートは対比として必ず出てくるんです。たとえば，アインシュタイン医大のときのレジデンシー向けの講義でも，コロンビア大の精神分析センターにいたときでも，ホワイトでもです。コフートの考え方っていうのは，何かとの対比においてやっぱり常に出てくる。それこそ富樫先生が言ってた，ホワイトの人たちが批判的なこといろいろ言ってたってことですけど，ブロンバーグとか，私は彼の『関係するこころ』という本を訳したんですが，その彼なんかも，最初すごい辛辣で厳しいことを散々言ってたんです。

岡野：コフートに関して？

吾妻：コフートに関して。今は本人に言わせると，「あれは昔の話なんだ」ってことですが。お互いに変わっていって，かなり共通点が出てきてるんだっていうふうな言い方してますよね。

岡野：さっき，カーンバーグがヒーローとおっしゃったけども，そうすると有名なカーンバーグ，コフート論争だと，それを聞いてるとやっぱりコフートのほうに肩入れするみたいなこともあった。

吾妻：コフートのほうに肩入れ……，結局コフートのほうに一時期肩入れするときはあったんですけど，私は行ったり来たりしてるような感じがあるんですけども。

だから，最初かなり関係論のほうから入っていって，その延長でストロロウ，コフートを勉強して，そこからやはり古典的な分析でっていうんでカーンバーグ，その他，自我心理学も勉強して。そしてコフートが少し遠くなって，そのあとにホワイトで訓練受ける中で，常に何かある考え方があるとそれに対比的な，もう一つ学んでいく観点として自己心理学があった。だから，かなりコフートに比較的近いとこから始まって，コフートの考えのほうに１回行って，今度カーンバーグ的な考え方をもう１回勉強して，古典的な方に行って。それからまた少し反対のほうに揺れが戻ったっていう，そういう感じかなというふうに思います。

岡野：横井先生，現在コフートの理論を受け継いで，それを臨床に応用してる人っていうのは，本当に関東には少なくて，舘哲朗先生ぐらいですよね。

横井：はい。

岡野：でも，関西にはその筋は随分見られますね。九州にもその流れがある。

横井：関西でコフート，どうだろう。

富樫：九州ですよね。コフート研がありますよね。

岡野：コフート研がありますよね。そういう意味で，関西にいらっしゃって，そこで体験するコフートとはどんな感じですか。

横井：関西のコフートということと，自分自身が勉強したコフートというのはまた違うかもしれないですけど，私はコフートは岩崎学術出版社の『コフート入門』の精神分析双書の本で最初に勉強しました。先生方は，富樫先生にしろ，吾妻先生にしろ，実際にアメリカの自己心理学をしっかりと勉強されてるけど，私はそこまでアメリカ体験が長くないので，最初はやっぱり本からです。なので，コフートっていうのはフロイトと似たような感じで，そういうところから学んできて，ホワイトの中でも学んで。

岡野：関西でコフートの話をした場合に風当たりは強いですか。

吾妻：多少。

横井：どうですかね。

吾妻：富樫先生のグループ以外だとなんか。

富樫：誤解は多いですよね。コフートの考え方を話すと，毎回「そうだったんですか。理解を間違えていました」っていうリアクションが非常に多くて，「実はこうなんですよ。こんなこと言ってるんですよ。皆さんが思うほど，共感的な温かい態度で接すればあとは何とかなるとか，そんなこと言ってませんよ」って言うと，「えっ。そうなんですか」っていうのはすぐ返ってきます。誤解は多いなとは思います，そういう意味でいうと。

岡野：東京だとすごい風当たりなんです。コフートというと少し馬鹿にされるというようなところさえある。そもそも「共感ってどうなの？」みたいに疑いの目で見られるということがあります。イギリスで分析を学んだ人たちにとっては，コフート理論は精神分析じゃないという雰囲気があります。しかし精神分析以外なら，たとえば林直樹先生（現帝京大学精神科教授）はボーダーラインを勉強する上でコフート理論というのはすごくためになって恩義を感じてるって書いてらっしゃる，臨床をやる上で。でも，分析の世界ではコフートに対する風当たりがすごい強いというのは関東ではあるんです。

横井：関西はそういう意味での風当たりっていうのはないです。やっぱり関東ってニューヨーク精神分析研究所みたいな感じもなんかあって，正当派みたいなそういう感覚があるけど，関西は元々そういうものがないので，アメリカでいったらシカゴみたいなところかな。だから，新しい考えなんかがあんまり抵抗なく生まれてくるし，入ってくるし，そういうところがあるような気がします。

岡野：ストロージャーが，彼のコフートに関する伝記の中で言ってたと思うんだけども，関係論の口火を切ったのはコフートだっていうふうに書いてあったわけです。私はやっぱりそうだろうなって思うわけです。コフートが，それまで古典的な分析の形では絶対言わないでいたようなことを，さっき富樫先生がおっしゃったように勇気を持ってバンと言ったんですからね。それはどういうことかっていうと，当たり前なんですけど，患者さんの言ってることには一理も二理もあるんだという，その部分ですよ。

富樫：「そのまま聞きなさい」っていう。

岡野：そのまま聞きなさい。あれは，でも，普通の心理士にとっては当たり前のことかもしれないけども，分析をやった人間にとってはなんか頭を殴られたような感じがするんでしょう。それが，私の中で起きかけていた転回っていうのを後押ししてくれたみたいなところがあります。

対人関係学派と関係論

吾妻：ニューヨーク精神分析インスティチュートのチャールズ・ブレナーとコロンビア大精神分析センターのロバート・マイケルズの対談で，やっぱりコフートが現れたことによって分析室の雰囲気が変わったんだっていうのがあって。なんかそういうインパクトがすごくあって。

思ったんですけど，ある意味で自我心理学に対する揺さぶりの，左からか右からか分からないですけど，その一つがコフートで，それはコフートが自我心理学の中から来ているのでやっぱりより突っ込みがしやすかったんだと思うんです。対人関係グループは反対側のほうから行ったと思うんですけど，これは外側のグループだったのでインパクトの与え方が全然違ったと思います。それが，左から衝撃が加わると，じゃあ右からもどうなんだっていう話になって，それが自我心理学っていうものがすごく門が開かれてっていうふうになっていったという，そういう流れなのかなって感じがします。基本的に，ここ面白いところなんですけど，関係論の中でも，対人関係学派がベースの関係論がありますが，それと自己心理学って，基本的にはかなり反対なんですよ。

横井：そうですね，かなり。

岡野：どういう意味での違いですか。

吾妻：要するに対人関係学派っていうのは極めて直面的で，「あなたはそう言ってるけども，私はそんなことは思わない。私は，あなたはこういう人だと思う」とか，そういう感じなんです。

岡野：サリバンってそういう人だったんですね。

吾妻：サリバンとフロムがそうです。

岡野：フロムとサリバンの性格がそうだったという論文を思い出した。

吾妻：サリバンは臨床自体はそこまでじゃなかったみたいなんですけど。優しかったらしいんですけど。フロムは臨床もそうだった。かなりきつい人だった。だから，「今ここに現れてることは，私はこうとしか思えないんだけども」という，今ここでのインパクトを大切にする臨床だったんです。それはコフートとは全然違うタイプのものなんですけど，それがただ，中立でないっていう意味では，全然中立じゃないんですよね。だから，そういう揺さぶりが両方からきた。

岡野：中立性から離れたという意味では共通してるけども，方向性が随分違ったということですね。

吾妻：違うんです。フロムに言わせれば，もう最初からずれてるんだから，それを中立にするとかじゃなくて，心の中でもういろいろ思ってるわけだから，分析家はそれを言いますよ，っていうスタンスなんです。

富樫：2000年代に入るとドナ・オレンジとジェシカ・ベンジャミンの論争があるんです。レギュレーション（調整）とレコグニション（承認）を巡って両者は激論をかわすんですけど，両方とも，治療者は，自分のスタンスにおいて素直に患者と関わっていきましょうってことを強調してるんですね。でも，患者さんの主観的世界にまず調整しようとするのか，それとも私はここに一人の人間としてあなたの目の前にいるんだと，治療者の主体性を強調するのかで，激しい言い合いになった。

岡野：その後者がベンジャミンでしょう。

吾妻：ハード・リレーショナルのような人ですよね。

富樫：そうです。

吾妻：ハード，ソフトって言っていいかどうか分からないけど。

岡野：そうすると，もうその人の人格みたいな，パーソナリティがかなり関係しちゃってますよね。

吾妻：そういうアプローチをすること自体が関係してくるかどうか分からないですけど，少なくとも自分のパーソナリティを思いっきり使うという，私はこういうふうに思うんだけど，あなたはそれはそう言ってるだけじゃないですかとか，そういう感じの直面の仕方をする。

横井：主観と主観の対決みたいな，ぶつかり合いみたいなのですよね。

吾妻：そうです。それ，フロムにさかのぼるんです。

横井：ただ，そういう意味では，自分の主観と相手の主観が対等にあって，相手を子ども扱いしてないような感覚があるんですよ。大人と大人として，主観をもった２人の人として相対してるっていう。そこはやっぱりコフートの相手の主観の中に入り込むっていうのとは対極になる。

吾妻：大分違いがあるんです。それが，ディベロップメンタル・ティルトの話で。それ言っちゃうといろいろ紛糾するかもしれないですけど。ミッチェルが言うには，ディベロップメンタルな視点をなるべく入れないっていうのが，より対人関係学派的な視点だということなんですよね。

富樫：それもちょっと誤解があるかな。言い出すと切りがないんですけど。共感とかそういうふうにいったときに，別に患者さんを子ども扱いにしてるわけじゃないんです。たとえば，ドナ・オレンジにしても，彼女の性格として普通にそこにあるわけですよ。彼女は結構マターナルな人ですけど，確かに。それは別に偽ったわけでも，お母さんになろうとしてるわけでも，患者さんを子ども扱いしてるわけでもなくって，素直にそこにいてそうあったらジェシカとやり方が違うというだけ。だから，それは別に関係論の人が言うように自己心理学が無理してるとか，頑張って患者さんを大事にし過ぎてるというのとは，またちょっと違うと思うんですね。結局共感にしろ，レギュレーションにしろ，その治療者が自然な形でそのようにふるまわないと通用しない。成立しない。

吾妻：私は確かに，いわゆる大文字のリレーショナルっていうんですか，自分の臨床スタイルがそうだったもんですから，でもやっぱりもしかしたら自分は自己心理学者が言うような絆をないがしろにしてるんじゃないかって反省をしながらやっぱりやります。それはコフートの影響ですよね。自分というもののオーセンティシティというものに引きずられ過ぎてるんじゃないかっていうことは考えさせられる。そういう意味で結局どっちが先かみたいな話になるんですけど，そういうバランスを私の中で取らせてくれてるという，そういう意味ではコフート的な考え方は頭の中にあります。

治療者の主体と自己開示

岡野：今の，主観の問題っていうのはすごく大事なテーマで，この間，対象関係論勉強会 15 周年の会で，私は対象関係論じゃなくて主体関係論の理論がこれから入るんじゃないかっていう，ちょっと極端な主張をしたんだけども。治療者が自分の主体をどこまで議論の中に反映してくかっていうのはすごく重要な問題で，それがこの本の一つのテーマである自己開示の問題とも関係してくると思います。自己開示がどのようにこれから扱われていくかはすごく大きな問題で，いまだに精神分析においては自己開示はあり得ないという立場があります。

横井：ただ分析家の先生方にはいろいろ本を書いたり，それからセミナーなどで話しをされたりしていて，もうそれ自体がやっぱり自己開示になってる部分はあるでしょうね。まず自己開示というと，何を開示してるかっていう問題があると思うんだけれども，それはパーソナリティとかパーソンの部分です。プライベートという秘匿されたものじゃなくてパーソンの部分というのは実はとてもパブリックなもので，もうその人がそこにいるだけで自己開示されているんじゃないかって思うんです。それがたとえ面接室の中で，二人がただいるという状況でもね。だからそういう意味では，ある種の自己開示は自己開示を控えるとか控えないとかいう議論の外にあって，それは非常にパブリックにパーソンが開示されてるっていう部分があるんじゃないかと思うんです。そこの部分を，中立性を強調する人とか，自己開示を悪だというような議論の人たちは，やっぱり見逃してるんじゃないかなという気がします。

吾妻：自己開示についてですが，私は基本的には自己開示にはやはり慎重になるべきだと思っているんです。ただ，絶対しないとか，するといいとか，そういうふうには決められないものだって思っていて，やはりこれは悩み続けること自体が分析的な作業の一つなんだろうと思っていて。その結果，どのくらい自己開示が出るかというのは，結構パーソナルなことで決まるんだろうと思いますね。私はあまりするほうではないんですけども。ただやっぱり，自己開示しやすい患者さんっていうのはいるんです。したほうがいいと思うようなときが多い方もいる。逆に，意地でもしないぞ，みたいに自分がなってたら，それは一体何なんだろうかとか，そういうことについて考え続ける作業自体が分析的なんじゃないかと思うんです。でも実は，自己開示はしない，と言っている先生の中には，自己開示しなくても，極めて基本的に丁寧な方だっていうのがすぐ分かる先生が少なくないんです。

横井：そう。

吾妻：滲み出てるんだと思うんです。だから，そういう意味では実は自己開示してるんだけれども。何て言うんでしょう，もしかすると自己開示を巡る日本の先生の，私もそういうところがあるんですけど，一つの困難っていうのは，自己開示をすることで何か不自然なものになってしまうんじゃないかっていう，そういう恐怖感みたいなのがあって。人工的なものになってしまう恐怖があると，やっぱり控えたほうが無難だっていう感じになってるのかなっていうのがありますね。少なくとも一部の分析家の方は，自分の繊細さとか親切心とか，そういうものが過剰に出てしまうんじゃないかってやはり恐れて，それでむしろ自己開示はしない，となるんじゃないかと思いますね。あまり自己開示しない人たちっていうのは，結構親切なこと考えているんです。これ，どういうふうにまとめていいのか分からないですけど。自己開示しない方が無難だと一律に言っても，実際には漏れ出てると思いますし，漏れ出てるっていうことを引き受けるっていうことがやっぱりまず第一のステップでしょうね。限られた状況においては，自己開示をすることもあると思いますが，どれだけするのかっていうと，意図的な自己開示っていうのは常に交渉し続けるものだって私は考えてます。

岡野：意図的な自己開示なんですか，常に。

吾妻：意図的な自己開示については常に自分の中で交渉している。

富樫：結構これ難しいテーマなんですけど，まず正直な感想から言うと，なんで自己開示に，そんなにこだわらなきゃいけないのかなっていうのはありまして。この本のテーマに逆らうようですけど（笑）。それこそ，皆さんが言ってるように漏れ出てるものだし，特にここにいる人なんかはみんな，何かしら外に出てる人間なので，こういう人らしいよとか，こんな感じらしいよとか，それはもういくらでも分かるわけだし。一般的なイメージとしても分かるし，会ったらなおこんな人なんだなってのは見えるので，わざわざ自己開示するしないっていうところにあんまりこだわる意味を感じないんですね。

　ただ，いざとなったときに，たとえばケースが膠着したりとか，ちょっとなんかまずい感じになってきたなっていうときに，元々のスタンスに戻るっていう意味では自己開示を取りあえず避けとくとか，取りあえず止まっとくとか，そういうふうな意味で大事なときはある。最近思ってるのは，これは自己開示をするしないの問題じゃなくて，自己開示にこだわる私の認識と，人として関わる私の認識と，要するにこの二つの揺れかなと思ったりしてるんです。自己開示するかしないかを考えているときには，治療者の頭の中は，技法上の問題に切り替わってるわけです。だから，自己開示の対極にあるのは自己開示をしないことじゃなくて，もっと自然にその人を人として見る，私も人として関わるかどうかって話で，つまり，技法を超えたところにいる自分に頭が切り替わっているかどうかだと思うわけです。そうなってくると自然に自己開示が出たり出なかったりする。自分の気持ちとかどうこういうのは，そのまま人として漏れ出てしまう。だから，関わり方っていうか，相手と自分に人として向き合うのか，もうちょっと仕事として向き合うのかっていう，そのへんの揺れが自分の中で起こるものが自己開示なのかなと。ちょっと仕事モードでいこうかな，ちょっと人としてちゃんと，普通に人として会おうかなっていう感じで。

そうなってくると，論文で書いたんですけど，逆に自己開示できないときってあるんです。それは顔にやけどの跡がある女性のケースなんですけど，私はその女性とずっと長いことやってて，いろいろ思ってるわけです，お互いに。タブーがあるんです。私の言葉では「間主観的タブー」っていうんですけど，言えないんです。タブーってフロイト的なタブーじゃないんです，抑圧されたタブーでもないし。そして，解離でもないのです。それが大きな問題だということを二人とも知っているんです。それにもかかわらず言えないことってあって。ずっとやってきながら彼女が，あるとき「私って醜いですよね」って聞くんですよね。「醜いですよ」とも「美しいですよ」とも言えなくて。頭の中で浮かぶんですよ，「美しいですよ」って言いたいなとか。本当に美しいところがある女性ですしね。「気にしなくていいですよ」とか。でもそれはどれも，彼女が向き合っているものに対する答えではない。彼女が言ってるのはそういう意味じゃない。そうなってくると，私も人としてそれに対峙するしかないんです，そのときに。言うか言わないかなんていうことじゃないので，ただうなずくしかなかったんですけど。そういう人としての正直さと自己開示という方法という揺れなんだと私は思います。

人としてどう関わるか

岡野：自己開示の議論から人としてどう関わるか，あるいはさっきの言葉で言うと，主体としてどう関わるかという問題にちょっと移ってきていますが，それは本書のもう一つのテーマである倫理性ということにも絡んできます。治療者が禁欲規則などのさまざまな規則を守ってやることも一つの倫理かもしれないけども，それとは別にオーセンティシティ，真正さの問題だとか，正直さの問題だとか，うそをつかないという今の富樫先生のテーマに関わってくる問題があると思います。この倫理観というのは恐らく関係論では大きく扱われている問題ですよね。人間としてどう関わるかっていうことと，古典的な精神分析のやり方をいかに守ってるかっていうことには微妙な，しかし決定的な葛藤があって，分析家の先生方に感じるのは，これは分析なんだろうかということを彼らは常に考えていらっしゃるということなんです。患者さんとの関わりの中で分析的にやっているだろうか，その分析的にやってるっていう定義は人によって全然違うんだけども，恐らくそれを一番気にしている。自分がきちんと分析をやっているかっていうことにすごく関心を向けていることが一つの典型的なトラディショナルなあり方とすると，関係論においては一番何に関心があるべきかというと，それは治療者の倫理性です。それがこの本のテーマになってるのです。富樫先生のテーマも正直さ，正直であること，誠実であることというふうに捉えていいのでしょうか。

横井：誠実であることというのは，正直であることとはやっぱりちょっと違うと思うんです。オーセンティックであるということは，あるときには正直じゃないかもしれないなという気がするんだけれども，正直じゃない態度になってしまうかもしれないかなという気がするんだけれども。さっきの富樫先生が。

岡野：臨床的に何かありますか，そういう場合って。オーセンティックであるっていうことが正直でなくなってしまう例ってありますか。

横井：うーん，自分が，もし葛藤してるという状態のときに，その葛藤している状態にオーセンティックであるときには，なんかやっぱり身も蓋もなく正直に何かを語ってるっていう関係性とは違うような気がするんです。つまり，何ていうか，そのときの２人の関係においてオーセンティックであるということと，身も蓋もない事実であるということとは，やはり違うんじゃないかと思うんです……。ただ正直であることだけがオーセンティックではない。オーセンティックということをめぐる議論のときに，しばしばそのことが誤解されているように思います。

岡野：私の考えでは，古典的な精神分析だと必ず解釈に還元しましょうっていうのがあるんだけども，治療やってるとすごくたくさんのことを言わないでおいてる，触れないでおいている。さっきのタブーに触れないでおいていくっていう部分がすごくたくさんあって，それが伝統的な分析と，少なくとも私が捉える関係論と一番違うところじゃないかなと思います。分析っていうのは最後は言葉にして還元して返しましょう，じゃないと終わらないっていうことになるんだけども，関係論の場合そこらへんをオープンエンドにしてるようなところがあるという感じがします。

吾妻：倫理っていうことですかね。私は基本的には，自分はやはり臨床家だっていう，それに尽きると思うんです。

岡野：分析家じゃなくて，ですね。

吾妻：分析家の前に臨床家であって。ただ，臨床家としての訓練が，ここまで分析家になるための訓練を中心にしてるので，知ってることは分析のことがずっと多いわけです。もちろん分析の治す力を信じてるから分析的なメソッドを大切にするわけですけども。ただ，それは分析のメソッドだけを大切にしたいからじゃなくて，臨床家として自分が何かをするときに，依って立てるものとして確からしさの高いものが分析だからなんで。常にそこには，本当，この人のために自分が役に立つ，この人の人生に何か自分が関与するとしたら，この分析のやり方でいいんだろうかっていうことは，常に疑問としてあるわけです。ただ，そこで分析的な臨床家としての自分とそうじゃない自分というのは，別にそこにスプリットみたいなものがあるわけじゃなくて，やっぱり自分という人間がいて，職業として人を助ける仕事を選んでいて，その専門性が精神分析にあるっていうことで。この人が元々こちらに来ている理由，オフィスに来ている理由というもの，求めているものがすぐ分からないというところが問題で，求めてるものを出したいんですけどすぐは分からない。すぐ分からないけれども求めてるものに，共に近づくためにはどうしたらいいのかって考え続けるとしかちょっと言いようがないところだと思うんです。それで，分析的にすることがいいと思えるときが多いとは思いますけども，やっぱり臨床っていうのはその他の要素もいろいろ入ってくる。そのときはそのときで一臨床家としてあるという，そういう形で関係してるっていうこと自体が，言葉にならなくても，やっぱり一つの関係のあり方だと思うんです。だから，言ってみれば，真剣に臨床家として接し続けるとしかちょっと言いようないところではあるんです。患者さんに害がないようにしないといけないっていうのは全員そうだと思います。だから，オーセンティシティの問題についても，やはり患者さんに害はない，長期的にみてそれがプラスになるだろうという意図で接し続ける。自己開示の問題っていうのは，常にその点からやはり導かれるものだっていうふうに思います。

倫理的転回

岡野：富樫先生，転回について書いていらっしゃいますよね，倫理的転回。

富樫：はい。

岡野：それとの結び付きって何か。

富樫：それと結び付ける……吾妻先生の今のお話に触発されて，両方から話していきますけど。まず「職業人としてまずあれ」っていうのは全く同感です。それこそ関係はシンメトリックではないので，2人の関係における情緒的なプロセスの基本的な責任はやっぱり治療者の側にありますが，それは何かというと，職業人だからだと思うんです。ただ，関係論の魅力っていうのは，私たちが常にそこに組み込まれていくがために見落としがちなところを見せてくれるっていうか，そういうところがある。だから，まず私たちは職業人としてそこにいた。そしたら，「あなた，『私』っていうの忘れてますよ」って言い出す人たちが出てきて……つまり，「治療者が人であるってこと忘れてますよ」って言い出す人がいて。そして，「『私』っていうものを，もうちょっとここにね。『治療者の主体性』っていうものを，もう少し出しましょうね」って話になった。それはなぜかと言うと，やっぱり職業人であるがゆえに見えなくなっていたからで。でもじゃあ，「私」としての状態でやればいいかっていうと，そうではない。たしかに職業人でもあり，私でもあるんですけど，そうなると今度忘れがちなのが，患者さんは治療者が自分の「私」に気付く前にそこにいたんだっていうこと。人としてそこにいたということ。これがいわゆる倫理的転回です。この患者さんは確かに患者さんであるし，私が主体的に関わった患者さんでもあるけど，その前にここに突然現れた人なんだっていうのを忘れがちになっちゃうので，それを考えさせてくれるのは関係論だと思っていて。そういう意味でいうと，もうそのずっと先にあるのは結局，職業に組み込まれつつ，社会構造に組み込まれつつ，経済構造に組み込まれつつ，しかし，そこで相手をただの人として見ながら，私もただの人として関わる私がいるという，そういう感じなのかなって思うんですけど。

吾妻先生がさきほど言われてたように，私はちゃんと分析の仕事をしてるのかとか，私はちゃんと主体性を出してるのかとか，ちゃんと私は共感的であるのかとか，そんなふうに思ってるとかえって見えなくなることがある。それは，そこにただ人がいて，その人が分からないからこそ，私たちは本気でそれに向き合うしかないということ。コフートに戻ると，コフートが精神分析をつくったのはフロイトじゃないと言って総スカンを喰らった話がありますよね。ブロイアーがとにかく丁寧に話を聞いたことが精神分析の始まりなんだと。これは「臨床」という職業にもつながるし，「人」にもつながると思うんですけど，それこそ，すべての基本だと思うんです。今，自分のプラクティスに誰か来た。誰か来た以上，私は専門家としても，人としても会わなきゃいけない。会ったら，そこにもう人がいるので，それをみざるを得ない。そこにいる人はわけの分からない部分もあるし，わけの分かる部分もありながらそこにいる。問答無用で関わらざるを得ない。私の考えでは，本来はそこからすべてがスタートしているはずなんだけど，職業があり，いろんな理論があるおかげで，かえってその元の姿勢が見えなくなっちゃう。それをもう一回思い出させてくれるのが関係論かな。それが倫理的転回，ethical turn ではないかと思ってるんですけど。

岡野：今の話面白いなと思ったのは，コフート自身が要するにブロイアーとアンナ・Oによって精神分析がつくれたんだみたいな言い方をしていますが，確かにそういうところがあって，ひょっとしたら関係論の第一人者っていうか，一番最初の関係論者はブロイアーだったみたいなことすら言えるかもしれない。ブロイアーはああいう人で，とにかく彼を悪くいう人は全然いなくて，すごく優しい人で臨床を重んじて，そしてアンナ・Oのために，食事が取れなくなったとしたらずっと付き添うようなことがあったりとか，1日2回往診したりとかいうことをしていたという意味では，フロイトの前にブロイアーがいたっていうのは重要だったかもしれない。ある意味では関係論はブロイアーによって始められたかもしれないし，あるいはうんと早い時期にウィニコットがそうだったかもしれないし，バリントだったかもしれないっていう議論にもなるというわけです。

関係論であろうとすることの葛藤

横井：関係論であろうと意識しながら，いわゆる精神分析的にやるっていうのはすごい葛藤絡みな，なんかそういう感覚にセラピストって陥ると思うんです。それは，私は最初から関係論っていうものじゃなくて，最初はやっぱり小此木先生のこうだという教科書的なものから入ったので，その感覚と，それから，あとから身に付いてきた，臨床の中で自分の肌に合ったやり方みたいなのもあるし，それから理論もあるんだけど。そこで身に付いてきたパーソンとしての，何かそこも大事なんだなっていう感覚は常に自分の中で葛藤していて，葛藤し続けることがやっぱり関係論を，意味を持たせるんじゃないかなっていう気がするんです。だから，関係論っていうのはそれだけで，何ていうのか，完成するもんじゃなくて，なんかそういういろんなものと対峙しながら，その中でいろいろそれぞれの治療者の中で揺れたりなんやするのが，そこが関係論の精神分析の中での価値っていうか，そういうものじゃないかなっていう気がするんです。

吾妻：私も，ちょっと今，横井先生のお話があって思ったんですけれども，やはり広い意味での関係論の最大の貢献の一つっていうのは，分析理論というものが非常にパーソナルなものであって，そのパーソナルな限界に常に触れてるっていうことだと思うんです。そして分析理論っていうのは発見的な，ヒューリスティックな道具だと私は思っていて。基本的に人間の考えたものなので不完全で。ですから，先生がおっしゃっていた葛藤ということとつながってるかもしれないんですけど，横井先生がおっしゃってたように，やっぱり不完全なんです。不完全な人間が，臨床家になるということを選んで，その中でもかなりいろんなことを教えてくれる精神分析理論があって，それにもいろいろあって，その中で本当にこれで分かったっていうふうに言っていいんだろうか，あるいはこれで何か助けになってるんだろうか，自分自身のことは分かってるんだろうか，いわんや患者さんのことは分かってるんだろうか，あるいは自分と患者さんの間で何が起こってるんだろうか，そういうことが必ずしも分からない中で，やむを得ず選択せざるを得ないわけです。その選択に当たって，なんとなく分かった気にさせてくれる，あるいはこれで行こうという指針を与えてくれるのが精神分析理論であって，あるいは技法論であって。ただ，それは基本的にはやっぱり不完全な私と不完全な人間である患者さんがいるっていう，そういう枠の中に，より専門的な機能をもって，あるいはその過程の中で精神分析を学んだ自分がいて，それを用いているという，そういうあり方があるんだっていうことですね。そういう意味でいうと，プロフェッショナルな私と，そうじゃない私と，あまり分けて考えられないと私は思ってて。富樫先生が別に分けて考えるってわけじゃないと思うんですけど。そういう曖昧な中でやらざるを得ないという，そういう現実を生きてるということそれ自体が多分治療的な意味があるんだと思うんですけど。

横井：そうであること自体が。

吾妻：こんな解釈しかないんだけどもこれを共有しようっていうのもある種の自己開示なんだと思うんです。強烈な自己開示だと思うんですけど，解釈っていうのは。

転移を重んじることについて

岡野：古典的な精神分析とか伝統的な精神分析の場合に，ある枠組みがあって，それに従ってやっていったら治療が進んでいくんだという安心感みたいなのがどうしてもあるんです。その中で，特に現代の精神分析を見てて思うのが，やっぱり転移を重んじるということです。要するに，転移が十分に花開いて，それに対して適格な解釈が行われて，それが受け入れられて，その人が根本的に変わっていくということを一つの到達目標として押さえていくっていう傾向はとても強いと思います。でも関係論は，精神分析自体がヒューリスティックなもので，そこから何か新しいものがつくられていくという考え方っていうのは，その転移理論では収まらないという感覚を与えることで，ちょっとわれわれを不安にするところがあります。そこで先生方は治療のときに転移ということをどの程度頭に入れてるかちょっとお聞きしたいんですけど，いかがでしょう。

吾妻：私はやはり精神分析状況であるとか，古典的な技法なり理解っていうものは，いってみればアズ・イフ的な感じがあると思うんです。それこそヒューリスティックという言葉と重なってくるんですが。実際にはもっと広い枠の中で展開してることなんだけれども，少なくとも私とこの患者さん，クライアントの今の段階において，それが転移として扱えるものになっているという，だから転移として考えるという。ただ実際には，ブランク・スクリーンに投影されたイメージというのは，純粋にあることはないし，必ずそこで私がどんな人間なのかっていうのはバレバレなんです，大体。バレバレで，でも患者さんがそれをもちろん全部言ってるわけでもない。ただし，そういう中で，私とあなたがこういうことやっていきましょうっていう中で転移解釈が出てくる。その大枠の中での一局面っていうんでしょうか，そういう意味で，転移解釈というのは分析の場で起こってることのかなりよい近似であると思います。そんな感じなんですけど。

富樫：転移について言うと，最近の自己心理学は，患者さんだけの転移，治療者だけの逆転移って考え方はもうしないんですね。それで，転移，逆転移という言葉はほとんど使わない。「共転移 co-transference」といいます。それはそうとして，さっきの話とも絡めて二つ考えたほうがいいと思ってるものがあります。一つは，今ここで患者さんと関わってるときには，たくさんのものが流れているということです。関係にはいつでも，いろんなものが複層的に流れてるわけじゃないですか。それこそ昔と関係あるものもあれば，全然関係ないものもある。その中で，今ここで起きている現象の説明について言えば，このあたりの意味に落ち着けておいたほうが恐らく私たちにとっては分かりやすいなとか。この瞬間のこの関係にとっては，この説明が一番通りがいいなとか。その意味では，自分が転移をずっとサーチしてるかっていうと，してるんです。それを基軸にしてものを考えるのはもう，たたき込まれてるわけですけど。

もう一つは，さっき先生たちが言ってた一つ前のテーマに関係します。いつかリサーチしてみようかなと思ってるんですけど，精神分析の事例を読んでると転移が答えになるんです，一つの。論文の結論になってる。この患者さんはこうだったから苦しかったんだよっていう，一つの答えが明確に出てくることが結構多くて。でも，実際はそうでもないじゃないですか，いろんなのが混ざってるはずなのに。論文だけならいいんだけども，実際に治療者の頭の中で，結局この患者さんのこの主訴はこういうところからきてるので，この患者さんの問題の答えはこれだったんだ，っていうふうに転移とかが使われてしまうと，なんかすべてのものが抜け落ちてしまうというか，そういう危険性はあるかなとは思いますけど。

吾妻：今先生がおっしゃったのは，治療者の不安が減るようなタイプの理解ですね。転移でも他の技法もそうだと思うんですけど，そういうものではないほうがいいと思いますね。転移が一つの明確な答えになって，これで分かりました，となるよりも，私はやっぱり転移として話すしかないっていう，あなたはこう感じてると自分は感じるしかない，っていうふうな。それがいいか悪いかっていうのは分からないっていうか，完全じゃないと思うんですけど，ひとまず転移の理解としてそうするしか自分には浮かばないという，そういうことです。

富樫：そのへんが意外と難しいんだなって思いますね。反省も含めて，あるいは周りの人も見ながらですけど，物事を曖昧なままにしておきながら仕事するって結構大変じゃないですか。自分でもちょっとそこを踏み外すわけです。これにしとこう，とか，この患者のことはこうやって考えておけば分かるなとか。そういう結論にすぐ飛びつきたくなるんですけども。実はいろんな可能性がある。取りあえずこれ言ったけど分かんないでしゃべってるな自分はとか，分かんないで私たち関わってるなってことを認めるのはどれだけ怖いことかっていうと，すごい怖いことで。そこが厳しくなってきたときとか，何かあってうまくいかなくなったときに飛びつく転移っていう概念は危ないかなとは思いますけど。

横井：常に転移解釈っていうものは自分としてはあって，やっぱりそれはできればしたいし，そうすることが患者さんの役に立つんだろうなということを思っているんだけれども。それは努力目標であって，しかもそれは正しいかどうかは分からないことだし，近似的に現象を説明するものなんだけれども。それが努力目標であるというのはやっぱり転移というものがその患者さん側からだけ起こるものじゃなくて，双方向性にもち込んでるものであるから，そこの比率配分があるので。しかも，ある状況でそうであっても違う状況ではまた違う関係性が起こるということがあるので，だからそういうものであるんだっていうことは分かりながらも，でも自分としてはやっぱり努力目標としてそれは自分の理想の中で保っておきたいなという気はしています。

岡野：努力目標というところに，でもやっぱり精神分析をやりたい，精神分析の枠を守りたいという意図は感じられると思うんですけど。よくよく考えてみると，転移を重んじるっていうことは，治療者がアクティブな関わりをかなり抑制することにもつながるでしょう。転移を発展させるためには余計なものは置いてはいけないっていうのはどうしてもあります。それが治療者は自己開示をすべきでないという立場であり，それは転移を用いるっていうことはもうペアになってる感じがするんです。だから，転移を重んじるっていう姿勢を努力目標とすることにより，治療者が自分の主観を持ち込むっていうことに対してすごく抑制的になるっていうのは確かにあるだろうと思うんです。

ただ，その上でいうと，治療者が主観的なものを持ち込んでも，結局患者さんがそれをどこまで受け入れるか，それによってどこまで変わるかっていうことへの限界が結局は出てきてしまうでしょうね。治療者であるわれわれは，「この患者さんのこれについて扱ってるんだな」みたいな，一種のパターンのようなものが治療対象として浮き上がってくるという体験を持っていると思います。だから，そういう意味での繰り返されるパターンとしての転移をまったく見ないでやっている治療もあまりないんじゃないかなと思う。認知行動療法だってそうだと思うんです。認知のパターン，ある種の繰り返しを患者さんは常に起こしてしまう，それを繰り返してしまうものの自分が意識的にフォーカスを絞ることができないことに関して，それを扱っていくのが治療だという考えではないか。そういう意味では，広義の転移っていうのはやっぱりわれわれの頭の中にあるんだけども，それを最終目標とすることには，治療者はやはり慎重にならなくてはいけないと思う。

吾妻：私は思うんですけど，転移が純粋に古典理論の言う通りなのかどうかっていうのは，ちょっとやっぱり疑問は残るんです。ただ，それは究極の武器というか道具がないのと同じように，不完全な道具しかないという，分析的な技法しかないという中で，言ってみれば転移分析っていうのは一番切れるタイプのものなんだと思うんです。ただそれは，だからそれでやれば全部うまくいくかって，そういういうわけじゃないし，転移じゃないものを転移解釈してるかもしれないし。だから，私が思うのは，転移解釈っぽいのをするといいみたいなのがあまりにもちょっと日本で強すぎるような感じがして。

岡野：すごい強いです。

吾妻：だから，転移解釈がよく切れるのは分かるんだけども，それだけじゃないし，教育的な介入もあるかもしれない，自我の防衛の分析とかもあるかもしれない，再構成的な解釈もあっていい。それが完全だから，というよりも，それしかないからっていう，そういう中で選択するとしたら転移解釈ができたら一番いいかもねって，そういう文脈で登場するものだって私は考えてて。だから，そこには常に保留が付くんです。ただ，それしかないんです，それしかなかったらそれでいくっていう，それは一つのパーソナルな選択なわけです。精神分析理論が，というよりは，自分が今臨床家として選び得ることとして，転移解釈をするしかないのではないかと自分が思ったという，そういう技術しかないのではないか，という感じですね。それが何かメソッドとして落とし込まれてると，ちょっとそのこと自体が問題なんじゃないかなっていうふうに思いますけど。どうなんでしょう。

富樫：疑問も含めてなんですけど。先生方のおっしゃってる転移っていうのが，どの範囲の何を指してるのだろうか，ということを考えていて。概念の整理にまだ迷ってるんですけど，今話をしている転移は，ないわけないっていうか，怒られちゃうかもしれないけど，転移をそのような意味で使うならば，治療なんてずっと転移じゃないかと言えてしまう。とにかく転移って言葉を使うなら，関係そのものがそうだし，そういうものが複数集まって織りなされている関係自体がそうなので。それはやっぱり治療者と患者の関わりがそうであって，治療者も患者もその状況や社会の中に組み込まれていて，いろんな中でって言い出したら，もうすでに全部転移ですよね。だから，転移解釈っていうのはないわけないし，当然そこにあるし，私たちのダイアローグ自体が，患者さんとやってるダイアローグ自体が解釈的な側面をすでに含んでいるし，それは抵抗の分析でもありつつ，転移の分析でもあり，自己開示でもありみたいな感じになってるところはある。だから，転移は？と聞かれたら，常にある，そして全部がそうであるみたいな感じになっちゃいますけど。でも，それもちょっとまずいのかなと思ったり，迷ったり。

関係論的に解釈を考える

岡野：今の話に触発されたんだけども，常に転移現象が起きているっていうのは紛れもない事実なのでしょう。われわれは何かの鋳型にはめて人と関わりを持っている。この人はこんな人だろうというふうに思い込んで話をするときには，すでに転移が起きてるというふうに考えられるわけです。ただ，私が何が気になるかっていうと，それを言葉で返して，解釈して，それで済ますみたいなところがあって。ところが，関わりを持ってる場合に，そのほとんどが口にされずに，あるいは口にされないことがいいということがあったりする。たとえば，ある患者さんがこちらに恋愛感情をもってるんじゃないかなと思ったりすることがあります。でも，恐らくそれは言うことによって台無しになってしまうようなもの，壊れてしまうようなものだと思うんです。これはフロイトが「抵抗にならない陽性転移」という形で言ったことと通じるかもしれないけども，多くのことが言わないで過ぎてしまいます。そして恐らくある意味では転移を向けられたときに治療者は一番脆弱な存在であって，何しろ今ここで起きていて自分が当事者になっていて，そして一番自分の見たくないものまで触れられて，混乱させられるような状況なわけですから。じゃあ，治療者は本当に冷静にそれを解釈できるかっていうと全然違って，ゆらゆら揺れたままで堪えるっていうことでその転移を乗り越えているかもしれない。そうすると，個人的に私が究極のテーマって考えるのは解釈の問題だなと思うわけです。恐らく関係論での解釈っていうのはあまり言われないんだろうけども，あるいは違った考え方をもたれてると思うんだけども。今の日本の精神分析において転移と共に何が重要視されて努力目標になってるかっていうと解釈，もうこれは紛れもないことだと思う。関係論的に解釈をどういうふうに考えるかっていうのは重要な問題なんですけど，皆さんいかがでしょうか。

吾妻：その転移のこととも関係してると思うんですけど，グリーンバーグが言ってたことだと思うんですけど，衝動の転移，トランスフェレンス・オブ・インパルスですよね，それから精神分析が始まったはずなのに，それがだんだん，確信の転移，トランスフェレンス・オブ・コンヴィクションに変わっていったと。だから，今問題になってるのは，衝動が向けられてるっていうことじゃなくて，ある種の確信に至ってるっていうことで，これはかなり各学派が全部共有してることだと思うんです。そしたら，コンヴィクションがなんで生じるのか，ということに関して，たとえば欲動論的な理解，それはインパルスが転移されたから，という理解もあれば，認識論的な理解もある。その方にどんどん転移の理解は広がっていって，それは言い換えれば，より内在的なものから転移状況，転移と逆転移がそもそも区別できないものだという方に変わっていった思うんです。関係性のあり方というのは内在的に規定されてるのか，それとも外からのインプット，知覚的，体験的な要素で決まってるのかという。元々内在のほうから始まったものが，やっぱり転移逆転移現象というものが，それだけじゃなくて，何かをきちんと見てるのかという，外からのインプットあるいは外傷体験を拾ってるのか，そういうふうに拡張されてったと思うんです。そう考えていくと，解釈ってものにもやっぱり二つの方向があっていいと思って。転移の解釈というのが，一つには内在的なものを言い当てるということであるし，ただ，より関係論的な，コフートも含めて，よりコンテンポラリーな分析家が言ってきたのは，それだけじゃなくて，やっぱり知覚体験なんだ，ある種の体験的な要素なんだということなんですよね。そういう意味でいうと解釈というものは，見ることができていない，体験できていないものを，なんらかの認識のようなものに落とし込む機能の全体という感じですね，広い意味で。

岡野：それは，患者さんの中でまだ見えていないものが治療をして見えた場合に提案するものというわけですね。

吾妻：見えてないものが見えると，そういうことです。体験できていないものを体験する，それが広い意味での解釈です。より狭い意味での解釈は，内在的なものを言葉にするんです。もうちょっと広い意味での解釈は，体験的なものを言葉にする。もっと広い意味での解釈は，体験的なものでも内在的なものでもそれを認識可能なものにするっていう，そういうふうに，解釈の議論はどんどん拡充されていった，というのが一つの関係論的な考え方だと思います。

岡野：最も古典的な考え方だと，解釈とは意味じゃないですか。意義とか意味とか，象徴的な意味をポンと伝える。でも今の話だと，解釈をうんと広義に理解するなら，「私にはこういうふうに見えますけど，あなたは感じないんですか」みたいな，知覚的なものですよね。

吾妻：そうですね。

岡野：それは英語で言うとインプットとかフィードバックとかそういうふうに呼ばれる，直面化でもいいけども。そういうふうなものを含めて言ってるというわけですね。

吾妻：そうです。解離という考え方は，基本的には，関係の質が許さないので体験できていないものがある，という考え方です。それは，内部からの，抑圧とかそういう内在的な問題でそうなっているわけではないという観点です。関係論がサリバン以降の対人関係的精神分析からその観点を引き入れて，それを内在論的な観点と併せて，より広い意味で，体験できてないものを体験しよう，というふうに拡張してったんではないかと思います。

岡野：横井先生はこの問題何かありますか。

横井：いや，私はそのへんの議論はちょっと付いていけなくて，まだ整理ができない。

岡野：でも，解釈をするっていうのは努力目標にならないですか。

横井：とってもナイーブな水準でいうと，解釈するということも関わりでしょう。

岡野：はい。

横井：だから，解釈をすることが関わりであるっていう認識があることが関係論だし，その解釈の内容が認識論的ななんかであるとしても，それがお互いの間での作りあげられたものをお互い，あなたの主観としてはどうでしょう，私の主観としてはこうですけどみたいな形で返すという，そういう作業であって，それがだから結論ではないんです。トライアルです。相互トライアルをしながら，なんかそこでお互いに腑に落ちるところに落ちていくっていうのが解釈であって，相互トライアルということ自体がまたやっぱり関係性，関わりということなので，そういうものを２人の間で作りあげていく作業自体が何かを豊かにするんじゃないかなみたいな，そういうふうな感じがあります。

関係論的に「現実」を考える

岡野：なるほど。この議論は本書のテーマと結びついていると思いますが，それは「現実」なんですね。現実ということを今の横井先生の話から思い浮かべちゃうんですけども。

解釈っていうのは一方に上から見ていて，「知る者」がいて，そしてそれが「知らざる者」，すなわち患者にある考えを伝授するみたいなところがあって。ところが，関係論ではその関係性がすごく両方向性で，ホフマンなんかに言わせると「治療者が患者の解釈をするんだったら，患者は治療者を解釈してるんだ。患者の自由連想は，実は治療者の心を解釈してるんだ」っていう考え方があって。だから，お互いに解釈し合ってるなんて考えてしまえば，解釈っていうのは相互的な関係性の中で理解することができると思うんです。それを一つ現実というコンテクストで理解するのが，私自身の理解の仕方です。治療っていうのは患者の側のいろんな現実，治療者の側のいろんな現実を照合するようなところがあって，お互いがお互いの，自分の主観的に体験されたもの，それを私はカッコ付きの現実って呼ぶんですけども，それを照合するようなところがあります。私はこれこれに対してこのように感じました，あなたはそのように感じてるんですねっていうふうに共同注視してるみたいなところがあって，治療をそういうふうなものとして考えるということを私はしています。そうすると，現実という考え方が客観的に，外的に確かめることのできる現実ということから，むしろ主観的な現実についてそれを照合し合うという考え方が成り立つと思うんです。まあこれは私自身の考え方なのですが。

吾妻：関係論的な考え方が教えてくれる大切なことの一つは，さっきの話と同じような話なんですけど，内在しているもの，心的現実というものがあって，ということは，それはそれでいいのかもしれないんですけども，それプラス，やはり関係の質が見ることを許容していないという現実を浮かび上がらせようという，それを体験可能にしようということだと思うんです。だから，そういう意味でいうと，精神分析というもの以外に精神分析的な営み全体の中に含まれてもいいのではないかというものとして，精神拡張というものがあるということですね。サイコアナリシスというより，サイコエクスパンションとなるんですか，そういう精神拡張あるいは拡充，そういう体験的な要素を増やしていく。だから，見れていない現実っていうものがあるのを見る，あとは，心の中に埋まっているというか，そういうものに近づく，その両方の要素があってもいいのかもしれませんね。

岡野：そうすると，今のお話だと現実っていうのはやっぱりそこにすでにあって，それをわれわれが見ていくっていうふうなニュアンスを感じるんですけど，そういうことですか。現実はそこにあるんですか，すでに。吾妻先生。

吾妻：現実っていうものはやはり，たとえばここに机があるということは，それはそれであるんじゃないでしょうか，物理的な存在というものに関して。ただ，これが机だって認識してるかどうかというのはまた別の話なので，そういう意味では，見れてないところというのが一杯ある。ほとんど見れてないと思います。現実を見れないこと，心的現実でも同じで，それを見れないということが，内的な理由だけでじゃなくて，関係のあり方のためにタブーになってるから，という理由で見れない，というのが関係論的な考え方ですね。

富樫：今のに続けて言いますとね，解釈学の世界……日本語で言うと「解釈」がかぶってしまいますね。今言っているのは，hermeneutic ですけど，やっぱり私たちは理解するという仕方で存在している。私たちは，その中で世界をつくるし，世界の中に私たちがいるので，その分やっぱり見えなくなってしまってるところがあって。中に入ったままだと，患者さんは自分がどんな状態になっているか分からない。だから，それを拡充させていく。治療者も治療者で関係の文脈に組み込まれて，その世界の中にいるので，治療者がやってる作業自体がどんなものなのか分からないかもしれないし，患者さんとの関わりも分からないかもしれない。だから自分を拡充させていく，そういう意味では相互的だと思うんですけど。でも，臨床という意味でいうと，患者さんの中に本来あるかもしれないけど見えなくなっているものを，どのように開いていくのかっていう話かなとは思ってるんです。それが仕事としての責任というか。もう一方で，そのときに現実っていうことを考えないといけない。なんだかんだいっても，臨床的に大切なのは，動かせない現実っていうのがあることを認めることだと思うんです。それは精神分析的側面というか，哲学的な側面とはちょっと違うかもしれないけど。臨床的な場面では，たとえば，治療者が引っ越しちゃうとか，治療者が人だとか，治療者が男だとか，そういうのは変えようがない事実としてポンとあるわけです，治療者の年齢とか。「私の治療者は実は 95 歳で，もうすぐ死にそう」とか，アメリカでは決してないことはない話なんですけど（笑），これはもう変えられない現実なんで，そういうものの中で，患者さんは必然的に苦悩せざるを得ない。精神分析は，その現実も扱わなければならないっていう議論は，意外とやられてないのかなと思っていて。一緒に見えてない，現実と呼ぼうが呼ばなかろうが，見えてない何かを一緒に意味付けていきましょうねっていう意味での現実を探索する作業と，今ここにあって，その中で私たちが生きてるからこそ苦しみが生じることになる何か，そういう意味での現実と，その両方を見ていかなきゃいけないかなって，そんなことを思っています。

吾妻：関係論って，思うんですけど，いわゆる学派とちょっと違うんです。大体そもそも学派っていうような考え方というのが，考え方を一つにしないといけないという発想が，どの学派にしようか迷うという発想自体が，やっぱり独特のものだと思うんです。そのほうが便利だとか，そうせざるを得ないっていう，そういうことから出てくるんだったら分かるんですけど。他の考え方を学ぶと混乱するとか，いろんな考え方を学ぶのはやめた方がいいというのは，それは臨床的には私は良くないと思うんです。むしろそれよりも，多様な考え方を患者さんと治療者が共有していくというのが大切なんで，どれが正しいかというよりも，いろんな見方があるっていうこと自体が大切だと思うので。治療者自身が納得できるようになるためのものが学派なんだとしたら，そういう意味では関係論は別に学派じゃないと思います。それでいいのではないかと私は思ってます。

横井：IARPP（国際関係精神分析心理療法学会）のホームページを見ていただくと，その中のWho we areのなかにあるんだけれども，関係論っていうのは，つまりこれまであったいろんなヒエラルキーであるとか，性別であるとか，人種的な違いであるとか，そういうところを抜きにして成立するような，そういう精神分析であるみたいな，非常に民主的なものであるという考えを書いてあるんだけど。それの意味するところっていうのは，やっぱりその理論においても，これがフロイトが言ってる正しい理論だからこれが精神分析であるとか，そういう権威主義的な考え方を排除というか，いったん捨て去って，いろんな人たちがいろんな考えを自由に述べて，そこで議論して実りあるものが生まれてくるっていう。だから，関係論の精神っていうのは，やっぱりそういうものなんだって思うんです。それは技法の中においてもそうであって，患者と治療者の間でもそうであって，だから，そこをやっぱり忘れてはいけないと思うんです。

富樫：これは自己心理学の立場ではなくて関係論の立場として言いますけど，アメリカで見ていても，彼らはかっこいいじゃないですか。とっても革新的で。しかしながら，ある特定の人の考え方がやっぱり非常に優勢になっていて，その考え方でないとよくないというような感触が出始めているような気がするんです。やはり関係論自体も結局はそういう宿命を元々もってるので。

吾妻：それはそうですね。

富樫：そういうものじゃないですか。それは，哲学であれなんであれ。それをやっぱりきちんと見ておかないと，本当の転回はないっていうところだと思っていて，そのときにやっぱり，何を自分たちが見なきゃいけないかっていうと，これは私見ですけど，政治っていうか，この社会構造そのもの。政治であったり，あと経済であったり，臨床の作業だったりとか，そんなことかなと思って。なぜならば，なんだかんだいったって，北米大陸には一定の経済力と生活力を持っている人が多くいて，彼らは，そこで特定の患者さんを見て，裕福な人たちを見て，裕福な中で暮らしてる人たちで，もうすでにその中に組み込まれてるわけなんです。だから，私たちが職業人として何してるのかとか，どうやって食べてるのかとか，そこまで入っていかないと見えないものがあるのかなっていうように最近は思ってます。それを突き詰めれば，精神分析家はなぜグループを作るのかとか，なぜニューヨークで発展したのかとか，そこまでいくのが望ましいかなって思い始めてます。

岡野：すごく大事な点をおっしゃってて，要はマーケティングのことをおっしゃってるんじゃないかと思うんだけども。

富樫：そうです。

岡野：われわれは賢くならなくちゃいけなくて，そのときに，最近私が考えてるのは，いろんな学派の人たちに対して，たとえばビオンでもクラインでも，あなたたちの言ってることはよく分かった，それは関係論的にも意味が通じるんですよ，みたいに働きかけてお友達になりましょうと。というのは，学派を作るというのはもう人間の本性であって，でも同時にみんな結局学派を越えてお友達になりたい部分もある。われわれだってそうかもしれない。だからもうちょっとうまくマーケティングをするのがいいんじゃないかなっていうふうに思います。こういう本とか対談とかするのもそういう意味があるというふうに思いますけど。

吾妻：グリーンバーグは，サイコアナリティック・エクセス，精神分析的過剰，と言っていましたね。要するに関係論がレイテスト・ワンダフル・アイデアになってしまった。一番最近のこんな素晴らしい考えだよって，そういうふうになっちゃいけないってところから始まったのに，関係論が最近またそうなりつつあって，それを反省しなければならないと言って，それで関係論者から総スカンを食ったんです，裏切り行為だって。だけど，やっぱりそういう観点は私は大切だと思います。われわれが実はワンダフルである，となる必要は全然ないと思います。

富樫：それは別に批判じゃなくて，岡野先生が言ったように本性というか，そうなるものというか。

吾妻：それはそうです。

富樫：絶対なりますから，どんな，それこそナチュラルサイエンスだろうが何だろうが絶対なる。私たちも，そういった世界の中にいるっていうことをもう一回見てみないと。

吾妻：問題なのは，これはちょっと言いにくいですが，こっちは友達になりたくても，向こう側が……と言うことがあります。

岡野：その通りですね。

吾妻：同じように思ってくれないのはちょっとさみしいかなって。

岡野：最後は関係論を私たちがどのように戦略的に展開するか，という話になりましたね。先生方，有難うございました。

あとがき

米国には「Relational Psychoanalysis」（Routledge）というシリーズ本がある。「Relational Perspectives Book Series」の中で出版されている論文集で，1999年に第一巻が出されて以来，現在第五巻まで続いている。この本は数年おきに出版されているが，その中ではいつも，関係精神分析の論客たちがその時期の重要なテーマを熱く議論している。冒頭で岡野が述べているように，本書は2011年に私たちが出版した『関係精神分析入門』に続く二作目と位置づけられるとすると，いよいよ私たちの活動も，米国のようになってきたといえないだろうか。

私にあとがきを書かせてくれたのは，本書の構成を踏まえたグループのメンバーの一種のバランス感覚だろう。私はこのグループが好きである。ここにいることは，私にとって大変心地がいい。心地いいのは，人柄も，考えも，視座も，グループのメンバーは誰も，ややこしくないからである。私たちの議論は，一見難しく感じるかもしれない。しかし，執筆者はみな，何しろ素直である。対談を読んでもらえれば，なおそれが体感的にわかるだろう。対談は何しろ楽しかった。慣れない作業に最初は緊張したが，そのうち「もっとこれも，あれも」と話が尽きなくなった。誰の話を聞いてもみな，彼らが臨床家としてそのまま面接室に入り，素直に患者さんと話していることが伝わってきた。私たちはみな，そこに展開する現象をそのまま素直にとらえようとする。ただやっかいなことに，現象をそのままとらえて臨床に活かす作業を素直に説明しようとすると，簡単にはいかない。だから私たちは，考え続け，表現し続け，対話し続けるのだと思う。自己開示と倫理というテーマは，まさにその「素直さ」を学術的に問うたものだろう。

本書の編集にあたっては，岩崎学術出版社の長谷川純氏のご助力を得ることができた。長谷川氏の丁寧で細やかな心づかいに対し，この場を借りて，著者一同に代わって深く御礼申し上げたい。

2016年10月初旬　執筆陣の一人として

富樫 公一

人名索引

事項索引

あ行

か行

さ行

た行

な行

は行

ま行

や行

ら行

アルファベット

編著者略歴

岡野憲一郎（おかの　けんいちろう）
1982年　東京大学医学部卒業，医学博士
1982～85年　東京大学精神科病棟および外来部門にて研修
1986年　パリ，ネッケル病院にフランス政府給費留学生として研修
1987年　渡米，1989～93年　オクラホマ大学精神科レジデント，メニンガー・クリニック精神科レジデント
1994年　ショウニー郡精神衛生センター医長（トピーカ），カンザスシティー精神分析協会員
2004年　4月に帰国，国際医療福祉大学教授を経て
現　職　京都大学大学院教育学研究科臨床心理実践学講座教授
米国精神科専門認定医，国際精神分析協会，米国及び日本精神分析協会正会員，臨床心理士
著訳書　恥と自己愛の精神分析，新しい精神分析理論，中立性と現実——新しい精神分析理論2，解離性障害，脳科学と心の臨床，治療的柔構造，新・外傷性精神障害，続・解離性障害，脳から見える心，解離新時代（以上岩崎学術出版社），自然流精神療法のすすめ（星和書店），気弱な精神科医のアメリカ奮闘記（紀伊國屋書店），心理療法／カウンセリング30の心得（みすず書房）他

著者略歴

吾妻　壮（あがつま　そう）
1994年　東京大学文学部卒業
1998年　大阪大学医学部卒業
2000～2009年　米国にて，アルバート・アインシュタイン医科大学精神科レジデンシー修了，コロンビア大学精神分析センターおよびウィリアム・アランソン・ホワイト研究所にて精神分析の訓練を受ける。帰国後，大阪大学大学院医学研究系研究科精神医学教室を経て
現　在　神戸女学院大学人間科学部教授。国際精神分析協会および米国精神分析協会正会員，医学博士
著訳書　開かれた心（里文社　共訳），乳児研究から大人の精神療法へ（ビービー他著，岩崎学術出版社　共訳），関係精神分析入門（共著，岩崎学術出版社）

富樫公一（とがし　こういち）
1995年　愛知教育大学大学院教育学研究科　修士課程修了
2001～2006年　NPAP精神分析研究所，TRISP自己心理学研究所（ニューヨーク）に留学
2003～2006年　南カリフォルニア大学東アジア研究所　客員研究員
2006～2012年　広島国際大学大学院准教授（2007年まで助教授）
現　職　甲南大学文学部教授，TRISP自己心理学研究所精神分析家，栄橋心理相談室精神分析家
ニューヨーク州精神分析家ライセンス，臨床心理士，博士（文学），NAAP精神分析学会認定精神分析家，国際自己心理学会国際評議委員，International Journal of Psychoanalytic Self Psychology 国際編集委員
著訳書　Kohut's Twinship Across Cultures: The Psychology of Human Being（共著，Routledge），不確かさの精神分析——リアリティ，トラウマ，他者をめぐって（誠信書房），関係精神分析入門（共著，岩崎学術出版社），乳児研究と成人の精神分析——共構築され続ける相互交流の理論（ビービー，ラックマン著，誠信書房　監訳），ハインツ・コフート——その生涯と自己心理学（ストロジャー著，金剛出版　共訳）

横井公一（よこい　こういち）
1982年　金沢大学医学部卒業
1993～1996年　アルバート・アインシュタイン医科大学トランスカルチュラル・サイカイアトリー・フェローおよびウィリアム・アランソン・ホワイト研究所に留学
2007～2012年　関西福祉科学大学大学院社会福祉学研究科教授
現　職　微風会 浜寺病院 勤務
著訳書　精神分析と関係概念（ミッチェル著　共訳），精神分析理論の展開（グリンバーグ，ミッチェル著　監訳），関係精神分析の視座（ミッチェル著　監訳）（以上ミネルヴァ書房），精神分析という経験（ボラス著，岩崎学術出版社　監訳），関係精神分析入門（共著，岩崎学術出版社）

臨床場面での自己開示と倫理
―関係精神分析の展開―
ISBN978-4-7533-1112-5

編著者
岡野 憲一郎

2016年11月7日　第1刷発行

印刷　新協印刷(株)　／　製本　(株)若林製本工場

発行所　(株) 岩崎学術出版社　〒101-0052 東京都千代田区神田小川町 2-6-12
発行者　杉田 啓三
電話 03(5577)6817　FAX 03(5577)6837